실무에 적합한 **9** 가지 프로젝트로
배우는 웹 프로그래밍

자바스크립트
프로젝트북

자바스크립트 프로젝트북

실무에 적합한 9가지 프로젝트로 배우는 웹 프로그래밍

초판발행 2017년 08월 01일

지은이 권대용 / **펴낸이** 김태헌
펴낸곳 한빛미디어(주) / **주소** 서울시 마포구 양화로7길 83 한빛미디어(주) IT출판부
전화 02-325-5544 / **팩스** 02-336-7124
등록 1999년 6월 24일 제10-1779호 / **ISBN** 978-89-6848-340-0 93000

총괄 전태호 / **책임편집** 김창수 / **기획 · 편집** 이미연
디자인 표지 더 그라프 내지 최연희 / **교정 · 조판** 박혜림
영업 김형진, 김진불, 조유미 / **마케팅** 박상용, 송경석, 변지영 / **제작** 박성우, 김정우

이 책에 대한 의견이나 오탈자 및 잘못된 내용에 대한 수정 정보는 한빛미디어(주)의 홈페이지나 아래 이메일로
알려주십시오. 잘못된 책은 구입하신 서점에서 교환해 드립니다. 책값은 뒤표지에 표시되어 있습니다.

한빛미디어 홈페이지 www.hanbit.co.kr / 이메일 ask@hanbit.co.kr

지금 하지 않으면 할 수 없는 일이 있습니다.
책으로 펴내고 싶은 아이디어나 원고를 메일(**writer@hanbit.co.kr**)로 보내주세요.
한빛미디어(주)는 여러분의 소중한 경험과 지식을 기다리고 있습니다.

실무에 적합한 **9**가지 프로젝트로
배우는 웹 프로그래밍

자바스크립트
프로젝트북

권대용 지음

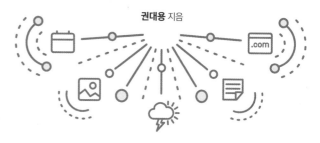

HB 한빛미디어
Hanbit Media, Inc.

과거에 웹은 애플리케이션 구현이나 멀티미디어 기능 등이 취약했습니다. 그러한 취약점을 다양한 플러그인이 대체하고 웹은 파편화되었습니다. 그러나 2000년대 후반을 기점으로 모바일 환경이 도래하며 HTML5 웹 표준이 등장했고 CSS나 자바스크립트 API의 성능이 많이 향상되었습니다. 이제 웹은 다양한 디바이스에서 멀티미디어 애플리케이션을 제공하는 범용 플랫폼으로 진화하고 있습니다.

다양한 프로그래밍 언어가 등장했지만, 특히 자바스크립트의 성장이 눈에 띕니다. HTML5 웹기반 플랫폼이 확산되면서 웹 브라우저의 성능이 한층 강화되고 이제는 자바스크립트가 웹 브라우저를 초월하는 언어가 되고 있습니다. 현재는 다양한 범용 API가 개발되어 있으며, 심지어 서버 사이드 영역(Node.js)까지 전천후로 확장되었습니다. 2015년에는 ECMAScript 6가 정식 발표되어 더욱 강력해졌습니다.

프로그래밍 언어를 학습할 때 외국어를 학습하듯이 문법만 파다가 시간만 허비하고 포기하는 경우가 많습니다. 특히 무엇을 할지 동기부여가 되지 않으면 금방 흥미를 잃어버릴 수 있습니다. 프로그래밍은 논리적인 사고와 문제 해결 능력을 익히는 과정이 우선이며 언어는 도구일 뿐입니다. 실무에서는 필요한 부분부터 조금씩 구현해 보면서 언어를 익히는 것이 좋습니다. 문법은 최소화하고 프로젝트를 통해 성취감을 느끼며 점진적으로 학습해 보는 것은 어떨까요? 네, 바로 이 책에서 추구하는 방식입니다.

이 책은 다양한 유형의 애플리케이션이나 UI 요소를 개발하면서 요구 사항(기능)을 구현하는 방법을 제시하며, 이를 바탕으로 문제 해결 능력을 키워 나가는 것을 목표로 합니다. 구슬도 꿰어야 보배입니다. 예제도 실무 수준으로 구성하고 현장 교육에서 필요한 부분과 전문가들의 의견도 수렴했습니다. 프로젝트 주요 부분에 자바스크립트와 제이쿼리 버전의 소스를 동시에 수록해 '상호 이식성'을 고려하고, 단원별 연습 문제로 학습 능력을 배가하도록 했습니다. 이 책이 독자 여러분에게 큰 힘이 되길 기원합니다!

감사의 말

수년간 개인 작업과 현장 강의로 쌓인 자료를 어떻게 정리해 볼까 하는 취지에서 시작했습니다. 마지막까지 책을 집필할 수 있던 데는 여러 고마우신 분의 힘이 있었기 때문입니다. 도움을 주신 분들과 특히 같이 고민하고 조언해 주신 출판사 관계자 그리고 지켜봐 준 가족에게 모두 감사드립니다!

지은이 **권대용**

개발자이기보다는 자유를 추구하는 크리에이터. 한 분야에만 머물지 않고 게임과 멀티미디어 웹 분야에서 기획과 개발을 주도하며 현업에서 다양한 상용 작품을 런칭했다. 대학에서 디지털 미디어와 영상학을 전공했으며 현재는 웹 디자인과 개발에 관련된 실무 교육과 미디어 교육 특강을 진행하면서 집필을 병행하고 있다.

- 이메일 tailofmoon@naver.com
- 커뮤니티 http://cafe.naver.com/csslick

대상 독자

이 책은 자바스크립트 입문자부터 실전 감각을 키우려는 분까지 학습할 수 있도록 구성하였습니다. HTML과 CSS에 사전 지식이 있어야 합니다. 특히 실무에 필요한 UI 구현과 API를 활용한 애플리케이션 개발에 많은 도움이 될 것입니다.

- 애플리케이션과 UI 구현 기법을 습득하려는 UI 개발자, 웹 크리에이터
- 지루한 입문서보다 단기간에 실무적인 스킬을 끌어올리고자 하는 초보 개발자
- 그동안 배운 관련 프로그래밍 지식으로 무엇을 해야 할지 잘 모르겠는 분

단원 구성

이 책은 초반 학습을 진행하면서 간단히 구현해 보는 미니 프로젝트부터 실무형 프로젝트 실습 단원까지 구성돼 있습니다. Part 1에서 자바스크립트의 기초를 다지고 Part 2에서 실전 프로젝트 예제를 다룹니다. Part 2로 들어가며 5장에서 워밍업을 충분히 해 다음 프로젝트들을 따라올 수 있도록 했습니다.

각 프로젝트 단원 안에서 중요한 부분은 사전 학습 형태로 보강하고 후반에 자바스크립트 라이브러리에 대한 단원을 별도 수록해 학습 효과를 높이도록 구성했습니다. 아울러 본인에게 맞는 유형별 추천 학습 로드맵을 참고해 보는 것도 도움이 될 것입니다.

실행 환경

- **운영 체제:** 윈도우 7 이상, Mac OS X(10.7 이상)
- **웹 브라우저:** 구글 크롬 36, 파이어폭스 16, 사파리 9, IE 9 이상(CSS3의 3D 기능 중 일부 공간계 속성 (preserve-3d)은 IE 11 이상 또는 윈도우 8의 EDGE 브라우저에서만 지원)
- **개발 언어:** 자바스크립트(ECMAScript)
- **개발 도구:** 웹 표준 브라우저 및 Sublime text, Bracket, Atom 등의 코드 편집기

유형별 학습 로드맵

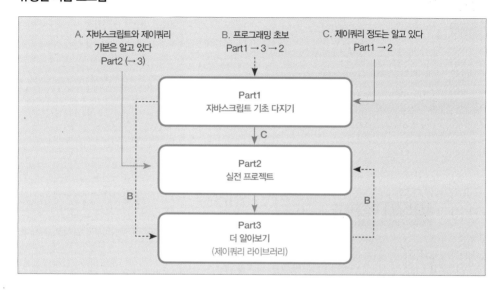

예제 다운로드 안내

이 책에 있는 예제와 연습 문제의 정답 자료는 네이버 카페 'CSSLICK'에서 다운로드할 수 있습니다.

CSSLICK http://cafe.naver.com/csslick 접속 > 게시판 > BOOK > 예제

프로젝트 관련 링크는 각 장의 개요에서 프로젝트 공유 사이트인 깃허브 주소(URL 또는 QR 코드)로 제시했습니다. 해당 링크로 접속하면 프로젝트를 바로 실행해 볼 수 있으며 마찬가지로 해당 프로젝트의 소스를 다운로드할 수 있습니다.

깃허브 URL(https://github.com/csslick)

작업 목록 애플리케이션

사용자가 문서에 새로운 내용을 추가하는 기능을 구현합니다. 여기에는 요소나 속성 조작 기능을 활용하기 위해 자바스크립트의 DOM 제어와 이벤트 기능을 활용합니다.

≫ 5장 워밍업

계산기

사용자가 입력하는 내용에 맞게 처리하고 결과를 출력하는 애플리케이션입니다. 일정한 형식의 틀을 갖추고 필요한 입력 항목을 구분하고 처리합니다. 예를 들면 숫자 입력부, 사칙 연산부, 삭제 버튼, 결과 버튼 그리고 결과 처리 등의 기능을 수행할 뿐만 아니라 사용자 입력의 예외 처리까지 고려해야 합니다.

≫ 6장 프로젝트 1

라이트 박스

팝업 윈도우와 유사해 보이지만 주로 사진이나 이미지 갤러리에서 많이 활용합니다. 라이브러리로 가장 많이 배포되는 UI이기도 합니다. 라이트 박스 UI의 형식과 구현 기법을 학습합니다.

≫ 7장 프로젝트 2

달력

일상에서 가장 많이 사용하는 것은 시간이나 날짜와 관련된 애플리케이션입니다. 시간이나 날짜를 다루는 자바스크립트의 Date 객체로 날짜 정보를 출력하는 다양한 방법을 학습합니다. 이와 더불어 특정 달력을 조회하는 기능을 추가해 봅니다.

≫ 8장 프로젝트 3

3D 페이지

마치 컴퓨터나 모바일 기기의 데스크톱 애플리케이션 화면과 같은 페이지를 만들어 봅니다. 풀 스크린 기법과 3D 기능을 활용해 좌우로 전환되는 페이지를 구현합니다. 다양한 디바이스 접근성을 위해 버튼이나 방향 터치(pan) 기능을 모두 구현하는 전천후 예제입니다.

≫ 9장 프로젝트 4

다이내믹 배너

배너 화면상에 랜덤 애니메이션을 보여 주고 HTML5의 오디오 API를 이용해 별도의 플러그인 없이 배경 음악 처리를 구현합니다. 또한 배너 설정과 관련된 옵션을 사용자가 변경할 수 있도록 기능 버튼을 추가합니다.

≫ 10장 프로젝트 5

지도

웹 사이트에서 제공하는 지도는 프로그래밍 인터페이스를 통해 지도를 실시간으로 표시해야 접근성 및 유지보수가 용이해집니다. 오픈 API 중에 전 세계적으로 가장 많이 사용하는 구글 맵 API를 소개하고 이를 자바스크립트로 다양하게 활용해 봅니다.

≫ 11장 프로젝트 6

날씨 위젯

기상 정보는 지도와 마찬가지로 대표적인 공공 정보입니다. AJAX 요청을 통해 기상 정보 서비스에서 API로 제공하는 JSON 기반의 데이터를 분석하고 이를 활용해 위젯 형태의 애플케이션을 구현해 봅니다.

≫ 12장 프로젝트 7

퀴즈 게임

객체 지향 프로그래밍 기법으로 사지선다형 퀴즈 게임을 제작합니다. 객체 지향 프로그래밍 기법은 프로그램을 더 체계적으로 작성할 수 있고 유지보수성이 향상되는 장점이 있습니다.

≫ 13장 프로젝트 8

스티키 메모장

데스크톱 애플리케이션에서 자주 보는 스티키 메모장입니다. 브라우저의 로컬 저장소 기능을 활용해 오프라인 상태에서 작성한 메모를 저장하고 읽는 기능을 구현합니다. 다중 윈도를 구현하고 그동안 학습했던 프로젝트들을 전반적으로 활용해 봅니다.

>> 14장 프로젝트 9

CONTENTS

Part 1 자바스크립트 기초 다지기

CHAPTER 1 **시작하기 전에** ·· 27

CHAPTER 2 **놓치기 쉬운 자바스크립트 문법** ······························· 47

CONTENTS

Part **2**   실전 프로젝트

CONTENTS

CONTENTS

CONTENTS

CONTENTS

Part **1**

자바스크립트 기초 다지기

Part 1은 자바스크립트 프로그래밍에 대한 전반적인 이해를 돕는 내용으로
구성했습니다. 개발을 위한 기본 환경 설정 방법을 설명하고
프로그래밍 초보자도 충분히 개념을 잡으면서
기초부터 따라올 수 있도록 필수 문법들을 정리했습니다.
자바스크립트를 어느 정도 알고 있다면
이 부분을 건너뛰어도 좋습니다.

시작하기 전에

이 장에서는 개발에 필요한 기본 환경을 설정하고, 웹 개발에서 사용하기 편리한 코드 편집기와 주요 기능을 소개하며, 크롬 브라우저와 그에 포함된 개발자 도구의 사용 방법을 배웁니다. 그리고 자바스크립트가 가지고 있는 특징과 역할을 소개합니다.

1.1 개발 환경 설정

처음부터 좋은 개발 환경이 필요한 것은 아닙니다. 사용하는 코드 편집기나 개발 툴 등은 사람이나 개발 조직에 따라 다를 수 있습니다. 규모가 일정 이상 큰 개발을 하고 여러 언어를 다루어야 하는 전문 애플리케이션 개발자들은 비주얼 스튜디오 같은 통합 개발 환경을 선호하기도 하지만 이러한 통합 개발 환경은 기능이 복잡하고 상당히 무겁습니다.

자바스크립트로 웹 개발을 하거나 학습하는 데는 기본적으로 브라우저가 가장 훌륭한 개발 도구이며, 간단한 코드 편집기만으로도 충분합니다. 여기서는 무료이면서 널리 사용되는 코드 편집기인 서브라임 텍스트(Sublime Text)를 소개합니다.

1.1.1 코드 편집기: 서브라임 텍스트

HTML의 경우 과거에는 위지위그 기반(자동)의 편집기가 유행하기도 했습니다. 하지만 웹 표준에서 필요한 마크업은 코드 자체를 시맨틱적(의미 있게)으로 이해하고 사용하는 것이 중요합니다. 따라서 근래에는 오히려 코드 하나하나를 직접 작성하는 방식이 주가 되고 있습니다. 서브라임 텍스트는 이러한 환경에 적합한 코드 편집기 중 하나로, 단순하고 매우 가벼운 것이 특징입니다. 또한, 기능을 확장하는 패키지 기능이 있어 다양한 기능을 추가할 수 있습니다. 서브라임 텍스트는 무료 버전과 유료 버전이 있는데, 무료 버전이라도 중간에 팝업창이 뜨는 것 외에 사용상 제약은 없습니다.

그림 1-1 서브라임 텍스트

서브라임 텍스트(https://www.sublimetext.com/3)의 다운로드 페이지에서 해당하는 운영 체제의 설치 프로그램을 클릭해 내려받은 후 설치합니다.

그림 1-2 서브라임 텍스트 설치

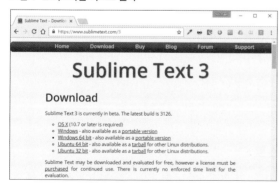

서브라임 텍스트를 설치한 후에는 패키지 콘트롤Package Control이라는 관리 프로그램을 별도로 추가해야 합니다. 패키지란 서브라임 텍스트에서 플러그인처럼 기능을 확장하는 관리자 도구입니다. 구글에서 'package control'을 검색하면 홈페이지에 쉽게 접속할 수 있습니다. 인스톨레이션 페이지 하단 영역의 텍스트(❶ 설치 스크립트)를 복사합니다.

그림 1-3 패키지 관리자 설치(https://packagecontrol.io/installation)

서브라임 텍스트에서 'View > Show Console'을 클릭한 후 하단의 콘솔 입력창(❷)에 복사한 스크립트를 붙여넣기하고 ENTER 키를 누르면 설치가 완료됩니다.

그림 1-4 콘솔 입력창에 스크립트 붙여넣기

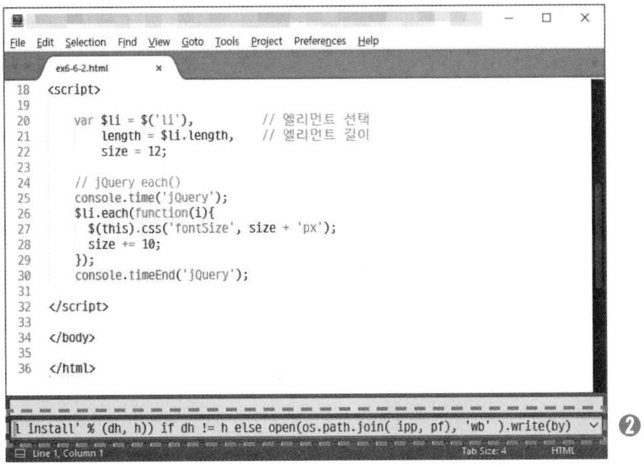

'Preferences 〉 Package Control'을 선택합니다. 해당 메뉴는 앞의 설치 과정으로 추가된 메뉴입니다.

그림 1-5 패키지 관리자

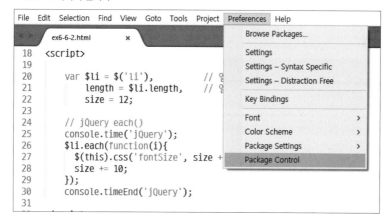

'Package Control'로 들어가 플러그인 패키지를 설치하는 메뉴인 Install Package를 클릭합니다. List Packages는 설치된 패키지의 목록을 확인하는 메뉴이며, Remove Package는 기존에 설치된 패키지를 삭제하는 메뉴입니다.

그림 1-6 플러그인 설치(Install Package)

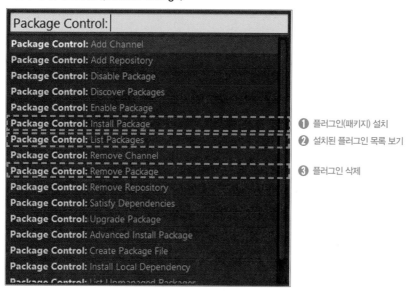

❶ 플러그인(패키지) 설치
❷ 설치된 플러그인 목록 보기

❸ 플러그인 삭제

다국어 입력 지원 패키지(IMESupport)를 설치해 봅시다. 윈도우에서는 영어가 아닌 한글이나 일본어 등의 언어를 입력할 때 불편한 부분이 생기기 때문에 다국어 입력 지원 패키지를 설치하는 것이 좋습니다. 맥에서는 별도로 추가할 필요가 없습니다.

인스톨 패키지의 상단 검색창에서 'ime'를 검색하면 설치할 수 있는 플러그인 목록이 나타납니다. 이중 'IMESupport(❶)'를 클릭하여 설치합니다.

그림 1-7 다국어 입력 지원 패키지(IMESupport)

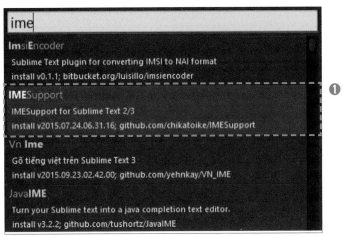

서브라임 텍스트는 사이드바 기능이 있어서 윈도우 탐색창을 열지 않고도 사이드바에서 파일과 폴더를 직접 관리할 수 있는데, 여기에 SideBarEnhancements를 추가하면 기존 사이드바의 기능을 향상시켜 줍니다.

View 〉 Side Bar에서 사이드바를 열거나 닫을 수 있습니다. 단축키는 Ctrl을 누른 상태에서 K와 B를 번갈아 누르면 됩니다.

그림 1-8 사이드바로 파일과 폴더 관리

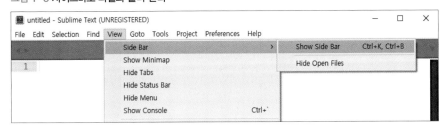

윈도우에서 원하는 폴더를 서브라임 텍스트의 사이드바로 드래그하면 폴더를 그대로 불러와 작업할 수 있으므로 편리합니다. 이 밖에도 유용한 기능이 많으므로 사용하면서 다양한 기능을 익히기 바랍니다.

그림 1-9 사이드바로 폴더 드래그

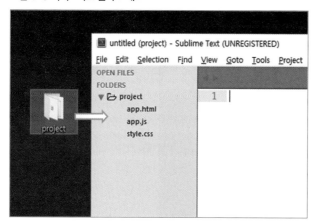

서브라임 텍스트 외에 아톰 에디터(https://atom.io/)도 근래에 주목받고 있는 오픈 소스 프로젝트 형태의 에디터입니다. 기능은 서브라임 텍스트와 비슷하므로 관심이 있다면 해당 웹 사이트를 방문해 보기 바랍니다.

1.1.2 크롬 개발자 도구

프로그래밍을 하다 보면 다양한 오류를 겪게 됩니다. 프로그래밍에서는 이렇게 오류가 발생한 부분을 찾아 문제를 해결하는 작업이 매우 중요한데, 이러한 작업을 '디버깅'이라고 합니다. 디버깅은 웹 브라우저의 개발자 도구를 이용할 수 있으며, 여기서는 구글 크롬 브라우저의 개발자 도구를 위주로 설명하겠습니다.

우선 크롬 개발자 도구는 단축키 'F12' 또는 'Ctrl + Shift + I(맥의 경우 cmd + option + I)'를 입력하거나 우측 상단 버튼 메뉴의 '도구 더보기 > 개발자 도구'에서 사용할 수 있습니다.

그림 1-10 크롬 개발자 도구

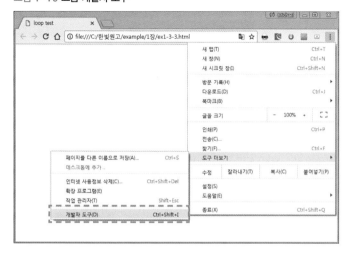

개발자 도구 하단에는 기본적으로 'Console' 탭이 활성화되어 있으며, 자바스크립트의 오류 메시지를 출력하거나 코드를 직접 입력해 볼 수도 있습니다. 콘솔창이 보이지 않을 때는 개발자 도구의 탭 메뉴에서 'Console' 탭을 클릭하면 콘솔창을 별도로 볼 수 있습니다.

그림 1-11 콘솔(Console)창

콘솔창에서 코드를 직접 입력해 실행할 수도 있습니다. 예를 들어 콘솔창에 a를 입력하면 붉은색으로 에러 메시지가 표시되는데, 이는 a라는 변수가 정의되지 않았다는 오류 메시지입니다.

그림 1-12 **콘솔창에서 직접 코드 입력**

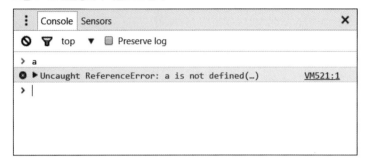

다시 a = 10을 입력하고 ENTER 키를 누르면 '10'이 출력됩니다.

그림 1-13 **입력 결과 확인**

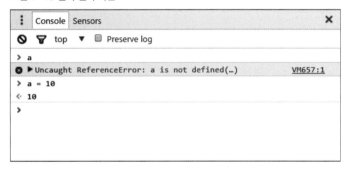

console.log()로 프로그램상에서 사용되는 정보를 콘솔창에 출력할 수도 있습니다. a = 10, b = 20을 각각 입력하고 console.log(a + b)를 입력하면 a와 b를 더한 값을 콘솔창에서 바로 확인할 수 있습니다.

그림 1-14 **console.log( )**

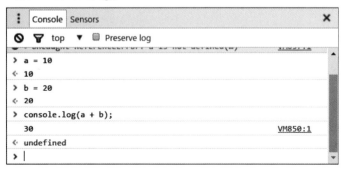

이번에는 실행 중단 지점break point을 지정해 보겠습니다. 실행 중단 지점이란 프로그램이 진행되는 도중 특정 부분을 중간에 멈추어서 확인하기 위한 기능입니다. 프로그램이 어떻게 흘러가고 있는지 거기에 따르는 변수들은 어떤 값인지 흐름을 알아야 문제를 구체적으로 파악하기가 쉽기 때문입니다.

다음 코드는 자바스크립트에서 작성한 반복문입니다. i라는 변수가 10보다 작을 때까지 계속 증가하므로, 이를 개발자 도구의 실행 중단 지점 기능으로 하나하나 확인할 수 있습니다.

```
for(i = 0; i < 10; i++) {
    console.log(i);
}
```

개발자 도구에서 직접 확인해 봅시다.

그림 1-15 **실행 중단 지점 지정하기**

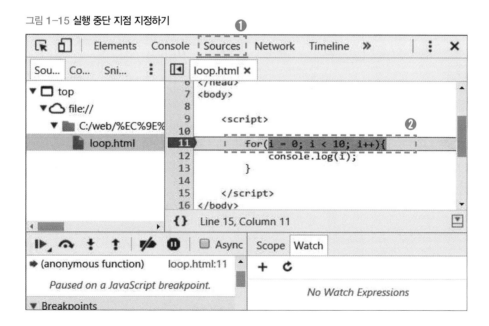

❶ Source 탭을 클릭합니다.

❷ 프로그램 소스창의 자바스크립트 코드 부분에서 실행 중단 지점(디버깅 영역)으로 지정할 행을 클릭하면 해당 행의 번호가 강조되며, 나중에 중단 지점을 확인할 수 있습니다.

그림 1-16 변수 값 확인하기

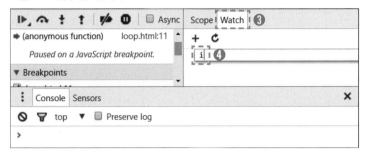

❸ Watch 탭을 누른 후 '+' 아이콘을 클릭하면 프로그램 내에서 값을 확인하는 변수를 등록 (❹)해 모니터링할 수 있습니다. 여기서는 반복문에 사용한 변수 i를 입력합니다. 참고로 소스 창에서 해당 변수에 마우스를 올려도 변수 값을 확인할 수 있습니다.

그림 1-17 **프로그램 재실행 후 변수 i 확인하기**

F5를 눌러 프로그램을 재실행하면 실행 중단 지점(11번 행)에서 프로그램이 멈춥니다. 이때 단계별 실행하기 아이콘(❺)을 누르면 명령어를 한 줄씩 순차적으로 실행하며 모니터링할 수 있으며, 우측의 Watch 탭 정보창(❻)에서 해당 변수의 값(i)을 확인할 수 있습니다.

처음에는 개발자 도구의 기능에 익숙해지는 데 시간이 다소 걸릴 수 있지만, 프로그램의 오류확인과 디버깅(오류를 수정하는 작업)에 매우 유용하므로 학습을 진행하면서 잘 익혀 두는 것이 좋습니다.

1.2 자바스크립트 바로 알기

우리가 자바스크립트를 배우는 이유는 나름대로 지향하는 바와 목적이 있기 때문입니다. 자바스크립트를 통해 성취할 수 있는 것이 무엇인지 알고 시작한다면 동기부여가 더 강해질 것입니다.

자바스크립트의 장점은 작성한 즉시 웹 브라우저에서 실행해 볼 수 있는 인터프리터 언어라는점입니다. 예를 들어 C와 같은 컴파일 언어는 별도의 컴파일 과정(기계어로 번역 후 실행)을거쳐서 실행되는 반면, 인터프리터 언어는 컴파일 과정을 거치지 않고 즉시 실행됩니다.

인터프리터 언어는 컴파일 언어보다 태생적으로 느릴 수밖에 없습니다. 그래서 과거에는 인터프리터 언어를 선호하지 않았습니다. 하지만 현재는 기술의 발전으로 컴퓨터의 처리 속도가 빨라져 비컴파일 방식의 언어가 많아졌습니다. 일일이 컴파일하지 않고 즉시 실행할 수 있으므로 프로그래밍을 학습하는 데도 매우 유리할 뿐만 아니라 최근의 트랜드이기도 합니다.

그림 1-18 **코드를 작성하고 즉시 실행 및 공유하는 환경(jsfiddle.net)**

최근 자바스크립트는 파이어폭스와 구글 크롬(v8 엔진)에서 JIT 컴파일Just-In-Time compilation이라는 동적 컴파일 기법을 사용하면서 성능이 비약적으로 향상되었으며 앞으로도 더욱 발전할 전망입니다.

이제 자바스크립트의 역할과 작성 방식을 살펴본 뒤, 성능 향상을 위한 CSS와의 협업도 살펴보겠습니다.

1.2.1 자바스크립트의 역할

여기서는 웹에서 자바스크립트를 사용하는 목적과 고려해야 할 사항을 알아봅니다.

동적 처리와 상호 작용 처리

HTML은 그 자체로는 정적인 문서입니다. 이를 동적인 상태로 만들어 주는 것이 자바스크립트입니다. 자바스크립트는 HTML의 문서 객체 모델인 DOMDocument Object Model을 직접 조작할 수 있습니다. HTML 안의 내용이나 속성을 변경하는 것뿐만 아니라 요소를 추가하거나 삭제할 수도 있습니다. 특히 사용자와 상호 작용하는 다양한 UI를 구현하려면 자바스크립트가 필요합니다.

코드 1-1 입력 요소를 선택했을 때의 상호 작용 처리

```
<body>

  <label for="nick">nickname</label>
  <input type="text" id="nick" />

<script>
  // 요소를 선택
  var nick = document.getElementById('nick');

  // 입력란에 문자를 표시
  nick.value = '별명을 입력하세요';

  nick.onfocus = function(){
    this.style.background = "orange";
    this.value = '';
  }
```

```
      </script>

      </body>
```

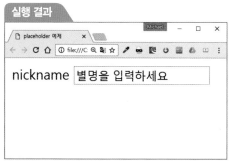

입력 요소를 선택하기 전

입력 요소를 선택한 후

접근성과 사용자 경험 개선

이 부분은 전자 정보 서비스라는 관점에서 보는 측면입니다. 접근성이란 정보에 접근하는 관점
에서 어떠한 신체적 조건에서도 또는 다양한 플랫폼이나 디바이스에서의 접근을 보장하는 것
입니다. 이러한 관점에서는 CSS나 자바스크립트를 정보의 접근성 향상을 위한 보완제로 봅니
다. 특히 시각 장애인의 경우 음성 소프트웨어로 웹의 정보를 들으므로 시각적인 정보가 주요
하지 않습니다. 흔한 경우는 아니지만 자바스크립트의 경우에도 만일 비활성화되었을 경우 정
보 접근에 문제가 없는지 고민해 보아야 할 것입니다.

그림 1-19 웹 사이트에서 CSS를 제거한 경우

HTML로 만든 인터페이스를 자바스크립트로 개선할 수 있습니다. 일반적인 텍스트 입력창에 placeholder(입력란에 들어가는 설명글) 기능을 추가하고 이에 더해 입력을 올바르게 했는지 검사 기능을 수행할 수도 있습니다. 이렇게 일반적인 입력 박스를 자바스크립트로 개선할 수 있습니다.

애플리케이션 개발

웹 브라우저가 아니더라도 이제 자바스크립트는 거의 모든 플랫폼에서 사용되고 있으며 다양한 인프라가 조성되고 있습니다. 이미 HTML5를 활용한 하이브리드 앱이나 웹 앱 등이 만들어지고 있지만 모바일과 데스크톱 애플리케이션까지 자바스크립트로 개발할 수 있는 더욱 향상된 도구들이 등장해 사용자층이 더 확대될 것으로 예측됩니다. 다만 많은 프레임워크와 라이브러리의 홍수 속에서 어떤 것에 집중해야 할지 결정하기가 점점 더 어려워지고 있습니다.

그림 1-20 **자바스크립트 모바일 앱 개발 프레임워크 NativeScript**

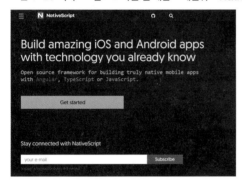

그림 1-21 **크로스 플랫폼 데스크톱 앱 개발 프레임워크 Electron**

1.2.2 자바스크립트 작성 방식

자바스크립트는 문서 내에 작성할 수도 있고 외부 파일로 분리해 작성할 수도 있습니다. 작성 방식에 어떤 차이점이 있는지 알아봅시다.

인라인 자바스크립트(Inline JavaScript)

태그 내에 직접 자바스크립트 명령을 작성할 수 있습니다. 이벤트 핸들러 속성을 지정해 자바스크립트를 실행하도록 하는 고전적인 방식이지만 종종 사용합니다. CSS에서도 이러한 인라인 문법을 볼 수 있지만, HTML 문서와 분리하는 것이 원칙이므로 권장하지는 않습니다.

코드 1-2 태그 안에 자바스크립트를 작성

```
<ul>
  <li onclick="alert('멍멍!');">강아지</li>
  <li >소</li>
  <li>닭</li>
  <li onclick="alert('냐옹~');">고양이</li>
</ul>
```

예제에서는 첫 번째와 마지막 〈li〉 태그에 onclick 속성을 추가해 클릭하면 경고창(alert)을 띄우게 했습니다. 현대적인 웹에서는 CSS와 마찬가지로 HTML과 자바스크립트를 분리해 작성하기를 권장합니다. 자세한 것은 나중에 다루도록 하겠습니다.

내부 자바스크립트(Internal JavaScript)

HTML 문서 내 별도의 영역에 자바스크립트를 작성하는 방식입니다. CSS가 문서의 〈style〉 태그 내에 작성하는 것이라면 자바스크립트는 〈script〉 태그 내에 작성합니다. 다만 〈style〉은 〈head〉 태그 안에 들어가야 하지만 〈script〉는 〈head〉나 〈body〉 둘 다 상관없다는 점이 다릅니다.

코드 1-3 문서 내 별도의 영역에 자바스크립트 작성

```
<body>
  <ul>
    <li id="dog">강아지</li>
```

```
      <li>소</li>
      <li>닭</li>
      <li>고양이</li>
    </ul>

    <script>
      var dog = document.getElementById('dog'); // 요소를 선택

      // 강아지를 클릭 시 함수를 실행
      dog.onclick = function(){
        alert('멍멍!');
      }
    </script>
  </body>
```

외부 자바스크립트(External JavaScript)

HTML과 자바스크립트를 분리해 외부 자바스크립트 파일(확장자 *.js)로 작성합니다. 문서에서 불러올 때는 〈script〉 태그 안의 src 속성에 자바스크립트 파일명을 지정합니다.

〈script〉 태그를 사용하는 방식에는 두 가지가 있습니다. 하나는 그 안에 자바스크립트 코드를 작성하기 위한 일반적인 방식이고, 다른 하나는 〈script src="app.js"〉〈/script〉와 같은 형식으로 내부에 src 속성을 추가하여 외부 자바스크립트 파일을 불러오려는 목적으로 사용하는 방식입니다. 후자의 경우 〈script〉 태그 안에 자바스크립트를 작성하면 안 됩니다(작성 시 해당 코드는 무시됩니다).

코드 1-4 외부 자바스크립트를 문서에서 불러올 때

```
  <body>
    <h1>외부 자바스크립트</h1>
    <script src="app.js"></script>
  </body>
```

간단한 코드는 문서 내에 작성할 수 있지만, 본격적인 애플리케이션 개발이라면 외부로 분리하는 것이 좋습니다. 외부 자바스크립트를 활용하면 문서와 스크립트가 분리되어 파일 코드 재사용이 용이하고, 구조, 표현, 행위가 확실하게 분리되므로 유지보수가 쉽다는 장점이 있습니다.

1.2.3 CSS와 협업

과거에는 동적인 처리나 UI의 상호 작용을 구현하기 위해 전적으로 자바스크립트에 의존(플래시는 표준이 아니므로 논외로 함)했다고 해도 과언이 아닙니다. 이렇게 모든 것을 자바스크립트가 처리하면 성능에 부담이 될 수밖에 없습니다. 하지만 지금의 웹 브라우저는 성능이 대폭 향상되어 기본적인 버튼 인터랙션은 물론 애니메이션 처리까지 가능해졌습니다.

역할 분담을 통한 성능 향상

화면 처리의 경우 과거에는 웹 브라우저의 성능이 좋지 않아서 자바스크립트에서 소프트웨어적으로 처리하는 방식(예를 들면 이미지 전환이나 애니메이션 같은 모션 효과)이나 비표준 플러그인을 이용하는 방식을 취했습니다. 하지만 CSS3 덕분에 이러한 부담을 덜 수 있게 되었습니다. 이로써 자바스크립트는 다른 일에 더 집중할 수 있으므로 전반적인 성능 향상을 꾀할 수 있습니다.

CSS3의 그래픽 처리는 하드웨어 가속으로 작동하므로 기존의 소프트웨어적 구현 방식보다 훨씬 빠르다는 점을 기억해 두어야 합니다. 참고로, 서버에서 동적으로 웹 문서를 처리하는 부분도 현재는 자바스크립트를 통해 클라이언트와 서버가 역할을 분담해 처리하고, 비동기 처리(AJAX 기술) 방식을 이용해 페이지의 성능 향상을 꾀하는 추세입니다.

코드 1-5 **CSS3와 자바스크립트(jQuery) 애니메이션 비교**

```
<!DOCTYPE html>
  <html lang="en">
  <head>
    <meta charset="UTF-8">
    <title>Animation</title>
    <script src="https://ajax.googleapis.com/ajax/libs/jquery/2.2.4/jquery.min.js">
```

```
    </script>
    <style>
      div{
        width: 100px; height: 100px;
        border: 2px solid;
        margin-bottom: 20px;
      }
      #box1{ transition-duration: 2s; } /* css3 모션 설정 */
    </style>
</head>

<body>
  <h1>CSS animation and JavaScript Animation</h1>
  <hr>
  <div id='box1'>css Animation</div>
  <div id='box2'>javascript Animation</div>

  <script>
    var box1 = document.getElementById('box1');
    var box2 = document.getElementById('box2');

    // CSS3 Animation(Transition)
    box1.onclick = function(){
      this.style.marginLeft = '200px';
    };

    // jQuery Animation
    box2.onclick = function(){
      $(this).animate({
        marginLeft: '200px'
      }, 2000);
    };

  </script>
</body>

</html>
```

CSS animation and JavaScript Animation

```
css
Animation
```

```
javascript
Animation
```

각각의 박스를 클릭해 봅시다. 여기서는 자바스크립트 애니메이션과 CSS3 애니메이션의 차이를 보려는 것이므로 지금까지의 코드가 잘 이해되지 않더라도 일단 맥락만 봅시다. 두 번째 박스에서는 자바스크립트로 애니메이션을 구현하기 위해 jQuery의 메서드를 이용했습니다.

각각의 박스를 클릭해 자세히 살펴보면 첫 번째 CSS3가 처리하는 애니메이션(사실은 transition 속성)이 자바스크립트에서 처리한 것보다 현저히 부드럽게 움직이는 것을 알 수 있습니다. 이는 CSS3가 하드웨어 가속으로 처리되어 소프트웨어적으로 처리하는 자바스크립트 메서드보다 성능이 좋았기 때문입니다[1].

기능 보완 및 호환성

구형 브라우저(예를 들어 인터넷 익스플로러 9 이하)에서는 애니메이션 등의 효과를 지원하지 않는데, 자바스크립트가 이를 보완해 줄 수 있습니다. 특히 jQuery 라이브러리를 활용하면 자바스크립트로만 짜는 것보다 상대적으로 간단하게 구현할 수 있을 뿐만 아니라 브라우저 간 호환성에도 도움을 줍니다(제이쿼리 관련 부분은 Part 3 참고).

---

1 모던 웹 브라우저에서 향상된 그래픽 경험을 제공하려면 CSS3를 사용하는 것이 바람직합니다. 자바스크립트의 주 역할은 제어이지 그래픽 처리가 아니기 때문이며, 조금 더 자신의 역할에 집중하게 되므로 전체적인 성능 향상이 이루어집니다. 자바스크립트가 애니메이션에 개입되는 경우는 주로 사용자와의 다양한 상호 작용이 필요한 부분입니다.

1.3 마치며

이 장에서는 개발을 위한 기본적인 환경 설정과 자바스크립트를 사용하는 목적과 역할을 알아보았습니다. 이제 웹 애플리케이션을 개발하는 관점에서 자바스크립트의 접근성이나 성능을 고려하고 궁극적으로 사용자 경험을 향상시키는 기본적인 역할도 사례를 통해 알아봅시다.

CHAPTER **2**

놓치기 쉬운 자바스크립트 문법

이 장에서는 프로그래밍 언어에 익숙하지 않더라도 프로그래밍을 이해할 수 있도록 문법은 최
소화하면서도 실용적인 활용 예제로 꼭 필요한 기본을 다집니다. 만일 자바스크립트나 그 밖의
프로그래밍 언어에 기본 지식이 있다면 필요한 부분만 점검하면서 넘어가도 좋습니다. Part 2
에서는 프로젝트 실습을 통해 심화해 나가는 방식으로 학습합니다.

2.1 변수와 타입

자바스크립트는 C나 자바 등의 문법과 외형적으로 유사하지만 자바스크립트만의 독특한 특성
이 있습니다. 자바스크립트는 모든 것이 객체 기반 구조이고, 문법 체계가 상당히 유연한 언어
입니다. 반면 변수와 타입의 모호한 부분이나 클래스 구현 시 로직이 복잡해지는 부분은 기존
개발자들을 혼란스럽게 만들기도 합니다. 그러나 웹 브라우저에서 바로 코드를 작성하고 실행
해 볼 수 있는 편리한 언어가 자바스크립트 말고 또 있을까요? 그럼 자바스크립트의 변수와 타
입을 알아봅시다.

2.1.1 변수 선언하기

프로그램에서 자료를 보관하기 위한 가장 기본적인 수단은 변수variable입니다. 변수는 영구적인

저장소는 아니며, 애플리케이션이 실행되는 동안 컴퓨터 메모리에 임시로 캐싱^{caching}되어 정보의 처리 또는 연산에 사용됩니다.

코드 2-1 **변수**

```
var a = 5;              // 변수 a에 숫자 5를 대입
document.write(a);      // 변수 a를 문서에 출력
```

자바스크립트에서 변수를 새로 선언할 때는 변수명 앞에 var라는 키워드를 사용합니다. 그러므로 변수를 사용하기 전에 항상 var를 먼저 붙이는 습관을 들이는 것이 좋습니다[1].

변수를 사용하는 이유는 재사용성(유지보수)이 있으며 값에 이름으로 의미를 부여할 수 있기 때문입니다. 따라서 변수명도 신경 써야 합니다.

코드 2-1-a **변수를 정의하지 않은 경우**

```
document.write('홍길동님의 나이는 33세입니다.');
```

[코드 2-1-a]는 다음과 같이 수정할 수 있습니다.

코드 2-1-b **변수를 정의한 경우**

```
var customerName = '홍길동';      // 고객의 이름을 변수로 선언
var customerAge = 33;            // 고객의 나이

// 고객 정보를 문서에 출력합니다
document.write(customerName + '님의 나이는' + customerAge + '세입니다.');
```

결과는 같지만 [코드 2-1-b]와 같이 변수로 정보를 미리 정의하면 나중에 필요할 경우 변수 값만 수정해 결과에 반영하기가 쉽습니다. 따라서 애플리케이션 규모가 커질수록 정보를 변수로 자료화해 자료 처리나 유지보수가 쉽도록 해야 합니다.

그다음으로는 반복적인 작업의 처리입니다. 프로그래밍에서 불필요한 반복을 최소화하는 것은 매우 중요합니다. 다음 예제를 봅시다.

---

1 문법이 엄격하지 않은 자바스크립트에서는 함수 내에서 var를 선언하지 않으면 의도하지 않게 전역 변수가 되는데 이에 관한 부분은 2.3 함수와 유효 범위를 참조하기 바랍니다.

```
// 구구단 5단
document.write(5 * 1 + '<br>');
document.write(5 * 2 + '<br>');
document.write(5 * 3 + '<br>');
document.write(5 * 4 + '<br>');
document.write(5 * 5 + '<br>');
document.write(5 * 6 + '<br>');
document.write(5 * 7 + '<br>');
document.write(5 * 8 + '<br>');
document.write(5 * 9 + '<br>');
```

곱셈(*) 연산자를 이용해 구구단 5단을 만든 코드입니다. 만일 이 예제를 7단으로 변경하려면 모든 행의 코드를 수정해야 합니다. 같은 코드가 훨씬 많다면 더욱 곤란할 것입니다.

⚠️ **산술 연산자**

연산자로 숫자 값(변수)을 계산할 수 있습니다. 산술 연산자의 종류는 다음과 같습니다.

연산자	예	설명
+	a + b	a와 b를 더합니다.
−	a − b	a에서 b를 뺍니다.
*	a * b	a와 b를 곱합니다.
/	a / b	a를 b로 나눕니다.
%	a % b	a를 b로 나눈 나머지 값을 구합니다.

그럼 변수를 활용한 예를 봅시다.

코드 2-2-b **변수를 활용한 구구단**

```
// 구구단 7단
var number = 7;
document.write(number * 1 + '<br>');
document.write(number * 2 + '<br>');
document.write(number * 3 + '<br>');
...(중략)
```

이제 변수 number만 변경하면 몇 단이든 다시 만들 수 있습니다. 하지만 아직도 계산하는 부분의 코드 자체도 반복이 많습니다. 이 부분은 '2.2.2 for 반복문'에서 다루도록 하겠습니다.

⚠ **변수명 작성 시 주의할 점**
- 첫 글자는 반드시 영문자로 작성(예: myName1)
- 한글은 사용하지 않음
- 예약어(명령어)로 정의된 문자는 변수로 사용 불가
- 언더스코어(_), $ 이외의 특수 문자(공백 포함) 사용 금지
- 변수명 사이에 공백 금지
- 일반적으로 카멜케이스, 언더스코어를 조합해 사용(예: firstName, first_name)

2.1.2 동적 타입(dynamic type)

변수에 입력되는 타입은 다양합니다. 크게 문자, 숫자 타입으로 나눌 수 있으며, 이 밖에도 배열, 객체, 불린Boolean 등 다양한 타입을 가질 수 있습니다.

코드 2-3 **변수의 타입**

```
var number = 5;          // 숫자 타입
var string = '고양이';    // 문자 타입
var bool = true;         // boolean(true/false)
var array = [];          // 배열
var object = {};         // 객체
var who_am_i;            // 변수에 값을 지정하지 않음

// 변수의 타입을 출력
document.write(typeof number + '<br>');   // number
document.write(typeof string + '<br>');   // string
document.write(typeof bool + '<br>');     // boolean
document.write(typeof array + '<br>');    // object
document.write(typeof object + '<br>');   // object
document.write(typeof who_am_i + '<br>'); // undefined
```

typeof 키워드로 변수의 타입을 확인했습니다. 마지막 결과에서 who_am_i 변수에는 아무런 값도 지정하지 않았는데, 이 경우 'undefined', 즉 미지정이라는 타입으로 반환되는 것을 볼

수 있습니다. 일반적으로 언어들은 변수 선언 시 우선 타입을 선언해 주어야 하지만 자바스크립트에서는 특정 값을 입력하는 순간 타입이 자동으로 선언되는 동적 타입의 변수 선언 방식을 사용합니다.

미리 타입을 선언하지 않아 편리할 수도 있지만, 연산 과정에서 서로 다른 타입으로 처리할 경우 문제 확인이 어려워질 수 있습니다. 이러한 부분 때문에 데이터 타입을 엄격하게 중시하는 개발자 중에는 자바스크립트를 싫어하는 사람도 있습니다. [코드 2-4]로 예를 들어 보겠습니다.

코드 2-4 **문자 변수와 숫자 변수의 연산**

```
var number = 5;        // 숫자형
var string = '5';      // 문자형
document.write(number + string + '<br>'); // 55
document.write(typeof number + '<br>');    // number
```

숫자와 숫자의 더하기라면 결과는 숫자 10이겠지만, 여기에서는 숫자 5와 문자 '5'를 더한 것이므로 결과는 연결된 문자로 나옵니다. " " 또는 ' ' 안에 작성된 숫자는 문자형이라는 것을 주의해야 합니다.

> ⚠ **연결 연산자**
>
> document.write( )로 출력 시 '+' 기호는 산술 연산자이므로 타입에 상관없이 값을 무조건 더합니다. 따라서 문자와 숫자의 조합인 경우에는 모두 문자로 연결되어 출력됩니다. 연산하지 않고 각각 개별적인 출력을 위해 쉼표(,)로 대체할 수도 있습니다. 이때는 값들이 별개로 출력되므로 결과에 주의해야 합니다.
>
> ```
> var number = 5;
> var string = 10;
>
> document.write(number + string + '<br>');   // 15
> document.write(number, string, '<br>');     // 510
> ```

2.1.3 연습 문제

문제 1. 변수 carName과 price에 각각 'Matiz'라는 문자와 숫자 1000을 대입해 문서에 다음과 같이 출력하세요.

> Matiz의 가격은 1000만 원입니다.

2.2 제어문

프로그래밍이란 논리적인 처리의 흐름 구현이 핵심이고, 실제로도 가장 중요한 부분일 것입니다. 제어문은 프로그램의 흐름을 제어합니다. 논리적인 선택을 해 조건 분기를 하기도 하고 반복하는 일을 처리하기도 합니다. 제어문은 대부분의 고급 언어에서 공통적인 문법 형태를 지니고 있습니다.

2.2.1 if (else) 조건문

'만일 … 한다면 A를 처리하고, 그렇지 않으면 B를 처리한다'라는 식의 처리를 수행하기 위해서는 조건문이 필요합니다. 다음 의사코드를 살펴보겠습니다.

```
if(비교식){
    // 조건이 맞을 경우 처리문(true)
} else{
    // 조건이 맞지 않을 경우 처리문(false)
}
```

이를 참고해 코드를 작성해 봅시다.

코드 2-5 **if문**

```
var i = 5;

if(i == 5){
    // i와 5가 같을 경우 처리문
    document.write('i와 5는 같습니다');          ①
```

```
  } else {
    // i와 5가 같지 않을 경우 처리문
    document.write('i와 5는 같지 않습니다');
  }
```

이 예제에서는 i와 5가 같으므로 ❶이 출력됩니다.

if문 안에 조건을 따지기 위해 비교 연산자를 사용했습니다. 특히 변수끼리의 값을 판단할 때 매우 중요합니다. 비교식이 맞으면 true, 틀리면 false 값을 반환합니다. 따라서 if문에서는 true면 처리를 하고, false면 처리를 하지 않습니다.

⚠ **비교 연산자**

비교 연산자는 수학에서 사용하는 부등호와 같이 값을 비교하는 연산자를 말합니다. 비교식이 맞으면 true, 틀리면 false로 판단합니다. 비교 연산자의 종류는 다음과 같습니다.

비교식	설명
a = b	a와 b는 같다.
a != b	a와 b는 같지 않다(부정).
a > b	a가 b보다 크다.
a >= b	a는 b보다 크거나 같다.
a < b	a는 b보다 작다.
a <= b	a는 b보다 작거나 같다.

2.2.2 for 반복문

프로그래밍에서 반복을 줄이는 것은 아주 중요한 부분입니다. 다시 구구단 코드를 살펴봅시다.

코드 2-6-a **변수를 활용한 구구단(코드 2-2-b와 동일)**

```
// 구구단 7단
var number = 7;
document.write(number * 1 + '<br>');
document.write(number * 2 + '<br>');
document.write(number * 3 + '<br>');
document.write(number * 4 + '<br>');
document.write(number * 5 + '<br>');
```

```
document.write(number * 6 + '<br>');
document.write(number * 7 + '<br>');
document.write(number * 8 + '<br>');
document.write(number * 9 + '<br>');
```

이 코드처럼 반복되는 부분을 한 줄로 정리하기 위해 for문을 사용합니다. for문의 기본 구조는 다음과 같습니다.

```
for (시작되는 값; 조건식; 증감식){
   // 처리문
}
```

그러면 구구단 코드를 for문으로 작성해 봅시다.

코드 2-6-b **for문으로 작성한 구구단**

```
// 구구단 7단
var number = 7;

for(var i = 1; i < 10; i++){          ————————①
   document.write(number * i + '<br>');
}
```

for문 안(①)에서 시작되는 변수 i에 초기 값 1을 입력합니다. 조건식에서 10보다 작을 때까지 반복할 조건(9회 반복)을 정의하고 증감식에서 i값을 1씩 증가(증감 연산자)시킵니다. 이렇게 반복문을 잘 사용하면 처리 내용을 비약적으로 줄일 수 있습니다.

> ⚠ **증감 연산자**
> 증감 연산자는 피연산자를 더하거나 빼기 위한 연산자를 말합니다. 증감 연산자의 종류는 다음과 같습니다.
>
> | 연산자 | 예 | 설명 |
> |---|---|---|
> | ++ | a++, ++a | a를 1씩 더함(후대입, 선대입) |
> | -- | a--, --a | a를 1씩 뺌(후대입, 선대입) |

a++의 경우 주로 반복분(for)에서 사용하는데, 계산식의 연산 결과를 대입하고 나서 a 값이 증가합니다. 반면 ++a는 a 값이 증가한 이후에 계산이 이뤄집니다.

```
for(var i = 0; i < 10; i+=2){
  document.write(i + ' ');    // 0 2 4 6 8
}
```

만일 2씩 증가시키고자 한다면 a=a+2를 씁니다. 간략히 a+=2라고 써도 됩니다.

2.2.3 switch문

switch문도 if문과 같이 조건을 판단하는 처리문입니다. 단일 항목으로 비교할 조건이 많을 경우에는 더 간결하게 표현할 수 있어 switch문을 선호하기도 합니다.

코드 2-7 **switch문**

```
<body>
  <h2>문제: 다음 중 웹 표준 언어가 아닌 것은?</h2>
  <ol>
    <li>HTML</li>
    <li>CSS</li>
    <li>Java</li>
    <li>JavaScript</li>
  </ol>

  <script>
    var answer = 3;  // 답을 입력

    switch(answer){ ─────────❶
      case 1: ─────────❷
        msg='틀렸습니다';
        break;
      case 2:
        msg='틀렸습니다';
        break;
      case 3:
        msg='정답입니다';
        break;
      case 4:
        msg='틀렸습니다';
        break;
      default: ─────────❸
```

```
        // 기타
        break;
    }
    document.write(msg);  // 정답입니다
  </script>
</body>
```

❶ switch문의 ( ) 안에는 각각의 case에서 비교할 '상수' 값이 들어갑니다.

❷ case문 뒤에는 상수 값과 비교할 '조건식'을 명시합니다. 각각의 case문에서 해당하는 조건
이 맞으면 해당 처리문을 실행하며, 다음에 작성한 break문을 만나면 더 이상 다음의 처리문
(나머지 case)은 보지 않고 종료합니다.

❸ default문은 case문들의 조건에 해당하지 않을 경우의 예외 처리문입니다.

2.2.4 연습 문제

문제 1. 다음 예제의 □에 알맞은 비교연산자를 추가해 결과 값이 true가 출력되도록 수정하세요.

```
<script>
  // Comparisons(비교연산자)
  document.write(100 □ 122);
  document.write("<br>");

  document.write(12 □ 8);
  document.write("<br>");

  document.write(8 * 2 □ 16);
</script>
```

문제 2. 다음 코드에서 ( ) 안에 조건식과 else 문을 추가해 name이 "중기"와 같을 경우 "안녕 중기!" 그
렇지 않을 경우 "너는 중기가 아니야"가 표시되도록 코드를 추가하세요.

```
<script>
  var name = "흥국";
```

```
   if (     ) {
   }

</script>
```

2.3 함수와 유효 범위(Scope)

함수란 반복 사용하는 코드를 재사용하기 위해 하나의 단위로 묶어 놓은 코드의 집합을 말합니다. 자바스크립트 내에 정의된 함수를 '내장 함수'라고 하며, 우리가 직접 정의한 함수를 '사용자 정의 함수'라고 합니다.

코드 2-8 **함수 선언과 호출**

```
// 함수 선언
function 함수명(매개 변수1, 매개 변수2, ...) {
  작성 코드...
}

함수명()  // 함수 호출
```

function 키워드로 함수를 먼저 정의한 후 함수명() 호출로 실행합니다. 매개 변수를 통해 함수에 필요한 데이터를 전달합니다.

2.3.1 함수의 매개 변수

함수명 뒤의 ( ) 안에 변수 값을 전달해 특정한 처리를 요청할 수 있는데, 이를 매개 변수라고 합니다.

코드 2-9 **매개 변수**

```
function sum(a, b){ ————————❶
  var result = a + b; ————————❷
}
```

```
sum(10, 20);  ————————❸
```

❶ 함수 sum을 정의합니다. 함수는 매개 변수 a, b를 전달받습니다.

❷ 매개 변수로 전달받은 a, b로 함수 내에서 연산을 수행합니다.

❸ 함수에 매개 변수로 10과 20을 전달해 호출합니다.

> **⚠ 함수 표현식(Function Expression)**
>
> 자바스크립트는 모든 타입을 변수로 정의할 수 있으므로 변수에 익명 함수 형태로 함수를 정의할 수 있습니다.
>
> ```
> var sum = function(a, b){
>     ...
> }
> ```

2.3.2 함수 값의 반환

앞의 예제에서는 함수에서 처리만 했지 결과를 전달받은 것이 없습니다. 함수 처리가 끝나면 return문을 통해 결과를 돌려받을 수 있습니다.

코드 2-10 **return문**

```
function sum(a, b){
    var result = a + b;
    return result;  ————————❶
}

var r = sum(10, 20);  ————————❷
document.write(r);  // 30
```

❶ 함수의 처리 결과를 result 변수로 반환합니다.

❷ 함수 처리가 끝나면 함수는 return문으로 반환된 값을 가지는데, 이를 변수 r에 대입합니다.

2.3.3 변수의 유효 범위

변수는 어느 위치에나 정의할 수 있지만 허용되는 범위는 다릅니다. 실제로 변수가 선언된다는 것은 컴퓨터 메모리에 공간을 차지한다는 의미이며, 사용자는 규칙을 이해하고 변별력 있게 사용해야 합니다.

지역 변수

함수 안에 선언된 변수는 함수 내에서만 사용되고 소멸합니다. 이를 '지역 변수local variables'라고 하며, 함수 외부에서는 사용할 수 없습니다. 일반적으로 함수는 필요할 때만 할당받아 작업하므로 함수 내에 선언된 변수가 프로그램 전역에서 불필요하게 공간을 차지할 필요가 없기 때문입니다.

코드 2-11 지역 변수

```
function car(){
  var carName = 'matiz';
}

document.write(carName);
```

실행해 보면 carName이라는 변수가 정의되지 않았다는 오류 메시지가 출력됩니다. 함수 내의 변수는 함수 내부에서만 사용할 수 있습니다.

그림 2-1 콘솔창 오류 메시지

전역 변수

전역 변수global variables는 함수 외부에 선언된 변수로, 프로그램 영역 전체에서 사용할 수 있습니다. 함수 내에서의 변수는 var 키워드를 선언하지 않으면 전역 변수가 되므로 주의합니다.

```
var carName = 'matiz';

function car(){
  document.write(carName);
}

car();      // matiz
```

프로그램 내부에서 변수의 선언은 매우 중요합니다. 전역 변수와 지역 변수를 구분하는 이유는 모든 변수가 전역으로 선언되면 불필요한 메모리를 차지하므로 퍼포먼스에 좋지 않기 때문입니다. 전역으로 필요한 변수는 프로그램 초반부에 별도로 선언해 주는데, 이를 '변수 초기화'라고 합니다. 변수는 사용하기 전에 항상 먼저 선언해 주어야 합니다.

2.3.4 콜백 함수

다소 이해하기 어려울 수 있으나 자바스크립트에서는 함수를 매개 변수로 전달할 수 있는데, 이를 콜백 함수callback function라고 합니다. 함수의 매개 변수는 일반 변수가 실행 가능한 코드(함수)의 형태로 전달됩니다. 따라서 필요에 따라 함수의 처리 결과를 통보해 주거나 또 다른 처리를 할 수 있게 해 줍니다. 자바스크립트의 라이브러리는 이벤트 처리 시 콜백 함수를 사용하기 때문에 이를 반드시 이해하고 있어야 하며, 앞으로 자주 접하게 될 것입니다.

코드 2-13 **콜백 함수**

```
function sum(a, b, callback){          ①
  var result = a + b;

  callback();          ②
  return result;
}

  // 콜백 함수
  var r = sum(10, 20, function(){          ③
    alert('a + b를 더했습니다');
  });
```

```
document.write(r);
```

❶ 실행되는 시점에서, 세 번째 변수에서 함수를 매개 변수로 전달받고 부모 함수의 처리가 끝난 후 callback 함수를 실행(❸)합니다. 매개 변수로 전달받은 함수는 필요한 시점에서 언제든지 실행할 수 있는 상태가 됩니다.

❷ 매개 변수로 익명 함수(이름이 없는 함수)를 전달합니다.

실행 결과

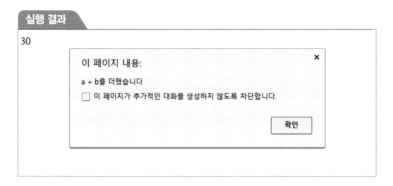

2.3.5 연습 문제

문제 1. 숫자를 매개 변수로 전달받아 짝수인지 홀수인지 판별하는 함수를 isODD라는 이름으로 작성하고, 이 함수를 호출해 실행한 결과를 HTML 문서에 표시하세요.

```
function isODD(num){

    // 짝수 홀수 판별하기 함수

}

isODD(30);

isODD(25);
```

30은 짝수입니다.
25는 홀수입니다.

※ 힌트: 주어진 정수를 2로 나누면 나머지로 0 아니면 1이 나오므로 조건식에 따라 짝수, 홀수를 판단해 출력할 수 있다.

2.4 배열과 객체

우리는 앞서 변수에 대해 알아보았습니다. 변수는 자료형의 가장 기초적인 표현법입니다. 그러나 자료의 내용에는 일정한 형식이 필요하고 그 내용이 방대해지면 배열이나 객체로 자료를 구조화해야 합니다.

2.4.1 배열

예를 들어, 여러 사람의 이름을 부관하기 위해 각각 다른 변수를 선언해서 따로 담는다면 매우 비효율적일 것입니다. 이러한 경우에는 같은 타입의 변수 하나에 데이터를 순차적으로 정의(배열)해 표현을 단순화할 수 있습니다. 따라서 배열은 자료형을 표현하는 데 적합한 변수형입니다.

배열 선언하기

먼저 [코드 2-14]와 같이 여러 개의 자료를 각각의 변수로 선언해 보겠습니다.

코드 2-14 **각각의 변수로 선언**

```
var customer_name1 = 'Michael Kwon';
var customer_mane2 = 'Steve Jobs';
var customer_mane3 = 'John Denver';
...
```

불필요하게 변수를 여러 개 사용해 코드가 장황해집니다. [코드 2-14]는 다음과 같이 수정할 수 있습니다.

코드 2-15 **배열 변수 선언**

```
var customer_name = ['Michael Kwon', 'Steve Jobs', 'John Denver'];
```

배열 값 확인 및 변경하기

배열 변수 내에서 특정 순서의 값을 조회하려면 [ ] 안의 index 번호를 이용합니다. index 번호는 0부터 시작합니다.

```
배열 변수명[index number]
```

다음과 같이 배열에 순차적으로 이름을 저장할 수 있습니다.

[index number]	0	1	2
배열 값	'Michael Kwon'	'Steve Jobs'	'John Denver'

배열 값을 확인한 후 두 번째 배열 값인 'Steve Jobs'를 'John Park'으로 변경하는 코드를 작성해 봅시다.

코드 2-16 두 번째 배열 값을 변경

```
// 배열 선언
var customer_name = ['Michael Kwon', 'Steve Jobs', 'John Denver'];

// 배열 값 확인
document.write(customer_name[0] + '<br>');  // Michael Kwon ──────❶
document.write(customer_name[1] + '<br>');  // Steve Jobs
document.write(customer_name[2] + '<br>');  // John Denver

// 두 번째 배열 값 변경
customer_name[1] = 'John Park';  ────────❷
document.write(customer_name[1] + '<br>');  // John Park
```

❶ 배열의 index 번호는 0부터 순서대로 시작합니다.

❷ 두 번째 배열의 이름을 변경합니다.

배열 값 추가하기

기존에 작성한 배열 값을 변경하는 것뿐만 아니라 새로운 자료를 추가할 수도 있습니다.

코드 2-17 배열 값 추가

```
// 배열 선언
var customer_name = ['Michael Kwon', 'Steve Jobs', 'John Denver'];

(중략)

// 배열 값 추가
customer_name[3] = 'new name';                    ─────❶
document.write(customer_name[3] + '<br>');  // new name
```

❶ 네 번째 배열(네 번째)에 이름을 추가합니다. 자바스크립트에서는 기존 배열 번호에 값을 넣으면 값이 변경되고 새로운 배열 번호에 대입하면 값이 자동으로 추가됩니다.

배열에 다양한 값 추가하기

원래 배열은 일정한 타입으로 구성하는 것이 일반적이지만 때에 따라 서로 다른 타입의 값으로 나열할 수도 있습니다. 하지만 이렇게 비정형적인 자료는 객체로 표현하는 것이 바람직합니다.

코드 2-18 배열에 다양한 값 추가

```
// 배열 선언
var my_list = ['string', 5, ['sub1', 'sub2']];     ─────❶

document.write(my_list[0] + '<br>');     // string
document.write(my_list[1] + '<br>');     // 5
document.write(my_list[2][0] + '<br>');  // sub1      ─────❷
document.write(my_list[2][1] + '<br>');  // sub2
```

❶ 문자, 숫자, 배열을 추가했습니다. 배열 안에 배열을 추가(2차원 배열)하는 것도 가능합니다.

❷ 세 번째 배열의 값을 조회합니다. 값이 배열이므로 2차원 배열입니다. 두 번째 [ ]로 배열 안에 있는 배열 값을 조회합니다.

배열의 길이 알아내기

length 속성을 사용하면 배열의 길이를 알 수 있습니다. 자주 사용하는 속성이므로 반드시 알아 두어야 합니다.

코드 2-19 **length 속성**

```
// 배열 선언
var customer_name = ['Michael Kwon', 'Steve Jobs', 'John Denver'];

// 배열의 길이
var length = customer_name.length;
document.write(length + '<br>');   // 3
```

배열 변수 customer_name의 길이를 length 속성으로 조회하여 변수 length에 대입합니다. 배열 값은 3개가 저장되어 있으므로 length 값은 3이 출력됩니다.

배열을 전부 출력하기

배열을 전부 출력하려면 배열의 크기를 알아야 합니다. 앞에서 학습한 length 속성을 이용할 수 있습니다.

코드 2-20 **배열 전체 출력**

```
// 배열 선언
var customer_name = ['Michael Kwon', 'Steve Jobs', 'John Denver'];
var length = customer_name.length;

// 배열을 전부 표시
for(var i = 0; i < length; i++){          ───────❶
  document.write(customer_name[i] + '<br>');
}
```

❶ length 속성으로 참조한 배열의 길이 값만큼 반복문(for)으로 배열을 전부 출력할 수 있습니다.

배열 조회하기

일반적으로 원하는 정보를 찾기 위해 배열(자료)에서 정보를 조회하는 경우가 많습니다. 반복문과 조건문을 사용하면 특정 정보를 부분 탐색해 볼 수 있습니다.

코드 2-21 **배열 조회**

```
// 배열 선언
var customer_name = [
  'Michael Kwon',
  'Steve Jobs',
  'John Denver',
  'Pokemon'
];
var length = customer_name.length;

var search_name = prompt('이름 조회', '조회할 이름을 입력하세요');

// 배열 안의 이름을 확인
for(var i = 0; i < length; i++){
  if(search_name == customer_name[i]){              ①
    alert(search_name + '을 찾았습니다.');
    break;                                          ②
  } else if(i == length-1){                         ③
    alert('해당하는 이름이 없습니다.');
  }
}
```

❶ prompt문에서 사용자가 조회할 이름과 배열 안의 내용을 반복문으로 순차 비교해 같은 이름이 있는지 판단합니다.

❷ 만일 이름을 찾았다면 탐색을 종료하고 break문을 사용해 반복문에서 빠져나옵니다.

❸ 마지막까지 일치하는 결과가 없는지 확인하기 위해 배열의 인덱스로 값을 조회하기 위한 카운트 변수 i와 배열의 길이(0번부터 배열이므로 length-1)를 비교해 마지막인지 확인합니다.

배열 조작 메서드

다음은 자료 수정을 위한 배열의 변경, 삭제, 추가 등을 하는 매우 유용한 메서드입니다.

표 2-1 배열 메서드

메서드	설명
reverse( )	배열을 역순으로 정렬
sort( )	배열 정렬
slice( )	배열의 일부 선택
concat( )	배열을 하나로 합침
shift( )	첫 번째 배열 제거(값을 반환함)
unshift ( )	첫 번째 배열 추가
pop( )	마지막 배열 제거(값을 반환함)
join( )	배열 사이에 지정된 문자열로 구분자 표시

배열을 역순으로 변경하기

배열의 내용을 역순으로 변경할 수 있습니다.

코드 2-22 reverse( ) 메서드

```
var customer_age = [16, 46, 70, 29, 33];
document.write(customer_age.join(' - ') + '<br>');        // 16-46-70-29-33
document.write(customer_age + '<hr>');                    // 16,46,70,29,33

// 배열을 역순으로
document.write(customer_age.reverse() + '<br>');          // 33,29,70,46,16
document.write(customer_age + '<br>');                    // 33,29,70,46,16
```

join( ) 메서드는 배열을 구분하는 문자를 기본 쉼표(,)에서 특정한 문자로 변경하여 표시할 수 있습니다. 그러나 원본 배열 내용을 변경하는 것은 아닙니다. reverse( ) 메서드의 경우 원래 배열의 순서가 실제로 변경됩니다.

배열 정렬하기

예를 들어 데이터를 이름순(알파벳 또는 가나다순)으로 나열한다면 sort 메서드를 활용할 수 있습니다. 이 밖에도 사용자가 지정한 규칙으로 배열을 정렬할 수 있습니다.

코드 2-23 sort( ) 메서드

```javascript
var score = [90, 55, 80, 60, 100];
var customer_name = [
  'Michael Kwon',
  'Steve Jobs',
  'John Denver',
  'Pokemon'
];

// 배열을 이름순으로 정렬
document.write(customer_name.sort() + '<br>');

// 배열을 번호순으로 정렬
document.write(score.sort(function(a, b){ return a - b;}) + '<br>');  ————❶

// 배열을 높은 번호순으로 정렬
document.write(score.sort(function(a, b){ return b - a;}) + '<br>');  ————❷
```

실행 결과

John Denver,Michael Kwon,Pokemon,Steve Jobs

55,60,80,90,100

100,90,80,60,55

❶ sort 메서드는 함수 안에 매개 변수를 전달하지 않으면 알파벳순으로만 정렬하기 때문(숫자는 정렬되지 않음)에 번호순으로 정렬하기 위해 매개 변수에 함수식(function)을 적용합니다. 함수의 return 값을 a − b로 하면 번호순으로, b − a로 하면 역순으로 정렬합니다.

배열의 특정 범위 추출하기

slice( ) 메서드는 배열의 특정 범위를 추출합니다. 범위를 지정하는 방법은 다음과 같습니다.

```
slice(시작 위치, 마지막 위치)
```

코드로 확인해 봅시다.

```
var str = ['first', 'second', 'third', 'fourth', 'fifth'];

// 배열 범위 추출
document.write(str.slice(1,3) + '<br>');  // second,third ————————❶
document.write(str + '<br>');             // first,second,third,fourth,fifth
```

❶ 두 번째 배열에서 세 번째 배열까지 배열 값을 추출합니다. 두 번째 매개 변수(3)는 자신을 포함하지 않습니다. 앞의 메서드들과 달리 slice 메서드는 값을 추출할 뿐 원본 배열을 변경하지는 않습니다.

배열 합치기

배열과 배열을 연결해 하나의 배열로 합칩니다.

코드 2-25 concat( ) 메서드

```
var korea = ['서울', '부산', '광주'];
var japan = ['도쿄', '오사카', '고베'];
var usa = ['워싱턴', '뉴욕', '맨해튼'];

// 배열 합치기 1
var world = korea.concat(japan);  ————————❶
document.write('korea= ' + korea + '<br>');  ————————❷
document.write('world= ' + world + '<br>');  ————————❸

// 배열 합치기 2
var world = korea.concat(japan, usa);  ————————❹
document.write('korea= ' + korea + '<br>');
document.write('world= ' + world + '<br>');
```

실행 결과

korea= 서울,부산,광주

world= 서울,부산,광주,도쿄,오사카,코베

korea= 서울,부산,광주

world= 서울,부산,광주,도쿄,오사카,고베,워싱턴,뉴욕,맨해튼

❶ korea 배열에 japan 배열을 합쳐 변수 world에 그 결과를 대입합니다.

❷ korea 배열의 내용은 그대로 유지됩니다.

❸ 배열 world에 korea와 japan의 배열이 모두 합쳐진 결과를 확인할 수 있습니다.

❹ korea 배열과 두 배열(japan + usa)을 모두 합칩니다. 위와 마찬가지로 원본 배열과 비교해서 확인하기 바랍니다.

첫 번째 배열 제거 및 추가하기

첫 번째 배열을 제거할 때는 shift 메서드를, 추가할 때는 unshift 메서드를 사용합니다.

코드 2-26 **shift( )와 unshift( ) 메서드**

```
var korea = ['서울', '부산', '광주'];

// shift()
var shift_korea = korea.shift();
document.write(shift_korea + '<br>');      // 서울
document.write(korea + '<br>');            // 부산, 광주

// unshift()
korea.unshift('제주도');
document.write(korea + '<br>');            // 제주도,부산,광주
```

실행 결과

서울

부산,광주

제주도,부산,광주

shift( ) 메서드로 korea 배열의 첫 번째 배열 값이 제거되며 해당 값은 변수로 반환됩니다. 다음 그림과 같이 '서울'이 사라진 것을 확인할 수 있습니다.

그림 2-2 **shift( ) 적용**

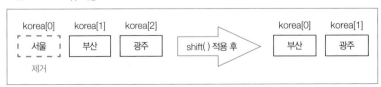

unshift( ) 메서드로 첫 번째 배열 값에 '제주도'를 추가합니다. 다음과 같이 '제주도'가 추가된 것을 확인할 수 있습니다.

그림 2-3 unshift( ) 적용

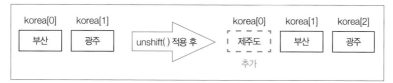

마지막 배열 제거하기

pop( ) 메서드는 shift( ) 메서드와 반대로 배열의 마지막 부분을 제거한 후 그 값을 반환합니다. 따라서 원본 korea 배열의 해당하는 값 '광주'는 삭제됩니다.

코드 2-27 pop( ) 메서드

```
var korea = ['서울', '부산', '광주'];

// pop()
var pop_korea = korea.pop();
document.write(pop_korea + '<br>');      // 광주
document.write(korea + '<br>');          // 서울,부산
```

실행 결과

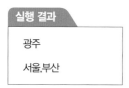

다음 그림을 보면 pop( ) 메서드가 적용된 후 세 번째 배열 값인 '광주'가 제거된 것을 알 수 있습니다.

그림 2-4 pop( ) 적용

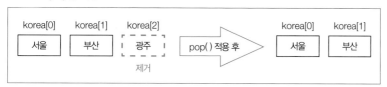

2.4.2 객체

같은 형식의 자료일 경우에는 배열로 정의하는 것이 유용하지만 데이터가 비정형적으로 복잡해지면 객체로 정의하는 것이 알아보기도 수월하며 다루기도 쉽습니다. 다음 예제에서는 책에 대한 속성(데이터)을 book이라는 객체 변수에 정의해 저장한 후 접근하는 모습을 확인할 수 있습니다.

그림 2-5 **객체 변수의 구조**

이렇게 객체 변수 안에 포함된 변수들을 속성property이라고 합니다.

코드 2-28 **책 정보를 객체로 정의**

```
// 책 정보를 객체로 정의
var book = {
  title: "채식주의자",
  author: "한강",
  price: "12000"
}

document.write(book.title + '<br>');    // 채식주의자
document.write(book.author + '<br>');   // 한강
document.write(book.price + '<br>');    // 12000
```

{} 안에 '속성명 : 속성 값' 형식으로 객체를 정의하는데, 이러한 방식을 객체 리터럴literal 방식이라고 합니다. 객체에는 변수와 마찬가지로 숫자, 문자, 심지어 함수까지도 담을 수 있습니다.

예 book객체의 title 속성값

```
book.title
```

객체는 객체 변수명 + '.' + 속성명으로 접근할 수 있습니다.

다음 예제에서 배열과 객체를 사용한 사례를 비교해 보겠습니다.

코드 2-28-a **다차원 배열**

```javascript
// 배열
var book = [
  [
    ['title', '채식주의자'],
    ['author', '한강'],
    ['price', '12000']
  ],
  [
    ['title', '종의 기원'],
    ['author', '정유정'],
    ['price', '10000']
  ]
];

document.write(book[0][0][1]); // 채식주의자
```

[코드 2-28-a]는 다음과 같이 수정할 수 있습니다.

코드 2-28-b **배열과 객체 활용**

```javascript
// 배열과 객체 활용
var book = [
  {
    title: "채식주의자",
    author: "한강",
    price: "12000"
  },
  {
    title: "종의 기원",
    author: "정유정",
    price: "10000"
  }
];

document.write(book[0].title); // 채식주의자
```

[코드 2-28-a]는 책에 관련된 정보를 자료의 형태로 저장하기 위해 다차원 배열을 사용했습니다. 배열의 차원이 복잡해지고 숫자 형태로 참조하다 보니 알아보기가 쉽지 않지만 객체로 정의하면 변수명(속성)으로 정의 및 참조가 가능하기 때문에 접근이 쉬워집니다.

객체 변수는 비정형적인 속성의 정보들을 하나의 변수에 담을 수 있어서 자료를 효율적으로 관리할 수 있습니다. 객체와 배열은 서로 유사하므로 장점을 활용해 같이 병행하면 좋습니다.

2.4.3 연습 문제

문제 1. 다음 배열의 두 번째 값(avante)을 "sm5"로 변경하고 전체 배열을 역순으로 출력하세요.

```
var car = ["sonata", "avante", "matiz"];
```

문제 2. person 객체 내에 country 프로퍼티(속성)를 추가하고 값은 'Korea'로 정의한 후 객체의 속성들을 예시와 같이 표시하세요.

```
var person = {
    firstName : "길동",
    lastName : "홍"
}
```

홍길동의 고향은 Korea 입니다.

2.5 마치며

- 자바스크립트의 var 변수는 형의 구분이 따로 없는 동적인 타입입니다. 따라서 변수로 연산할 때는 타입에 주의해야 합니다.

- if문과 for문 등의 제어문은 프로그래밍에서 논리적인 흐름을 표현하는 가장 중요한 수단입니다.

- 함수는 코드를 불필요하게 반복하지 않고 기능을 재사용하기 위해 필요합니다.

- 함수 밖에서 선언한 변수는 전역 변수이며 모든 프로그램 영역에서 사용할 수 있지만 함수 내에 선언한 변수는 지역 변수이기 때문에 함수 내에서만 사용할 수 있고 함수가 종료되면 사라집니다.

- 함수의 경우 작성하는 위치와 상관 없지만 변수는 항상 프로그램 처리문 앞에 선언해야 합니다.

- 콜백 함수는 함수의 매개 변수로 함수를 전달해 함수의 실행 상태를 되돌려 받을 수 있는 자바스크립트의 매우 유용한 처리 방식입니다.

- 반복되는 값이나 다양한 속성을 가진 변수를 체계적으로 자료화해 다루기 위해 배열이나 객체를 사용합니다.

CHAPTER 3

문서를 동적으로 다루는 방법: DOM

이 장에서는 자바스크립트로 문서 객체(DOM)를 조작하는 방법을 학습합니다. 웹 브라우저에서 HTML 문서에 내용을 추가하거나 변경하는 것은 자바스크립트만이 가능합니다. 또한, CSS의 속성과 HTML5의 다양한 API 기능을 제어할 수 있습니다.

3.1 하나의 문서 객체를 선택하는 메서드

DOM은 Document Object Model의 약자이며, HTML 문서 내의 객체화된 구성 요소입니다. 이 하나하나의 요소^{elements}는 CSS에서 선택자^{selector}를 지정해 원하는 요소에 접근하지만, 자바스크립트에서는 document 객체에 소속된 DOM 메서드를 통해 특정 요소를 선택하거나 조작(내용이나 속성 변경)할 수 있습니다.

표 3-1 **DOM 메서드**

메서드	설명
document.getElementById(id명)	아이디를 사용해 문서 객체(요소) 선택
document.querySelector(CSS 선택자)	CSS 선택자를 사용하는 방식(IE 8 이상)

※ 자바스크립트에서는 id를 엄격하게 구분하므로 HTML에서 id명을 중복 정의하지 않도록 주의합니다.

아이디명을 사용하는 방식

이 메서드는 요소에 접근하는 가장 빠른 방식으로, 하나의 요소만 선택하는 방식입니다.

코드 3-1 getElementById( ) 메서드

```
<body>
    <h1 id="title">여기를 변경해 주세요^^</h1>

    <script>

        var title = document.getElementById('title');  ────────❶

        title.style.color = 'white';  ────────❷
        title.style.background = 'orange';
        title.innerHTML = "JavaScript로 문서를 조작";  ────────❸

    </script>
</body>
```

❶ 문서 내에서 id명이 'title'인 문서 객체를 선택하고 title 변수에 반영합니다.

❷ title 문서 객체의 스타일을 변경하고 글자를 추가(❸)합니다.

실행 결과

JavaScript로 문서를 조작

CSS 선택자를 사용하는 방식

CSS 선택자를 사용하는 방식은 편리하지만 가장 첫 번째 요소만 선택할 수 있습니다.

코드 3-2 querySelector( ) 메서드

```
<body>
    <ul>
        <li>first</li>
        <li>second</li>
        <li>third</li>
```

```
    </ul>

    <script>

        var li = document.querySelector('li');  ————————●

        li.style.color = "red";
        li.style.background = "blue";

    </script>
</body>
```

● 문서 내에서 li 객체(첫 번째)를 선택합니다.

실행 결과

- first
- second
- third

3.2 여러 문서 객체를 선택하는 메서드

다음 메서드는 문서 내에 이름이 같은 요소가 존재한다면 그 개수만큼 배열의 형태로 문서 객체를 선택할 수 있습니다.

표 3-2 **DOM 메서드**

메서드	설명
document.getElementsByTagName(요소명)	태그명으로 여러 문서 객체 선택
document.getElementsByClassName(클래스명)	클래스명으로 여러 문서 객체 선택(IE 9 이상)
document.querySelectorAll(CSS 선택자)	CSS 선택자로 여러 문서 객체 선택(IE 9 이상)

태그명을 사용하는 방식

태그명으로 문서 객체를 선택합니다. 태그는 문서 내에서 중복 사용할 수 있으므로 작성한 만큼 배열로 판단합니다.

코드 3-3 getElementsByTagName( ) 메서드

```
<body>
  <ul>
    <li>first</li>
    <li>second</li>
    <li>third</li>
  </ul>
  <script>

    var li = document.getElementsByTagName('li');        ──────❶
    li[1].style.backgroundColor = "red";        ──────❷
    li[1].style.color = "white";

  </script>
</body>
```

❶ 문서 내에서 태그명이 li인 요소를 선택합니다.

❷ 배열 인덱스가 1인 li 요소(두 번째)에 스타일을 적용합니다.

실행 결과

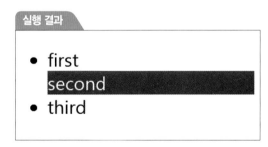

CSS 선택자를 사용하는 방식

CSS 선택자와 같은 방식으로 문서 객체를 선택할 수 있는 매우 편리한 메서드입니다.

```
<body>
  <ul>
    <li>first</li>
    <li>second</li>
    <li>third</li>
  </ul>
  <button onclick="setColor()">click</button>

  <script>

  function setColor(){

    // 문서 내의 모든 li 요소 선택
    var li = document.querySelectorAll("li");

    // 모든 li 요소에 속성 적용
    for(var i = 0; i < li.length; i++){ ————————❶
      li[i].style.color = "green";
      li[i].style.backgroundColor = "orange";
    }
  }
  </script>
</body>
```

❶ length 속성과 for문을 이용해 li 객체의 배열 전부에 스타일을 지정했습니다. CSS 선택자를 사용하는 방식이라서 편리하지만, 인터넷 익스플로러 9 이상부터 지원하는 메서드이므로 하위 브라우저 지원 여부에 따라 '크로스 브라우징' 처리를 해야 할 수도 있습니다. 제이쿼리의 선택자 메서드를 사용하면 자동으로 처리해 줍니다.

3.3 텍스트 조작과 DOM 속성 다루기

자바스크립트에서 문서 객체를 조작하는 방식은 크게 두 가지가 있습니다. 하나는 문서 객체 (DOM)의 텍스트 정보를 조작하는 것이고, 다른 하나는 문서 객체 내부의 속성(CSS나 요소 내부의 여러 속성을 의미) 정보를 조작하는 것입니다.

3.3.1 텍스트 조작

문서 객체 내의 정보를 변경하는 자바스크립트 속성은 두 가지입니다. 두 속성의 차이점은 일반 텍스트로 처리하느냐 아니면 HTML로 처리하느냐입니다.

표 3-3 **텍스트 조작 자바스크립트 속성**

속성명	설명
innerText	요소 내부의 텍스트를 읽거나 변경
innerHTML	요소 내부의 HTML 형식을 읽거나 변경

다음 예제를 통해 차이점을 살펴봅시다.

코드 3-5 **innerText와 innerHTML**

```
<body>
  <div id="content"></div>

  <script>
    var content = document.querySelector('#content');

    // text 삽입
    content.innerText = "<h1>new Text!!</h1>";          ①

    // HTML 삽입
    content.innerHTML += "<h1>new Text!!</h1>";         ②
  </script>
</body>
```

①은 요소 안에 순수한 텍스트 정보만 추가되고 ②는 실제 HTML 코드로 반영된다는 차이가 있습니다.

> **실행 결과**
>
> <h1>new Text!!</h1>
>
> new Text!!

3.3.2 style 객체와 속성

style 객체로 문서 객체의 스타일 속성을 조작할 수 있습니다. 자바스크립트에서 스타일 객체에 속성을 지정할 때는 속성명에 하이픈(−) 기호를 쓸 수 없고 중간의 시작 문자를 대문자로 붙여서 사용합니다.

표 3−4 스타일 속성명

CSS	자바스크립트
background−image	backgroundImage
background−color	backgroundColor
list−style	listStyle

예를 들면 다음과 같습니다.

```
var header = document.getElementById('header');
header.style.color = 'red';
header.style.backgroundColor = 'yellow';
```

다음은 자바스크립트의 style 객체와 CSS 속성을 사용해 박스의 글자와 배경색을 변경하는 예제입니다.

코드 3−6 박스의 글자와 배경색 변경

```
<body>

  <div id="box">색상 바꾸기</div>
  <button onclick="setColor()">click</button>

  <script>
    function setColor(){
      var box = document.getElementById('box');
      box.style.color = 'white';
      box.style.backgroundColor = "orange";
    }
  </script>

</body>
```

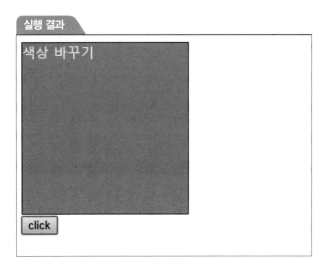

다만 자바스크립트로 직접 스타일을 변경하면 기존에 CSS가 문서에서 정의한 것이 무효가 되므로 주의 깊게 사용해야 합니다.

3.3.3 속성 조작

문서 객체 내의 속성을 조작할 수 있으며 비표준 속성도 접근할 수 있습니다. 비표준 속성이란 HTML5에서 추가된 것으로 사용자가 'data-' 속성을 사용해 속성명을 자유롭게 정의할 수 있습니다.

표 3-5 **속성 조작 메서드**

메서드명	설명
setAttribute(속성명, 값)	속성값 설정
getAttribute(속성명)	속성값 읽기
removeAttribute(속성명)	속성 제거

속성 설정하기

setAttribute() 메서드로 문서 객체 내에 특정 class를 추가하는 예제를 만들어 보겠습니다.

코드 3-7 **setAttribute( ) 메서드**

```html
<!DOCTYPE html>
<html lang="en">
<head>
  <meta charset="UTF-8">
  <title>ex3-6-5 | DOM</title>
  <style>
    #box{
      width: 100px;
      height: 100px;
      border: 3px solid black;
    }
    .box{
      background: orange;             ──────────❶
    }
  </style>
</head>
<body>

  <div id='box' onclick='changeColor()'>Hello box</div>

  <script>
    function changeColor(){

      var box = document.getElementById('box');
      box.setAttribute('class', 'box');  ──────────❷
    }
  </script>
</body>
</html>
```

박스(div#box)를 클릭하면 해당 요소에 클래스 속성(❷)이 추가됩니다. 그러면 CSS에 지정된 스타일(❶)이 적용되므로 박스의 색상이 변합니다.

앞서 책임감 있는 자바스크립트 사용에 대한 이야기를 한 적이 있습니다. 직접 스타일을 변경하지 않고 속성 조작으로 스타일을 변경했기 때문에 유지보수 차원에서, CSS에서 작업한 코드와 충돌할 일이 없다는 의미입니다.

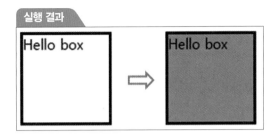

속성 읽기

속성을 추가한 다음 다시 해당 속성을 읽어 보도록 하겠습니다. 이러한 식의 속성 조작은 자바 스크립트에서 가장 많이 사용되는 처리 방식이므로 잘 기억해 둡니다.

코드 3-8 **getAttribute( ) 메서드**

```
(중략)
  <script>
    function changeColor(){

        var box = document.getElementById('box');
        box.setAttribute('class', 'box');                ──────❶

        var getAttr = box.getAttribute('class');         ──────❷
        alert(getAttr);
    }
  </script>
```

문서 객체에 class를 추가(❶)한 후 다시 setAttribute 메서드로 class 속성값을 확인(❷)합니다.

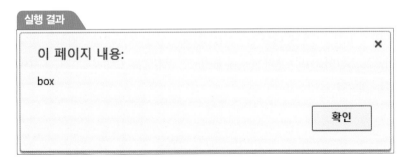

속성 제거하기

속성의 추가나 제거는 어떤 요소에 스타일링을 동적으로 작업할 때 유용합니다.

코드 3-9 removeAttribute( ) 메서드

```
<body>
  <div id='box' class='box' onclick='changeColor()'>Hello box</div> ────────❶

  <script>
    function changeColor(){

      var box = document.getElementById('box');
      box.removeAttribute('class'); ────────❷
    }
  </script>
</body>
```

이번에는 div#box에 class 속성을 기본으로 추가(❶)했기 때문에 색상이 칠해진 상태입니다. 박스를 클릭하면 자바스크립트에서 동적으로 class를 제거(❷)하므로 기본 스타일이 제거됩니다.

실행 결과

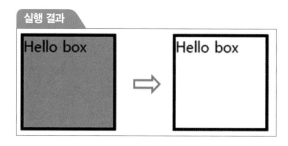

3.3.4 연습 문제

문제 1. 예시 결과와 같이 [red] 버튼을 누르면 박스가 빨간색으로, [blue] 버튼을 누르면 박스가 파란색
으로 변하도록 구현하세요.

※ 힌트
CSS에서 박스의 스타일을 미리 지정합니다. red()와 blue() 함수를 만들어 버튼을 클릭하면 setAttribute()
로 class를 추가하는 방법으로 변경합니다.

3.4 마치며

이 장에서는 HTML의 문서 객체 모델을 제어하는 자바스크립트 DOM 객체를 살펴보았습니
다. DOM은 자바스크립트가 HTML이나 XML 문서 내의 요소와 속성을 조작하여 동적으로
제어하기 위한 중요한 프로그래밍 인터페이스입니다. 반드시 항목별 주요 DOM API를 정리
하고 넘어가기 바랍니다.

CHAPTER 4

이벤트 제어

이 장에서는 애플리케이션과 사용자가 상호 작용하기 위해 가장 중요한 기능인 이벤트를 알아봅니다. 앞서 DOM으로 문서 객체를 탐색하거나 조작하는 방법을 배웠습니다. 이제 사용자의 특정한 요청을 감지하고 이를 처리하는 방법을 알아봅니다.

애플리케이션과 사용자가 상호 작용하기 위해서는 이벤트 제어가 필요합니다. 이벤트는 사용자의 행동(대표적으로 클릭이나 터치 등)을 모니터링하고 어떤 행동이 감지되었을 때 그에 따른 프로세스를 수행하도록 합니다. 브라우저 내부에서도 이를 항상 감시하고 있으며, 자바스크립트 API로 제어할 수 있습니다.

4.1 인라인 이벤트

인라인 이벤트는 HTML 요소 안에 속성을 직접 추가해 이벤트를 처리하는 가장 기본적인 방식입니다. 웹 표준에서는 문서와 CSS 그리고 자바스크립트의 분리 원칙을 권장합니다. 유지보수와 접근성 측면에서 볼 때 문서 내에 자바스크립트 코드가 섞이면 가독성에도 좋지 않고 수정도 불편하기 때문입니다. 따라서 부분적으로 사용한다고 보면 됩니다.

예를 들면 다음과 같습니다.

```
<요소명 이벤트 핸들러 속성 = 'JavaScript 명령어'>
```

요소 내에 이벤트 핸들러 속성을 추가하고 그 안에 자바스크립트 코드를 작성합니다. 이벤트 속성은 다양한데, 대표적인 이벤트 속성은 [표 4-1]과 같습니다.

표 4-1 **마우스와 키보드 이벤트**

이벤트 속성명	설명
onclick	마우스를 클릭할 때
onmouseover(hover 1단계)	요소 안에 마우스가 들어갔을 때
onmouseout(hover 2단계)	요소에서 마우스가 벗어났을 때
onkeydown	키보드를 입력할 때
onkeyup	키를 눌렀디 놓을 때
onfocus, onblur	요소가 선택됐거나 해제됐을 때
onsubmit	폼 전송 이벤트가 발생했을 때

onclick은 가장 많이 사용하는 마우스 관련 이벤트입니다. 마우스 호버링을 구현하려면 onmouseover와 onmouseout을 조합해야 합니다. onfocus, onblur, onsubmit 이벤트는 폼 입력 요소에서 사용합니다.

코드 4-1 **onclick 속성**

```
<a href="http://www.google.com" onclick="alert('구글로 이동합니다.')">구글</a>
```

실행 결과

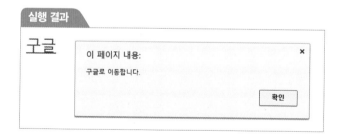

요소 안에 onclick 속성을 추가했기 때문에 a요소를 클릭하면 경고창이 실행된 후 하이퍼링크가 작동합니다. HTML 속성과 자바스크립트 명령어의 인용 부호가 겹치지 않도록 큰따옴표(")와 작은따옴표(')를 잘 구분해야 합니다.

요소를 클릭하면 하이퍼링크가 작동하는데, 이를 '기본 이벤트'라고 합니다. 자바스크립트의 이벤트와 기본 이벤트가 중첩될 경우에는 자바스크립트 이벤트를 먼저 처리합니다.

4.2 이벤트 핸들러

이벤트 핸들러는 자바스크립트의 DOM에서 직접 처리하는 방식입니다. 문서 객체에 이벤트 속성으로 연결해 이벤트가 발생하면 익명 함수가 실행되도록 처리합니다. 다음에 소개할 '이벤트 리스너' 방식과 함께 가장 많이 쓰이며, 사용법은 다음과 같습니다.

```
문서 객체.이벤트 속성명 = function(){}
```

onload 이벤트

자바스크립트는 문서의 어느 위치에서든 작성할 수 있지만, 문서를 조작하려고 할 경우에는 문서보다 먼저 작성하면 안 됩니다. 문서가 먼저 로딩되어야 하는데 그 전에 자바스크립트가 실행되기 때문입니다. 따라서 다음 [코드 4-2]는 오류가 발생합니다.

코드 4-2 이벤트 핸들러 속성 적용 전

```
<body>
  <script>

    var h1 = document.querySelector('h1');
    h1.innerHTML = '문서를 로딩했습니다.';

  </script>

  <h1>홈페이지에 오신 것을 환영합니다!</h1>
</body>
```

크롬 개발자 도구를 열어 보면 문서가 로딩되기 전에 자바스크립트가 실행되어 문서 내의 속성 값을 변경할 수 없다는 오류 메시지가 나타납니다.

그림 4-1 **크롬 개발자 도구의 오류 메시지**

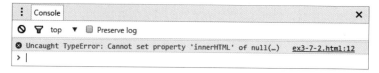

[코드 4–3]과 같이 이벤트 핸들러 속성을 추가해 코드를 수정해 봅시다.

코드 4-3 **이벤트 핸들러 속성 적용**

```
<body>
  <script>

    window.onload = function() {  ————————❶
      var h1 = document.querySelector('h1');
      h1.innerHTML = '문서를 로딩했습니다.';
    }

  </script>

  <h1>홈페이지에 오신 것을 환영합니다!</h1>
</body>
```

실행 결과

문서를 로딩했습니다.

❶ 문서 객체가 이벤트의 대상이므로 window 객체에 onload 이벤트 핸들러 속성을 적용해 문서가 로딩된 후 자바스크립트가 실행되도록 처리합니다.

이벤트 객체와 this

이벤트가 발생해 처리되는 함수 내의 this는 이벤트가 발생한 객체 자신을 의미합니다. 사용자가 클릭한 요소의 위치를 반환해 주기 때문에 상대적인 지정 방식으로 자주 사용됩니다.

코드 4-4 **this**

```
<body>
  <script>
    window.onload = function() {

      var h1 = document.querySelector('h1');

      h1.onclick = function(){ ────────❶
        this.innerHTML = '클릭했습니다.'; ────────❷
      }
    }

  </script>

  <h1>홈페이지에 오신 것을 환영합니다!</h1>
</body>
```

❶ 문서 객체에 클릭 이벤트를 적용합니다.

❷ this는 클릭한 문서 객체 자신을 의미합니다.

4.3 이벤트 리스너

이벤트 리스너는 가장 진보된 표준 이벤트 모델이며, 이벤트 핸들러 이후(DOM Level 2)에 나온 이벤트 모델입니다. 이벤트 핸들러는 객체에 속성으로 이벤트를 지정하는 방식이지만 이벤트 리스너는 메서드 방식입니다. 따라서 해당하는 매개 변수를 통해 옵션을 지정할 수 있습니다.

문서 객체.addEventListener(이벤트 타입, 리스너);

기존의 이벤트 핸들러는 해당 요소에 하나의 이벤트만 적용할 수 있습니다. 이게 당연하다고 볼 수도 있겠지만 그렇지 않습니다. 하나의 요소에 여러 개의 순차적인 이벤트 처리가 필요할 수도 있기 때문입니다. 이벤트 리스너는 이러한 처리를 할 수 있어 편리합니다.

표 4-2 이벤트 리스너 매개 변수(IE 9부터 지원)

매개 변수	설명
이벤트 타입(event type)	이벤트 속성을 지정합니다. 앞에 on을 붙이지 않습니다.
리스너(listener)	이벤트가 발생할 때 호출할 함수 또는 메서드를 지정합니다.

[코드 4-5]는 기존의 이벤트 핸들러로 여러 이벤트를 정의한 것입니다.

코드 4-5 여러 이벤트를 정의할 때: 이벤트 핸들러

```
<body>
  <button id="btn">click</button>

  <script>
    var btn = document.getElementById('btn');

    btn.onclick = function(){
      alert('event 1');
    }
    btn.onclick = function(){
      alert('event 2');
    }
  </script>
</body>
```

실행 결과

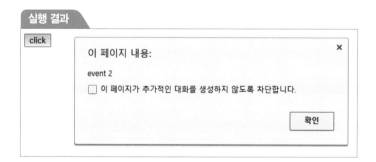

이벤트 핸들러로 btn 객체에 두 가지 이벤트를 적용했으나 마지막 이벤트만 적용됩니다. 이벤트가 추가되는 것이 아닌 속성의 내용이 두 번째 함수의 내용으로 변경되었기 때문입니다.

[코드 4-5]는 다음과 같이 수정할 수 있습니다.

```
<script>
  var btn = document.getElementById('btn');

  btn.addEventListener('click', function(){
    alert('event 1');
  });

  btn.addEventListener('click', function(){
    alert('event 2');
  });
</script>
```

실행 결과

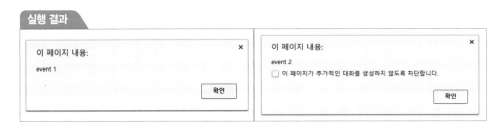

이벤트 리스너 방식으로 코드를 실행하면 btn 객체에 두 이벤트가 순차적으로 적용됩니다. 이처럼 이벤트 리스너 방식은 이벤트에 여러 함수를 할당하는 데 제약이 없습니다.

4.4 두 가지 이벤트 속성으로 hover 처리

자바스크립트에는 hover 이벤트가 따로 있지 않기 때문에 mouseover와 mouseout 이벤트를 조합해 구현할 수 있습니다.

코드 4-7 **hover 스타일 영역**

HTML
```
<style>
  #box{
    width: 100px; height: 100px;
    border: 3px solid black;
  }
```

```
        #box.hover{  ─────────●
          background: orange;
          color: white;
        }
      </style>
```

● 자바스크립트에서 클래스(.hover)를 추가할 경우 변경될 스타일 영역입니다.

코드 4-8 hover 클래스 추가/제거

HTML
```
<body>
  <div id="box">
    <p>마우스를 올려 주세요</p>
  </div>

  <script>
    var box = document.getElementById('box');

    // 마우스 오버
    box.addEventListener('mouseover', function(){  ─────────❷
      box.setAttribute('class', 'hover');
    });

    // 마우스 아웃
    box.addEventListener('mouseout', function(){  ─────────❸
      box.removeAttribute('class');
    });
  </script>
</body>
```

❷ 마우스 오버 시 hover 클래스를 추가합니다.

❸ 마우스 아웃 시 클래스를 제거합니다.

4.5 submit 이벤트와 기본 동작 방지

폼 요소에서 버튼을 누르면 우선적으로 submit 이벤트(서버에 제출)가 발생합니다. 경우에 따라 서버에 제출하는 것이 아닌 오프라인으로 수행하는 경우라면 이러한 기본 이벤트를 차단해야 합니다. 기본 이벤트를 해제하는 메서드로는 preventDefault() 메서드가 있습니다.

코드 4-9 submit 이벤트

HTML

```html
<form id="frm">
  <fieldset>
    <legend>주소록</legend>
    <textarea name="txt" id="txt" cols="30" rows="10"></textarea><br>
    <input type="submit" id="q" value="불러오기">　　　　　　　❶
  </fieldset>
</form>
```

❶ 전송(submit) 버튼에 이벤트 리스너를 등록해 버튼을 누르면 주소록(address)을 불러오도록 코드를 작성합니다.

코드 4-10 preventDefault( ) 메서드

JS

```html
<script>
  var address = ["김철수", "email: kcs@gmail.com"];

  // 폼 객체 지정
  var q = document.getElementById('frm');

  function addr_search(event){
    var textarea = q.txt;

    // textarea에 주소록 표시
    textarea.value = '이름 / 주소 \n';
    textarea.value += address[0] + ', ' + address[1] + '\n';
  }

  // 폼 제출 시
  q.addEventListener('submit', function(event){
    event.preventDefault();  // 기본 이벤트 해제　　　　　❶
    addr_search();  // 주소록 불러오기
  });
</script>
```

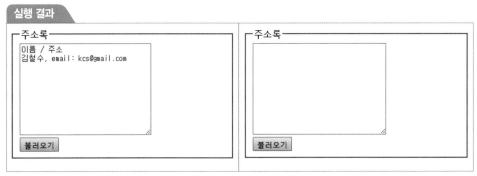

preventDefault( ) 미적용 시   preventDefault( ) 적용 시

❶ 기본 submit 버튼을 눌러도 폼 전송 기본 이벤트가 처리되지 않도록 한 것입니다. 이벤트를 등록하는 객체는 버튼이 아닌 폼 요소에 지정해야 합니다. 이벤트가 처리되는 함수의 매개 변수로 event 값을 함께 전달해 줍니다.

폼에서 전송 버튼을 누르면 웹 브라우저가 이벤트 값을 서버로 전송하고 자동으로 폼을 초기화하기 때문에 textarea에 출력하려던 내용이 나타났다 바로 사라져 버립니다.

이때 preventDefault()를 적용하면 폼의 기본 이벤트를 해제하기 때문에 자바스크립트에서 추가하려던 정보가 정상적으로 표시됩니다.

4.6 터치 이벤트

최근 들어 디바이스가 스마트 기기로 다변화하면서 마우스와 키보드 중심이던 입력 환경에서 벗어나 터치 기반 디바이스가 상당한 비중을 차지하게 되었습니다. 최근에는 모바일 브라우저뿐만 아니라 모던 PC 브라우저들도 터치를 지원합니다. 자바스크립트에서도 터치 이벤트를 구현할 수 있으며, 이를 통해 웹 브라우저(또는 하이브리드 앱)에서 네이티브 앱과 유사한 사용자 경험을 제공할 수 있습니다.

표 4-3 **터치 이벤트 속성**

이벤트 속성명	설명
touchstart	화면을 건드렸을 때
touchend	화면에서 손을 떼었을 때
touchmove	화면에서 터치로 이동 중일 때

세 가지 터치 이벤트에 개별적으로 반응하게 될 간단한 박스를 작성해 봅니다.

코드 4-11 **박스 작성**

HTML

```html
<h1>터치 이벤트</h1>
<div id="box">
   <p>나를 터치해 주세요</p>
</div>
```

박스 스타일을 추가합니다.

코드 4-12 **박스 스타일 추가(4-11.html)**

CSS

```css
<style>
    #box{
      position: relative;
      width: 200px; height: 200px;
      border: 3px solid black;
    }
</style>
```

박스에 터치 이벤트를 등록하기 위해 자바스크립트 코드를 추가해 보겠습니다.

코드 4-13 **박스에 터치 이벤트 등록(4-11.html)**

JS

```js
    var box = document.getElementById('box');

    // 터치 제어를 위한 객체 선언
    var touch = {              ━━━━━━━❶
      start: function(){
        box.innerHTML = '나를 건드렸군요!';
        this.style.background = "red";
```

```
      },
      end: function(){
        box.innerHTML = '손을 떼었군요!';
        this.style.background = '';
      },
      move: function(e){
        box.innerHTML = '만지는 중입니다';
        this.style.background = 'yellow';
      }
    } // 객체 끝

    // 터치 이벤트 리스너 추가
    box.addEventListener('touchstart', touch.start);  ──────❷
    box.addEventListener('touchend', touch.end);
    box.addEventListener('touchmove', touch.move);
```

❶ 터치 이벤트 발생 시 이벤트 리스너에서 호출될 함수들을 객체로 정의합니다. 이렇게 객체에 정의된 함수를 메서드라고 합니다. 세 가지 터치 이벤트에 각각 반응하도록 start, end, move 메서드에 다른 속성 값을 표시하도록 정의했습니다.

❷ 터치 이벤트 발생 시 두 번째 매개 변수에 바인딩된 메서드(함수)를 실행합니다.

모바일 기기에서의 실행 결과는 다음과 같습니다.

실행 결과

⚠ 터치 디바이스 테스트는 일반 PC 모드에서는 확인할 수 없고 모바일 테스트 모드에서 할 수 있습니다. 크롬 개발자 도구의 모바일 테스트 디바이스 툴바를 클릭하면 모바일 테스트 모드로 전환됩니다.

이벤트 바인딩

바인딩이란 함수를 외부에 작성하고 내부에는 함수명만 작성하는 방식으로, 처리는 동일합니다.

코드 4-14 **콜백 함수**

HTML
```
<body>
  <button id="btn" style="padding:10px;">Click</button>

  <script>
    var btn = document.getElementById('btn');

    // 함수 정의
    function setColor(){ ──────────❶
      this.style.backgroundColor = '#333';
      this.style.color = 'orange';
```

```
    }

    // 이벤트 리스너 연결
    btn.addEventListener('click', setColor);  ────────❷
  </script>
</body>
```

함수를 외부에서 작성(❶)해 바인딩하는 것은 이벤트 리스너에서 이벤트가 발생할 때 매개 변수로 정의된 함수(❷)가 실행되는 콜백 함수이기 때문이며, 자바스크립트의 전형적인 문법입니다. 또한, 함수 내 코드가 길어진다면 가독성이 떨어지므로 외부에 작성하는 것이 좋습니다 (2.3.4 콜백 함수 참고).

4.7 드래그 앤 드롭 구현

이번에는 [코드 4-13]을 바탕으로 드래그 앤드 드롭drag & drop을 구현한 예제를 만들어 보도록 하겠습니다.

코드 4-15 **드래그 앤 드롭 구현**

JS

```
var box = document.getElementById('box');

  // 터치 제어를 위한 객체 선언
  var touch = {
    tstart: function(){...
    },
    tend: function(){...
    },
    tmove: function(e){

      // 현재 터치 이벤트의 위치(배열) 감지
      var touchobj = e.changedTouches[0];  ────────❶

      // 현재 손가락 위치
      var x = parseInt(touchobj.clientX),  ────────❷
          y = parseInt(touchobj.clientY),
          ex = x - 100;  ────────❸
          ey = y - 200;
```

```
        box.innerHTML = '만지는 중입니다';
        this.style.background = 'yellow';

        this.style.left = ex+'px';          ————————④
        this.style.top = ey+'px';
    }
} // 객체 끝

// 터치 이벤트 리스너 추가
box.addEventListener('touchstart', touch.tstart);
box.addEventListener('touchend', touch.tend);
box.addEventListener('touchmove', touch.tmove);
```

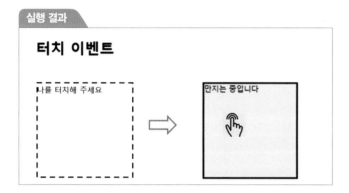

❶ 손가락을 누르기 시작한 시점(touchstart)부터 누른 채로 이동하면(touchmove) 손가락의 위치를 지속해서 감지(마우스 감지 방식과 거의 같음)할 수 있습니다. 이벤트 리스너의 콜백함수에 매개 변수로 이벤트 객체(변수명 e)를 전달하면 이벤트 객체의 changedTouches를 통해 손가락의 위치를 알아낼 수 있습니다.

❷ 실제 손가락의 좌표는 changedTouches(변수 touchobj) 객체 내부의 clientX와 clientY 속성으로 참조합니다.

❸ 박스가 이동하는 위치는 손가락을 기준으로 합니다. 실제 이동할 때 접촉 위치와 박스 좌표의 위치를 적정 위치로 보정하기 위한 값입니다. 실행해 보면서 확인하기 바랍니다.

❹ 손가락 위치로 박스의 위치를 이동시킵니다.

changedTouches

changedTouches 속성은 멀티 터치를 고려해 배열로 정의되어 있는데, 터치한 손가락의 개수에 따라 배열의 크기가 결정됩니다. 멀티 터치 지원 여부는 기기마다 다르므로 기본 값을 0으로 합니다.

표 4-4 **멀티터치 관련 속성**

속성명	설명
clientX	브라우저 화면을 기준으로 한 X 좌표
clientY	브라우저 화면을 기준으로 한 Y 좌표
touchmove	화면에서 터치로 이동 중일 때

4.8 연습 문제

문제 1. 이벤트 리스너를 이용해 ⟨h1⟩ 요소에 마우스가 올라가면 배경 색상이 red로, 요소 밖으로 나가면 배경 색상이 원래대로 돌아가도록 hover 기능을 구현해 보세요.

```
<h1 id="heading">마우스를 올려 주세요</h1>
```

※ 힌트: mouseover, mouseout

문제 2. 이벤트 핸들러와 이벤트 리스너의 대표적인 차이점은 무엇인가요?

4.9 마치며

자바스크립트의 이벤트는 브라우저와 함께 지속적으로 발전했습니다. 궁극적으로 이벤트 핸들러나 이벤트 리스너 방식을 권장합니다. 인라인 이벤트와 같이 HTML 문서 내에 자바스크립트를 직접 작성하면 코드가 장황해지고 유지보수에도 좋지 않기 때문입니다.

지금의 보편적인 웹 애플리케이션은 화면 구성부터 입력 장치까지 다양한 디바이스를 고려해 제작(접근성 중시)하고 있습니다. 입력 장치는 키보드와 마우스뿐만 아니라 터치 디바이스에도 충실하게 대응해야 합니다.

Part 2

실전 프로젝트

Part 1에서 기본기를 다졌으니 이제 본격적인 실전 예제로 들어가 봅니다.
점진적인 형태로 실력을 다지기 위해 우선 간단한 예제로 워밍업부터 시작합니다.
그런 다음에 9가지 프로젝트로 실전 능력을 향상해 봅시다.

CHAPTER 5

워밍업: 프로그래밍 도전하기

이 장에서는 본격적인 프로젝트 실습에 앞서 지금까지 학습했던 주요 내용을 다시 한번 정리하고, 더 나아가기 위한 다지기 시간을 가져보도록 하겠습니다. 구구단 출력 애플리케이션과 작업 목록 애플리케이션을 만들어 봅시다. 간단한 것이라도 직접 만들거나 고쳐 보는 것이 실력 향상에 도움이 될 것입니다.

5.1 구구단 출력 애플리케이션

애플리케이션의 목적은 사용자의 요구에 대응하는 서비스를 구현해 주는 것입니다. 단순히 구구단을 만드는 것 자체는 어렵지 않지만, 실무적으로는 '예외 처리'라는 것이 아주 중요합니다.

구구단의 규칙은 1에서 9까지의 범위에서 숫자끼리 곱하는 것입니다. 만일 사용자의 요구에 따라 필요한 단수를 계산하는 것이 목적이라면 사용자가 올바르게 입력했는지 판단하는 부분이 필요합니다. 우리는 앞서 조건문과 타입을 학습했으므로 이를 사용해 사용자 입력 상태를 검증해 보겠습니다.

5.1.1 구현할 기능

구구단 출력 애플리케이션에서 구구단 입력창을 먼저 살펴봅시다. 사용자에게 구구단 몇 단을 볼지 물어보고, 입력할 수 있는 숫자의 범위를 알려 줍니다.

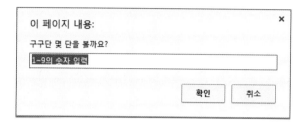

사용자가 원하는 단을 숫자로 입력했을 때 그 값을 받아 구구단을 출력하도록 만들려면 다음과 같은 기능을 구현해야 합니다.

- 요청한 정보의 입력과 출력 처리
- 입력 내용 검증

순서도로 살펴보면 [그림 5-1]과 같이 정리할 수 있습니다.

그림 5-1 **구구단 출력 애플리케이션의 순서도**

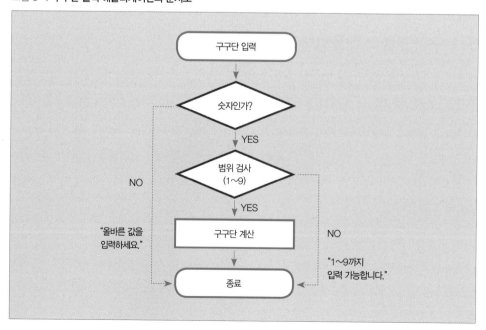

5.1.2 구현하기

앞서 정의한 요구 사항에 따라 구체적인 코드를 구현하면 [코드 5-1]과 같습니다.

코드 5-1 **구구단 예제**

```js
var num = prompt('구구단 몇 단을 볼까요?', '1~9의 숫자 입력');        ─────────❶

// 입력 검사
if(num == '' || isNaN(num)){        ─────────❷
  alert('올바른 값을 입력하세요.');
} else if(num < 1 || num > 10){        ─────────❸
  // 구구단 범위를 체크
  alert('1부터 9까지 입력할 수 있습니다');
} else{
  // 구구단 계산
  for(var i = 1; i < 10; i++){
    document.write(num + ' * ' + i + ' = ' + num * i + '<br>');
  }
}
```

❶ 구구단 입력 창 : prompt() 메서드

prompt()를 통해 사용자가 입력한 내용을 변수 num에 전달합니다. Text는 prompt 상자에 표시되는 질문 텍스트를 말하며, defaultText는 옵션 항목으로 글상자에 표시됩니다.

```
prompt(text, defaultText)
```

❷ if문

입력 값 검사 항목을 위한 if else문입니다. else 뒤에 if문을 추가해 조건을 계속 더할 수 있으며, 마지막 else는 위의 조건문에 해당하지 않을 경우에 마지막으로 처리하는 내용입니다.

```
if(숫자가 아닌가){
  // 처리문1
} else if(숫자 범위가 1~9인가){
  // 처리문2
} else{
  // 처리문3
}
```

num == ''은 입력된 내용이 아무 것도 없는지를 판단하는 빈 값 검사이며, isNaN() 메서드는 입력된 내용이 문자(Not a Number)인지를 검사합니다. 두 조건을 같이 판단하기 위해 if문에서 논리 연산자를 사용했습니다.

```
if(num = '' || isNaN(num)){
    ...
}
```

> ⚠️ **논리 연산자**
>
> 앞서 비교 연산사는 결과로 true 또는 false 값을 반환한나고 배웠는데, 이러한 데이터형을 bool형이라고 합니다. 논리 연산자는 a와 b 두 연산 결과를 논리적으로 비교해 그 결과를 bool형(true 또는 false)으로 판단합니다. 논리 연산자의 종류는 다음과 같습니다. 연산자로 숫자 값(변수)을 계산할 수 있습니다.
>
> | 연산자 | 예 | 설명 |
> | --- | --- | --- |
> | &&(AND) | a && b | a 와 b의 조건이 모두 만족하면 true 아니면 false |
> | ||(OR) | a || b | a 와 b 중 하나만 만족하면 true 아니면 false |
> | !(NOT) | !true | true가 아님(false) |

isNaN() 메서드는 매개 변수에 입력된 값이 문자인지 판단합니다.

```
var str = 'hello';
var num = 3;

document.write(isNaN(str) + '<br>');  // true
document.write(isNaN(num) + '<br>');  // false
```

❸ else if문

두 번째 판단문으로 입력 허용 범위(1~9)를 벗어나는지 검사합니다.

```
else if(num < 1 || num > 10){
    ...
}
```

간단한 애플리케이션으로 사용자 입력부터 예외 처리 부분까지 다양하게 알아보았습니다. 짧은 코드라도 자주 사용할 수 있는 내용이므로 잘 익혀 두는 것이 좋습니다.

5.1.3 연습 문제

문제 1. prompt문으로 숫자를 2개 입력받아 더한 결과를 출력하세요.

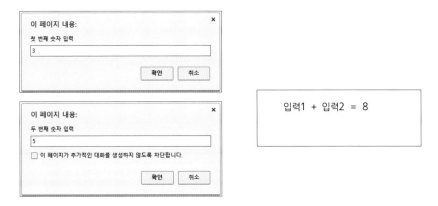

5.2 작업 목록 애플리케이션

사용자가 문서에 새로운 내용을 추가할 수 있는 기능을 구현합니다. 여기에는 요소나 속성 조작 기능을 활용하기 위해 자바스크립트의 DOM 제어와 이벤트 기능을 활용합니다.

5.2.1 구현할 기능

그럼 세부적인 구성을 살펴보겠습니다.

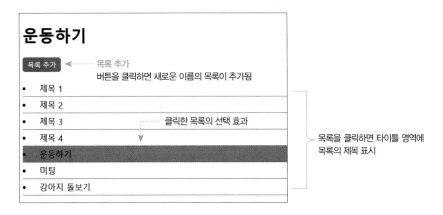

5.2.2 구현하기

먼저 할 일 목록의 문서 구조와 스타일을 작성해 보겠습니다.

HTML과 CSS

작업 목록에 해당하는 HTML 코드는 [코드 5-2]와 같습니다. 주요 영역에는 DOM으로 문서를 조작하기 위해 id를 추가했습니다.

코드 5-2 **id 추가**

```html
<h1 id='title'>할 일 목록</h1><hr>  ──────────────── ❶
  <button id="add-btn">목록 추가</button>  ───────── ❷

  <ul id='list'>  ─────────────────── ❸
    <li>제목 1</li>
    <li>제목 2</li>
    <li>제목 3</li>
    <li>제목 4</li>
  </ul>
```

❶ 목록의 제목이 표시되는 영역

❷ 목록 추가 버튼

❸ 목록 표시 영역. 자바스크립트에서 동적으로 목록이 추가됩니다.

CSS 코드는 [코드 5-3]과 같습니다.

코드 5-3 **스타일 입력(5-2.html)**

```css
#add-btn{
  padding: 5px 10px;
  border: 0;
  background: #f80; color: white;
  border-radius: 5px;
}
ul{
  padding: 0;
  list-style-position: inside;
}
```

```css
li{
  border-bottom: 1px solid #999;
  padding: 5px 0;
}
.active{ background: #abc; }  ─────────── ❶
```

❶ 목록 클릭 시 변경될 스타일입니다. 자바스크립트에서 클래스를 동적으로 처리할 것입니다.

변수 초기화

변수 초기화 영역에서는 타이틀 표시 영역과 목록 그리고 버튼 객체를 변수로 지정합니다.

코드 5-4 변수 초기화(5-2.html)

`JS`

```javascript
// 변수 초기화
var title = document.getElementById('title');
var list = document.getElementById('list');
var li = list.getElementsByTagName('li');  ─────────── ❶
var addBtn = document.getElementById('add-btn');  // 목록 추가 버튼
```

❶ ul의 자식 li 요소를 지정하기 위해 먼저 list(ul) 객체가 id명으로 지정된 후 태그명(get ElementsByTagName)으로 연결되고 있음에 주목합니다. 전통적인 DOM 지정 방식은 CSS 보다 경로 지정이 다소 번거롭습니다. 다른 방식으로는 querySelector가 있는데, 이 방식은 CSS 선택자 방식이므로 더 편리합니다.

이벤트 리스너 연결 및 목록 제목 표시

목록 클릭 시 제목 영역에 해당 목록의 내용이 표시되도록 합니다. 이렇게 하려면 목록(li)의 텍스트 값을 읽은 후 제목(h1)에 다시 넣어 주어야 합니다.

코드 5-5 이벤트 리스너 연결 및 목록 제목 표시

```javascript
for(var i = 0; i < li.length; i++){  ─────────── ❶
    li[i].addEventListener('click', activeItem);  ─────────── ❷
}

function activeItem(){
```

```
        // 해당 목록을 클릭하면 제목 영역에 표시
        title.innerHTML = this.innerText;  ———————————❸
        this.setAttribute('class', 'active');  ———————————❹
    }
```

❶ length 속성으로 li의 배열 길이를 참조해 모든 li에 이벤트 리스너를 연결(❷)합니다. 그러면 목록은 클릭에 반응하는 상태가 됩니다. activeItem은 이벤트 리스너가 호출하는 콜백 함수입니다. 함수는 아래에 별도로 정의되어 있습니다. 앞서 학습했듯이 이벤트 리스너가 외부 함수를 매개 변수로 참조하는 방식을 '이벤트 바인딩'이라고 합니다.

❸ 목록(li)을 클릭하면 목록 내의 텍스트가 상단의 제목 영역(h1#title)에 표시되도록 하고 클래스(.active)를 추가(❹)해 CSS 스타일을 적용합니다.

버튼 클릭 시 목록 추가

[코드 5–6]은 '목록 추가' 버튼을 클릭하면 먼저 제목을 입력한 후 목록을 추가하도록 하는 코드입니다.

코드 5–6 **제목 입력**

```
addBtn.addEventListener('click', function(){  ———————————❶
    var txt = prompt('제목 입력');  ———————————❷
    list.innerHTML += '<li>' + txt + '</li>';  ———————————❸
});
```

실행 결과

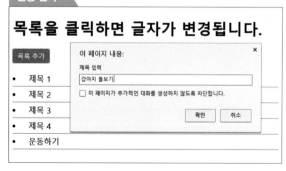

❶ 목록 추가 버튼을 클릭하면 먼저 제목 입력창(**❷**)이 출력됩니다. 입력된 텍스트는 새로 추가된 목록의 제목(**❸**)으로 반영됩니다.

❸ 목록을 추가하는 경우에는 대입 연산자(=)가 아닌 추가 연산자(+=)를 사용해야 합니다. 그렇지 않으면 목록의 내용이 새로운 내용으로 초기화되기 때문입니다.

5.2.3 기능 개선하기

이제 작성한 코드를 테스트해 봅시다. 구현하고 싶은 모습과는 다른 부분이 몇 가지 보입니다.

목록 스타일 초기화

먼저 목록을 선택했을 때의 모습을 확인해 봅시다. 해당 목록을 클릭할 때 선택된 효과를 내기 위해 배경색 스타일을 지정했습니다. 그러나 마지막으로 선택한 목록에만 배경색이 들어가기를 원했는데 클릭하는 모든 목록에 배경이 칠해집니다.

그림 5-2 **목록 스타일 중첩**

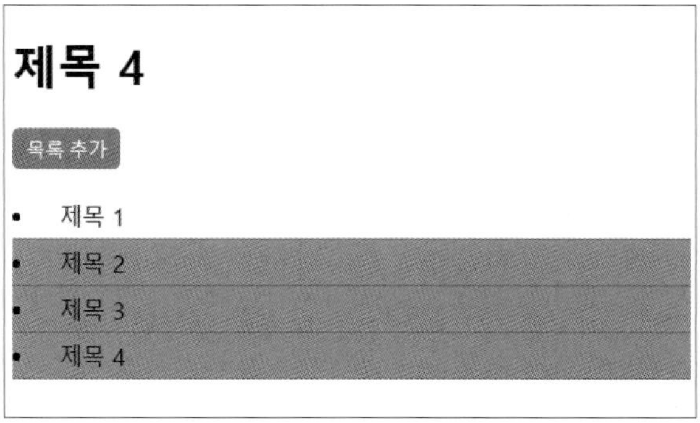

마지막으로 선택한 목록에만 배경색이 들어가도록 하려면 먼저 배경을 초기화해야 합니다.

코드 5-7 **목록 스타일 초기화(5-3.html)**

```js
function activeItem(){
    // 해당 목록을 클릭하면 제목 영역에 표시
    title.innerHTML = this.innerText;
```

```
// 목록 스타일 초기화
for(var i = 0; i < li.length; i++){
    li[i].removeAttribute('class');        ————————①
}

this.setAttribute('class', 'active');      ————————②
}
```

제목 3

목록 추가

- 제목 1
- 제목 2
- 제목 3
- 제목 4

❶ 지정된 함수(activeItem)에 반복문을 지정해 모든 목록의 스타일을 초기화(클래스 제거)한 후 스타일을 새롭게 추가(❷)합니다.

이제 선택한 목록만 스타일이 지정될 것입니다.

이벤트 리스너 수정하기

그런데 또 다른 문제가 발생합니다. '목록 추가' 버튼으로 목록을 새로 추가해 클릭해 보면 목록 스타일이 지정되지 않는 현상이 나타납니다. 왜 이러한 문제가 발생하는지 생각해 봅시다.

이벤트 리스너에 지정된 요소는 문서에 먼저 작성된 정적인 요소를 대상으로 합니다. 그런데 사용자가 목록을 추가하면 목록의 배열이 변경되는 동적인 상황이 발생합니다. 왜냐하면, 나중에 추가된 목록은 참조하는 위치가 달라져 이벤트 리스너가 인식하지 못하기 때문입니다. 이럴 때는 이벤트 리스너 지정을 li 요소 전체가 아닌 부모 ul(list 문서 객체)로 수정해야 합니다.

```
for(var i = 0; i < li.length; i++){
    li[i].addEventListener('click', activeItem);
}
```

이 코드는 다음과 같이 수정할 수 있습니다.

```js
list.addEventListener('click', activeItem);
```

목록이 동적으로 추가되는 경우에는 변경된 목록의 내용을 이벤트 리스너에 다시 알려 주어야합니다. 자바스크립트 입장에서는 이벤트 리스너가 처음에 로딩된 문서를 기억할 뿐이기 때문에 동적으로 추가된 부분은 다시 확인하지 않으면 알 길이 없기 때문입니다. 귀찮지만 작업이라는 것이 한 번에 해결되기는 어렵다는 것을 이번 예제를 통해 확인할 수 있습니다.

코드 5-8 클릭한 목록 스타일 지정(5-3.html)

```js
function activeItem(event){        ━━━━━❶
  // 클릭한 노드가 li이면
  if(event.target.nodeName == 'LI'){        ━━━━━❷
    title.innerHTML = event.target.innerText;        ━━━━━❸

    // 목록 스타일 초기화
    for(var i = 0; i < event.target.parentNode.children.length; i++){        ━━━━━❹
      event.target.parentNode.children[i].removeAttribute('class');
    }
    // 클릭한 목록 스타일 지정
    event.target.setAttribute('class', 'active');
  }  // end if
}  // end function
```

❶ 이벤트 핸들러에서 콜백 함수 avtiveItem에 매개 변수(event)를 전달합니다. 자바스크립트 이벤트 객체의 속성인 target.nodeName으로 클릭한 요소를 의미하며 동적으로 참조할 수 있습니다.

❷ event.target은 클릭한 객체를 의미하며 nodeName 속성으로 클릭한 요소가 'LI'인지 여부를 확인합니다. 이때 반환되는 값이 대문자이므로 대문자로 비교해야 합니다.

❸ 클릭한 객체인 event.target으로 변경해야 텍스트가 제목에 제대로 반영됩니다.

❹ 모든 목록의 스타일을 초기화합니다. 목록 배열을 카운트하는 변수가 바뀌었는데, 현재 클릭한 event.target(li)의 부모(parentNode) ul을 탐색한 후 다시 자식(children) li들을 탐색해 동적으로 배열 길이를 알아냅니다.

그림 5-3 **동적인 DOM 탐색**

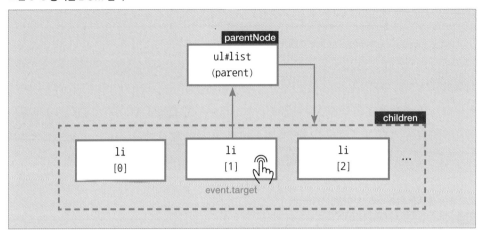

⚠️ 노드와 DOM 탐색 속성

노드^{node}란 HTML 문서 내 엘리먼트의 구성 요소를 의미합니다. 앞에서는 특정 요소를 상대적인 경로로 탐색했습니다. 엘리먼트가 서로 가족 관계를 구성하고 있어 부모, 자식, 형제의 관계로 보기 때문에 서로 상대적으로 참조할 수 있는 것입니다.

표 5-1 **DOM 탐색 속성**

속성명	설명
parentNode	부모 노드를 선택합니다.
children	자식 노드를 선택합니다.
previousSibling	이전 형제를 선택합니다.
nextSibling	다음 형제를 선택합니다.

5.2.4 자바스크립트 전체 코드

[코드 5-9]는 지금까지 작성한 자바스크립트 코드 전체입니다.

코드 5-9 **작업 목록 애플리케이션(5-3.html)**

```js
// 변수 초기화
var title = document.getElementById('title');
var list = document.getElementById('list');
var li = list.getElementsByTagName('li');
var addBtn = document.getElementById('add-btn');  // 목록 추가 버튼

// 이벤트 리스너
list.addEventListener('click', activeItem);

function activeItem(event){
  // 클릭한 노드가 li이면
  if(event.target.nodeName == 'LI'){
    title.innerHTML = event.target.innerText;

    // 목록 스타일 초기화
    for(var i = 0; i < event.target.parentNode.children.length; i++){
      event.target.parentNode.children[i].removeAttribute('class');
    }
    // 클릭한 목록 스타일 지정
    event.target.setAttribute('class', 'active'); // 클릭한 대상
  }  // end if
}  // end function

// 목록 추가
addBtn.addEventListener('click', function(){
  var txt = prompt('제목 입력');
  list.innerHTML += '<li>' + txt + '</li>';
});
```

5.2.5 연습 문제

문제 1. 다음 목록에서 DOM 메서드를 활용해 첫 번째와 마지막 목록의 내용이 서로 교체되도록 □에 알맞은 내용을 넣어 자바스크립트 코드를 완성하세요.

```html
<ul id="list">
  <li>1</li>
  <li>2</li>
  <li>3</li>
  <li>4</li>
</ul>

<script>

  var ul = document.getElementById(□);
  var li = ul.getElementsByTagName('li');
  var first_txt = li[□].innerHTML;
  var last_txt = li[□].innerHTML;

  li[□].innerHTML = last_txt;
  li[□].innerHTML = first_txt;

</script>
```

5.3 마치며

이 장에서는 간단한 목록을 작성하는 애플리케이션 제작을 통해 DOM과 이벤트를 전반적으로 다루어 보고, 정적인 문서와 동적인 문서의 차이점을 알아보았습니다. 이벤트 리스너는 정적인 문서 객체만 제어할 수 있으며, 자바스크립트에서 동적으로 추가된 요소는 바로 인식하지 못합니다. 이럴 경우 이벤트 핸들러와 event.target 속성으로 동적으로 생성된 문서 객체를 알아낼 수 있습니다.

CHAPTER 6

프로젝트 1: 계산기

계산기는 구성은 간단하지만, 사용자의 입력과 연산(처리) 그리고 출력을 수행하는 가장 전형적인 앱입니다. 우리가 프로그래밍을 학습하면서 배운 기본적인 내용(변수와 사칙 연산)만으로도 쉽게 구현해 볼 수 있습니다.

6.1 개요

계산기 화면의 레이아웃은 form으로 생성하고 각 행별로 기능 버튼과 출력부를 배치합니다.

주요 구성 및 기능

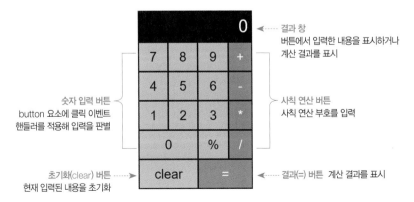

결과 창
버튼에서 입력한 내용을 표시하거나
계산 결과를 표시

숫자 입력 버튼
button 요소에 클릭 이벤트
핸들러를 적용해 입력을 판별

사칙 연산 버튼
사칙 연산 부호를 입력

초기화(clear) 버튼
현재 입력된 내용을 초기화

결과(=) 버튼 계산 결과를 표시

https://csslick.github.io/cal/

작업 순서

단계	작업 내용
1	HTML과 CSS
2	주요 변수 선언
3	숫자 및 사칙 연산 버튼 처리
4	계산기 입력 처리
5	계산기 초기화 및 버튼 처리
6	계산 결과 및 버튼 처리
7	오류 처리(기능 개선)

6.2 사전 학습: form 요소

웹 브라우저에서 로그인하거나 회원 가입을 하려면 다양한 정보를 입력해야 합니다. 이러한 경우에는 form 요소로 정보를 입력받습니다. 계산기에서 숫자를 입력받는 것도 마찬가지로 form 요소를 사용합니다.

6.2.1 form 객체

먼저 form 요소에 접근하는 방식을 알아보겠습니다. 접근하는 방식에는 크게 두 가지가 있습니다.

① document.formName.typeName.속성(또는 메서드)

또는

② document.forms['formName']['typeName'].속성(또는 메서드)

첫 번째 방식은 document 객체의 직계로 form 속성에 정의된 name의 값이 form 요소의 객체명이 되므로 이를 통해 접근하는 것입니다. 코드로 살펴보면 다음과 같습니다.

코드 6-1 **formName.typeName의 예**

```html
<!DOCTYPE html>
<html lang="en">
<head>
  <meta charset="UTF-8">
  <title>form 객체</title>
  <style>
    label{
       float: left;
       width: 80px;
    }
    input,label{
       display: block;
       margin-bottom: 10px;;
    }
  </style>
</head>
<body>

  <form name="frm">
    <label for="myId">ID: </label>
    <input type="text" id="myId" name="myId" />
    <label for="pwd">password: </label>
    <input type="password" id="pwd" name="pwd" />

    <input type="button" name="send" value="로그인" />
  </form>

  <script>
    var frm = document.frm;              // form 객체 지정
    var myId = frm.myId;                 // id 입력란(myId) 객체 지정
    var pwd = frm.pwd;
    var send_btn = document.frm.send;   // 전송 버튼 객체 지정

    send_btn.onclick = function(){
      var newId = myId.value,
          newPwd = pwd.value;

      // 빈값 검사
      if(newId == '' || newPwd == ''){
        alert('아이디 또는 비밀번호가 입력되지 않았습니다!');
      } else{
        alert(myId.value + '님 환영합니다!');
```

```
      }
    };

  </script>
</body>
</html>
```

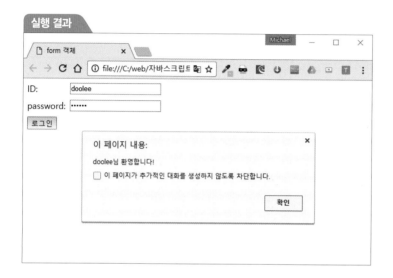

두 번째 방식은 forms라는 객체명을 통해 접근합니다. forms 객체의 배열 값에 form에서 지정한 name 속성의 값을 지정하면 해당하는 form에 접근할 수 있습니다.

코드 6-2 forms['formName']['typeName']의 예

HTML
```
<!DOCTYPE html>
<html lang="en">
<head>
  <meta charset="UTF-8">
  <title>form 객체</title>
</head>
<body>
  <form name="frm">
    <input type="text" name="text" />
    <input type="button" onclick="put_text()" value="click" />
  </form>
```

```
<script>

  function put_text(){

    // form 객체 내의 name = 'text'인 입력 요소 지정
    var frm = document.forms['frm']['text'];

    // 입력 요소에 값을 입력
    frm.value = '값을 입력';
  }

</script>
</body>
</html>
```

실행 결과

6.2.2 this 객체

this는 현재 호출한 객체를 의미하기 때문에 상황에 따라 달라집니다. 예를 들어 목록에서 사용자가 특정 목록을 클릭하는 경우를 보겠습니다.

코드 6-3 **특정 목록 클릭 시 스타일 변경**

HTML
```
<body>

  <ul id='gnb'>
    <li>click</li>
    <li>second</li>
    <li>third</li>
  </ul>

  <script>
    // 문서 객체 선택
    var gnb = document.getElementById('gnb');
    var li = gnb.getElementsByTagName('li');
```

```
// 첫 번째 목록 클릭 시 스타일 변경
li[0].onclick = function(){
    li[0].style.backgroundColor = 'red';  ————————①
};

</script>

</body>
```

① 이벤트 핸들러를 첫 번째 li에 지정하고 해당하는 li에 스타일을 지정합니다. 하지만 함수 내에서 명시적으로 같은 객체명을 재지정할 필요는 없습니다. this 키워드를 사용하면 현재 이벤트 핸들러를 적용한 부모 객체를 의미하기 때문입니다.

코드를 다음과 같이 수정해 봅시다.

```
// 첫 번째 목록 클릭 시 스타일 변경
li[0].onclick = function(){
  this.style.backgroundColor = 'red';
};
```

이 수정된 코드에서 this는 이벤트 핸들러에 지정한 li[0] 객체를 의미하며 상대적인 객체 지정 방식입니다. 프로그램의 메커니즘상 같은 문서 객체를 재지정하는 것은 성능 향상에 좋지 않습니다. this 객체는 현재 지정된 문서 객체의 경로를 기억하기 때문이며, 자주 사용하므로 잘 기억해 두는 것이 좋습니다.

6.3 구현하기

사전 학습에서 폼 요소를 학습했습니다. 계산기의 골격은 테이블과 폼 요소로 작성하고 입출력 기능과 계산 기능을 구현합니다.

6.3.1 HTML과 CSS

[코드 6-4]에 계산기 입력과 출력에 필요한 주요 버튼 영역과 출력 부분을 작성했습니다.

코드 6-4 **주요 버튼 영역과 출력 부분(index.html)**

```html
<form name="cal">
  <table>
    <caption>계산기</caption>
    <tr>
      <th colspan="4"><input type="text" name="result" value="0"></th>   ────①
    </tr>
    <tr>
      <td><input type="button" value="7"></td>   ────②
      <td><input type="button" value="8"></td>
      <td><input type="button" value="9"></td>
      <td><input type="button" value="+"></td>
    </tr>
    <tr>
      <td><input type="button" value="4"></td>
      <td><input type="button" value="5"></td>
      <td><input type="button" value="6"></td>
      <td><input type="button" value="-"></td>
    </tr>
    <tr>
      <td><input type="button" value="1"></td>
      <td><input type="button" value="2"></td>
      <td><input type="button" value="3"></td>
      <td><input type="button" value="*"></td>
    </tr>
    <tr>
      <td colspan="2"><input type="button" value="0"></td>
      <td><input type="button" value="%"></td>
      <td><input type="button" value="/"></td>
    </tr>
```

```
    <tr> ────────●
      <td colspan="2"><input type="button" class="cls_btn" value="clear" ></td>
      <td colspan="2"><input type="button" class="result_btn" value="=" ></td>
    </tr>
  </table>
</form>
```

❶ 이 부분은 결과창이며, value 속성에 기본 표시 값을 0으로 설정합니다.

❷ 숫자 및 사칙 연산 입력 버튼 행(2~5행)으로, 해당하는 버튼을 값을 value 속성에 설정합니다.

❸ 초기화 및 결과 버튼 행입니다.

이어서 계산기를 그럴듯하게 표현하기 위해 CSS 코드를 추가합니다. 사용자가 기능을 잘 구분할 수 있도록 각 입력부의 형태나 색상을 디자인하고 입력에 대한 시각적인 피드백을 제공합니다.

코드 6-5 **스타일 입력(style.css)**

CSS
```css
caption{ font-size: 32px; }
table{ width: 320px; }
table, th{ background: #333; }
th{
  padding-right: 10px;
  height:80px;
}
td{
  height: 75px;
  text-align: center;
}
th > input{
  width: 100%;
  border: none;
  background: #333; color: white;
  text-align: right; font-size: 48px;
}
td > input[type="button"]{
  width: 100%; height: inherit;
  color: #333; font-size: 36px;
  border: none;
```

```
    }

  td > input[type="button"]:hover{
    background: #999;
  }
  td:last-child > input{
    background: orange; color:white;
  }
```

6.3.2 변수 선언

이번에는 계산기 실행에 필요한 주요 변수를 살펴볼 차례입니다.

코드 6-6 변수 선언(app.js)

```
// 변수 선언
var inp = document.forms['cal'];                          ❶
var input = inp.getElementsByTagName('input');            ❷
var cls_btn = document.getElementsByClassName('cls_btn')[0];
var result_btn = document.getElementsByClassName('result_btn')[0];  ❸
```

❶ name = 'cal'인 form 객체를 선택합니다.

```
<form name="cal">
```

form 객체는 document 객체의 직계 객체로 자바스크립트에서 'forms'라는 객체명과 name 속성으로 참조할 수 있습니다.

❷ 태그명이 input인 문서 객체를 지정합니다. 해당 태그들은 배열로 참조됩니다.

❸ 초기화 버튼과 결과 버튼 객체를 지정합니다. 클래스명이며, 배열로 참조됩니다.

6.3.3 이벤트 핸들러 1: 숫자 및 사칙 연산 버튼

계산기의 핵심 입력부인 숫자 버튼과 사칙 연산 버튼에 대한 이벤트 핸들러를 정의합니다. 배열로 이벤트를 적용할 버튼을 순회하고 해당하지 않는 버튼(결과, 초기화 버튼)은 제외해야합니다.

코드 6-7 **숫자 및 사칙 연산 버튼(app.js)**

```js
// 이벤트 핸들러
// ─────────────────────────────────────────────
// 숫자 및 사칙 연산 버튼
for(var i = 0; i < input.length; i++){ ──────    ❶

  // 숫자와 사칙 연산자만 입력 처리
  if(input[i].value != '=' && input[i].value != 'clear'){ ──────❷
    input[i].onclick = function(){
      calc(this.value); ──────❸
    }
  } // end if

} // end for
```

❶ 문서 내의 모든 input 요소에 클릭 이벤트 처리를 위한 이벤트 핸들러를 적용하기 위해 반복문을 실행합니다. input 요소는 배열 값으로 참조됩니다.

❷ 입력 요소(input) 중 결과 버튼(=)과 초기화 버튼(clear)은 예외 처리해 숫자 버튼만 입력하도록 처리합니다.

❸ this는 현재 클릭한 버튼 객체를 의미하며, 해당하는 입력 값을 calc() 함수에 전달합니다. 아직 this 객체를 이해하기 어렵다면 6.2.2 this 객체를 다시 확인하고 넘어갑시다.

6.3.4 계산기 입력 처리

이벤트 핸들러를 작성하는 부분의 상단에 calc() 함수를 추가합니다. calc() 함수는 숫자나 사칙 연산 버튼에서 입력된 값을 매개 변수로 받아 계산기의 결과창에 그대로 출력합니다.

코드 6-8 계산기 입력 처리(app.js)

JS

```js
// 계산기 입력 처리 함수
function calc(value){
   // 입력이 들어가면 0을 지움
   if(inp['result'].value == 0){          ──────❶
     inp['result'].value = '';
   }

   // 입력 값을 결과창에 출력
   inp['result'].value += value;          ──────❷
}

// 이벤트 핸들러
(중략)
```

실행 결과

123+-*/

7	8	9	+
4	5	6	-
1	2	3	*
0		%	/
clear		=	

❶ 사용자가 수를 입력하기 전에 현재 '결과 출력창'의 내용(value)이 '0'이면 빈 값을 채워 넣어 초기화시킵니다. 그렇지 않을 경우 입력 값을 추가(❷)합니다.

6.3.5 계산기 초기화 처리

이벤트 핸들러 부분의 상단에 함수를 작성합니다. 초기화 버튼을 클릭하면 clr() 함수에서 결과창 값을 '0'으로 초기화합니다.

코드 6-9 **계산기 초기화 처리(app.js)**

```js
// 계산기 입력 처리 함수
(중략)

// 계산기 초기화(clear)
function clr(){
    inp['result'].value = 0;          ─────❶
}
```

6.3.6 이벤트 핸들러 2: 초기화 버튼

이벤트 핸들러를 작성하는 부분의 하단에 이어서 작성합니다. 초기화 버튼(cls_btn)에 이벤트 핸들러를 적용하고 앞서 작성한 clr() 함수를 호출합니다.

코드 6-10 **초기화 버튼(app.js)**

```js
// 이벤트 핸들러
(중략)

// 초기화 버튼
cls_btn.onclick = function(){
  clr();
}
```

6.3.7 계산 결과 처리

입력된 값은 문자열입니다. 따라서 이대로는 계산을 할 수 없습니다. eval() 함수는 입력된 문자열(result.value 값)을 그대로 명령어로 처리할 수 있게 합니다.

코드 6-11 **계산 결과 처리(app.js)**

```js
// 계산 결과 처리 함수
function my_result(){
  var result = document.forms['cal']['result'];
```

```
    var calc = eval(result.value);  ————————❶

    //결과창에 표시
    inp['result'].value = calc;  ————————❷
}
```

따라서 해당 값에 사칙 연산을 수행하고 그 값을 변수 calc에 대입(❶)해 출력(❷)합니다.

6.3.8 이벤트 핸들러 3: 결과 버튼

결과 버튼(result_btn)의 이벤트 핸들러를 정의해 클릭할 때 my_result() 함수를 호출하도록 합니다.

코드 6-12 **결과 버튼(app.js)**

```
// 이벤트 핸들러
// 초기화 버튼
(중략)

// 결과 버튼
result_btn.onclick = function(){
    my_result();
}
```

6.4 기능 개선하기: 예외 처리하기

애플리케이션을 구현하다 보면 기능을 개선해야 하거나 의도하지 않은 동작을 수정 또는 보완해야 하는 경우가 생깁니다. 이번에는 계산기가 처리하지 못하는 수식을 입력했을 때에 대비한 예외 처리를 추가해 기능을 개선해 보겠습니다.

6.4.1 오류 수정하기: try catch문 예외 처리

[그림 6-1]처럼 계산할 수 없는 값을 입력했을 경우에는 [그림 6-2]와 같이 오류가 발생합니다. 그러나 애플리케이션 화면상에서는 아무런 변화가 없으므로 오류 메시지를 처리해 주도록 합니다.

그림 6-1 **잘못된 입력 예**

그림 6-2 **크롬 개발자 도구의 오류 메시지 출력**

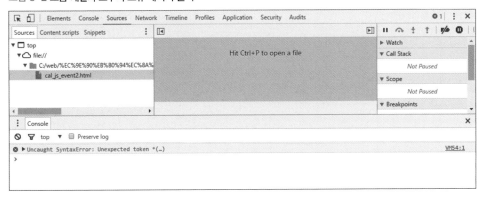

명령어를 실행하고 에러가 발생하면 예외 처리를 수행합니다.

코드 6-13 예외 발생 시 처리문

```
try {
  처리문
}
catch (err) {
  에러 발생 시 처리문
}
```

catch의 매개 변수 err에는 에러 메시지가 반환됩니다. 앞서 작성한 '결과 버튼'의 이벤트 핸들러 함수 내 코드(코드 6-12)를 다음과 같이 수정해 봅시다.

코드 6-14 결과 버튼 수정(app.js)

```js
// 결과 버튼
result_btn.onclick = function(){
  try{
    my_result();
  }
  catch(err){
    var result = inp['result'];
    result.value = '입력 오류';
  }
}
```

6.4.2 자바스크립트 전체 코드 보기

[코드 6-15]는 지금까지 작성한 자바스크립트 코드 전체입니다.

코드 6-15 app.js

```js
// 변수 선언
var inp = document.forms['cal'];
var input = inp.getElementsByTagName('input');
var cls_btn = document.getElementsByClassName('cls_btn')[0];
var result_btn = document.getElementsByClassName('result_btn')[0];

// 계산기 초기화(clear)
function clr(){
  inp['result'].value = 0;
}

// 계산기 입력 처리 함수
function calc(value){
  // 입력이 들어가면 0을 지움
  if(inp['result'].value == 0){
    inp['result'].value = '';
```

```
    }

    // 입력 값을 결과창에 출력
    inp['result'].value += value;
}

// 계산 결과 처리 함수
function my_result(){
    var result = document.forms['cal']['result'];
    var calc = eval(result.value);

    //결과창에 표시
    inp['result'].value = calc;
}

// 이벤트 핸들러
// ───────────────────────────────────────
// 숫자 및 사칙 연산 버튼
for(var i = 0; i < input.length;i++){

    // 숫자와 사칙 연산자만 입력 처리
    if(input[i].value != '=' && input[i].value !='clear'){
        input[i].onclick = function(){
            calc(this.value);
        }
    } // end if

} // end for


// 초기화 버튼
cls_btn.onclick = function(){
    clr();
}

// 결과 버튼
result_btn.onclick = function(){
    try{
        my_result();
    }
    catch(err){
        var result = inp['result'];
        result.value = '입력 오류';
    }
}
```

6.5 jQuery 코드로 변환하기

지금까지 작성한 코드를 제이쿼리로 변환하는 부분을 살펴봅니다.

6.5.1 제이쿼리 라이브러리 추가

헤드 영역에 제이쿼리 라이브러리를 추가합니다.

```
<head>
  <meta charset="UTF-8">
  <title>Calculator-jQuery ver</title>
    <meta name="author" content="tailofmoon">
      <script src="https://ajax.googleapis.com/ajax/libs/jquery/1.12.4/jquery.min.js"></script>
</head>
```

6.5.2 변수 선언

[코드 6-16]에서는 자바스크립트에서 forms 객체와 DOM으로 지정한 요소를 제이쿼리 선택자로 변경했습니다. 변수명 앞의 $은 제이쿼리 선택자를 지정한 변수라는 의미로 부여한 것입니다.

코드 6-16 **변수 선언부(cal_jq.html)**

```
// 변수 선언
var $inp = $('form[name=cal]');  // form 객체
var $input = $inp.find('input'); ─────────❶
var $cls_btn = $('.cls_btn');  // 초기화 버튼
var $result_btn = $('.result_btn');  // 결과 버튼
var $result = $inp.find('input[name=result]');  // 결과창
```

❶ form 객체($inp)의 후손 input 객체를 지정합니다. find() 메서드는 자주 사용하는 메서드로, 현재 지정된 선택자의 후손을 찾는 제이쿼리 메서드입니다.

6.5.3 함수 선언

각 함수는 제이쿼리 선택자로 지정한 변수로 변경하고 속성 조작에 관련된 코드도 제이쿼리 메서드로 수정해 간략화합니다.

코드 6-17 함수 선언부(cal_jq.html)

```js
// 계산기 초기화(clear)
function clr(){
  $result.val(0);          ─────────❶
}

// 계산기 입력 처리 함수
function calc(value){

  // 입력이 들어가면 0을 지움
  if($result.val() == 0){
    $result.val('');
  }

  // 입력 값을 결과창에 출력
  var val = $result.val() + value;    ─────────❷
  $result.val(val);
}

// 계산 결과 처리 함수
function my_result(){
  var calc = eval($result.val());

  // 결과창에 표시
  $result.val(calc);
}
```

❶ val() 메서드는 입력 요소의 value 값을 읽거나 지정하는 메서드입니다. 제이쿼리는 모든 것을 함수 값으로 전달하므로 자바스크립트의 value 속성과 혼동하지 않도록 주의합니다.

❷ 현재 결과창의 value 값에 입력되는 값을 추가합니다. 자바스크립트 코드와 잘 비교해 보기 바랍니다.

제이쿼리의 val( ) 메서드로 폼 입력 요소의 값을 읽거나 쓸 수 있습니다.

코드 6-18 **val( ) 메서드(cal_jq.html)**

```js
var $input = $('#name');  // #name 객체 지정
var r = $input.val();  // 읽기
document.write(r + '<br>');// hello

$input.val('write');  // 쓰기
r = $input.val();
document.write(r);  // write
```

6.5.4 이벤트 핸들러

제이쿼리로 처리하면 가장 편한 부분은 선택자 지정과 이벤트 핸들러 처리입니다. 앞서 자바스크립트에서는 input 요소가 많으므로 반복문을 통해 이벤트 핸들러를 각각 지정했는데, 제이쿼리 이벤트 핸들러는 해당 요소에 자동으로 지정됩니다.

코드 6-19 이벤트 핸들러 자동 지정(cal_jq.html)

```js
// 이벤트 핸들러
// ──────────────────────────────────────
// 숫자 및 사칙 연산 버튼
$('input').click(function(){
  var $input_value = $(this).val();  ─────────❶

  // 숫자와 사칙 연산자만 입력 처리
  if($input_value != '=' && $input_value != 'clear'){
    calc($input_value);
  }
});

// 초기화 버튼
$('.cls_btn').click(function(){
  clr();
});
```

```
    // 결과 버튼
$('.result_btn').click(function(){
  try{
    my_result();
  }
  catch(err){
    $result.val('입력 오류');
  }
});
```

❶ 여기서 $(this)은 현재 사용자가 클릭한 입력(input) 객체만을 반환합니다. 사용자가 선택한 요소만 상대적으로 감지하기 위해서는 this 객체를 통해 이벤트를 전달받아야 합니다.

6.5.5 jQuery 전체 코드 보기

[코드 6-20]은 지금까지 작성한 제이쿼리 코드 전체입니다.

코드 6-20 (cal_jq.html)

JS

```
// 변수 선언
var $inp = $('form[name=cal]');              // form 객체
var $input = $inp.find('input');             // input 객체
var $cls_btn = $('.cls_btn');                // 초기화 버튼
var $result_btn = $('.result_btn');          // 결과 버튼
var $result = $inp.find('input[name=result]'); // 결과창


// 계산기 초기화(clear)
function clr(){
  $result.val(0);
}

// 계산기 입력 처리 함수
function calc(value){

  // 입력이 들어가면 0을 지움
  if($result.val() == 0){
    $result.val('');
  }
```

```
  // 입력 값을 결과창에 출력
  var val = $result.val() + value;
  $result.val(val);
}

// 계산 결과 처리 함수
function my_result(){
  var calc = eval($result.val());

  // 결과창에 표시
  $result.val(calc);
}

// 이벤트 핸들러
// ────────────────────────────────────────
// 숫자 및 사칙 연산 버튼
$('input').click(function(){
  var $input_value = $(this).val();

  // 숫자와 사칙 연산자만 입력 처리
  if($input_value != '=' && $input_value != 'clear'){
    calc($input_value);
  }
});

// 초기화 버튼
$('.cls_btn').click(function(){
  clr();
});

// 결과 버튼
$('.result_btn').click(function(){
  try{
    my_result();
  }
  catch(err){
    $result.val('입력 오류');
  }
});
```

6.6 연습 문제

문제 1. 다음과 같이 제시된 문제의 답을 입력한 후 '확인' 버튼을 눌렀을 때 답이 맞으면 알림창에 '정답입니다!'를, 틀렸으면 '틀렸습니다'를 출력하도록 자바스크립트로 코드를 작성하세요.

```
<form name="frm">
    <p>다음 빈칸에 올바른 값을 입력하세요</p>
    <input type="text" name="a1" size="3" value="9" /> +
    <input type="text" name="a2" size="3" value="3" /> =
    <input type="text" name="answer" size="3" />
    <br /><br />
    <input type="button" onclick="result()" value="확인" />
</form>
```

실행 결과

6.7 마치며

이 장에서는 계산기 애플리케이션에 필요한 입력, 사칙 연산, 출력 기능 등을 함수로 정의하고 이벤트 리스너로 각 기능을 호출하는 부분을 실습했습니다. 요약해 보면 다음과 같습니다.

- 입력된 값은 폼에서 처리하고 숫자와 특정 문자열을 걸러내는 부분에서 조건문을 활용했습니다.
- 폼에 최종적으로 입력된 값은 사칙 연산자가 포함된 문자열이 되는데, eval() 함수를 이용하면 프로그램 코드로 인식해 처리할 수 있습니다.
- 객체 내의 this 키워드는 부모 객체를 참조합니다. 예를 들어 버튼에 클릭 이벤트를 적용했다면 이벤트 핸들러 안의 this 키워드는 사용자가 클릭한 버튼을 바라봅니다.
- 오류가 발생할 만한 코드 영역에는 try~catch 문을 이용해 예외 처리를 강제로 적용할 수 있습니다.
- 제이쿼리로 DOM과 이벤트 처리를 더 간단하게 구현할 수 있습니다.

CHAPTER 7

프로젝트 2: 라이트 박스

'라이트 박스^{Light Box}'는 팝업 형태로 나타나는 '모달 윈도^{Modal Window}'의 한 종류이며, 주로 사진 또는 이미지 감상에 사용합니다. 특히 '라이트 박스'는 이미지를 감상하는 UI (대화 상자)가 팝업으로 뜰 때 배경을 어두워지게 처리해 대화 상자에 집중할 수 있습니다.

그림 7-1 라이트 박스 UI

팝업창은 화면에 고정되고, 가운데에 집중해야 한다는 시각적인 알림을 제공합니다. 일반 팝업 창과 다른 점은 라이트 박스를 닫기 전까지 배경 부분이 콘트롤할 수 없다는 것입니다. 모든 제 어는 라이트 박스 부분에 한정됩니다. 따라서 라이트 박스 부분에 이미지 전환이나 닫기 등의 기능 버튼이 존재해야 합니다.

7.1 개요

라이트 박스에서는 감상할 이미지 영역의 시각적인 주목이 가장 중요합니다. 라이트 박스 이외의 모든 부분은 인터랙션이 통제되기 때문에 사용자가 이미지를 변경하거나 종료하는 부분에 대한 시각적 인지 부분을 분명하게 하는 것이 중요합니다.

주요 UI 구성

https://csslick.github.io/lightbox/

작업 순서

단계	작업 내용
1	HTML과 CSS
2	라이트 박스 창 열기/닫기 기능
3	배경 화면 처리 및 인터랙션 금지
4	인디케이터 스타일링
5	이미지 전환 함수 추가

7.2 구현하기

먼저 라이트 박스에 필요한 기본적인 골격을 작성합니다.

7.2.1 HTML과 CSS

〈img〉 요소 안에 onclick 속성으로 라이트 박스 창을 여는 lightbox_open() 함수를 실행하도록 합니다. 함수 안의 값은 현재 선택된 이미지를 라이트 박스에서 표시하도록 이미지 번호값을 매개 변수로 전달합니다.

코드 7-1 index.html – header 영역

```
<header>
  <h1>light box</h1>
  <img class="thumb" src="images/img01.jpg" width="100" onclick="lightbox_open(1)" />
  <img class="thumb" src="images/img02.jpg" width="100" onclick="lightbox_open(2)" />
  <img class="thumb" src="images/img03.jpg" width="100" onclick="lightbox_open(3)" />
</header>
```

라이트 박스가 팝업될 때 어두운 배경으로 처리될 영역입니다. 평상시에는 비표시 상태로 있다가 라이트 박스가 열리면 배경 위에 표시됩니다.

코드 7-2 라이트 박스 배경

```
<!— 라이트 박스 배경 —>
<div id="block"></div>
```

라이트 박스 창은 이미지 영역(figure)과 인디케이터 그리고 닫기 버튼으로 이루어져 있습니다.

코드 7-3 라이트 박스 창

```
<div id="lightbox">
  <h1>박물관에서 사라진 아빠를 찾아서</h1>
  <p>아빠와 함께 떠난 숲속의 박물관 여행에서 아빠가 말도 없이 사라지자 강아지 베리와 함께 아빠를 찾아
  헤메는데… <br><br></p>
  <figure>
```

```
        <img src="images/img01.jpg" class="active" alt="" />  ————————————————①
        <img src="images/img02.jpg" alt="" />
        <img src="images/img03.jpg" alt="" />
    </figure>

    <div class="indicator">
        <button onclick="change_img(this.innerHTML)">1</button>  ——————————②
        <button onclick="change_img(this.innerHTML)">2</button>
        <button onclick="change_img(this.innerHTML)">3</button>
    </div>
    <div class="btn-close" onclick="lightbox_close()">X</div>  ————————————③
</div> <!— end lightbox —>
```

❶ 〈figure〉영역 〈img〉요소 안의 class="active"는 현재 표시되는 이미지로 지정하기 위해서입니다.

❷ 사용자가 인디케이터 버튼을 클릭하면 change_img( ) 함수를 실행합니다. 여기서 this.innerHTML은 클릭한 〈button〉 요소를 의미하며, 해당 태그 내의 내용을 전달합니다. 태그 내에는 번호가 있으므로 해당 번호의 이미지로 변경되도록 처리하기 위한 것입니다.

코드 7-4 라이트 박스에 적용되는 코드(style.css)

CSS ——

```
*{ margin: 0; }
body{ padding: 20px; }
h1, h2, h3, h4, p{
  font-weight: normal;
  margin: 5px 0;
}


/* 라이트 박스 컨테이너 */
#lightbox.active{  ———————————①
  position: absolute; overflow: hidden;
  background: #333;
  width: 800px;
  height: 540px;
  left: 50%;
  margin-left: -400px;
  top: 50%;
  margin-top: -250px;
  box-sizing: border-box;
  padding: 30px;
```

```
    z-index: 99; display: block;
  }

  #lightbox{ display: none; } ────────────❷
  #lightbox h1, #lightbox p{
    color: white;
    text-align: center;
    margin-bottom: 10px;
  }
```

❶ #lightbox에 active 클래스가 있으면 표시(display: block)되도록 했습니다.

❷ 그렇지 않으면 비표시 상태가 됩니다.

참고로, 클래스 속성을 쓰지 않고 자바스크립트에서 CSS 속성을 직접 변경해 처리할 수도 있지만, 시각적인 설정은 속성 값을 참조해 CSS에서 처리하는 것이 유지보수 측면에서 좋습니다. 나중에 디자인 코드를 수정할 때 자바스크립트까지 같이 수정해야 하는 경우가 생길 수도 있기 때문입니다.

코드 7-5 이미지 영역과 창 닫기 버튼(style.css)

CSS
```
  /* 이미지 박스 */
  figure{
    width: 500px; height: 300px;
    position: relative;
    margin: 10px auto;
    overflow: hidden;
  }
  figure img{
    display: none;
     position: absolute;
  }
  figure img.active{ display: block; } ────────❶

  /* 창 닫기 버튼 */
  .btn-close{
    position: absolute;
    top: 0px; right: 0px;
    padding: 10px;
    color: white; font-size: large;
  }
  .btn-close:hover{ background-color: #666; }
```

❶ 라이트 박스의 이미지(figure img)는 기본적으로 모두 비표시 상태로 설정되고 해당 이미지가 선택되었을 때만 'active' 클래스를 추가해 표시되도록 처리합니다.

창 닫기 버튼은 일반 윈도우창과 마찬가지로 라이트 박스의 우측 상단에 표시합니다.

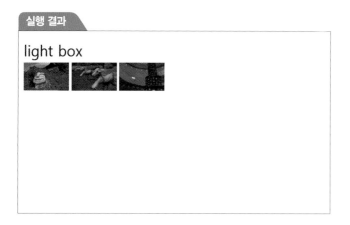

7.2.2 라이트 박스창 열기/닫기 기능

자바스크립트에서 제어할 인디케이터 버튼, 라이트 박스 본체, 라이트 박스가 열릴 때 배경 처리될 영역(#block)에 대한 객체(요소)를 변수로 선언합니다.

querySelectorAll() 메서드는 인터넷 익스플로러 9 이상에서 지원하는 메서드로, CSS 선택자 방식으로 요소를 지정할 수 있으므로 기존의 DOM 탐색 메서드보다 편리하게 사용할 수 있습니다. 관련 내용은 제3장의 DOM 부분을 참고합니다.

코드 7-6 **변수 선언 및 초기화(main.js)**

```
JS
// 인디케이터 초기화
var indicator = document.querySelectorAll('.indicator button');
var lightbox = document.querySelector('#lightbox');
var block = document.querySelector('#block'); // 라이트 박스 배경
```

문서에서 버튼을 클릭했을 때 해당하는 기능이 호출될 수 있도록 라이트 박스를 열고 닫는 부분은 별도의 함수로 지정했습니다.

코드 7-7 라이트 박스 표시 및 닫기 함수(main.js)

```js
// 라이트 박스 표시
function lightbox_open(num){
    lightbox.setAttribute('class', 'active');          ❶
}

// 라이트 박스 닫기
function lightbox_close(){
    lightbox.removeAttribute('class');
}
```

실행 결과

✔ 주요 point : 클래스를 조작해 UI의 표시를 제어

❶ 이미지 목록을 클릭했을 때 CSS에서 라이트 박스를 표시하기 위해 lightbox 영역에 클래스 'active'를 추가합니다. 함수 내의 매개 변수 num은 이미지 목록에서 전달되는 해당 이미지의 번호 값(header 영역 소스 참고)입니다.

닫기에서는 반대로 해당 클래스를 제거해 라이트 박스가 화면에서 표시되지 않도록 합니다.

표 7-1 속성 조작 메서드

메서드명	설명
setAttribute(속성명, 속성 값)	문서 객체의 속성을 추가합니다.
removeAttribute(속성명)	문서 객체의 속성을 제거합니다.

7.2.3 배경 화면 처리 및 인터랙션 금지

앞서 라이트 박스와 일반 팝업창의 다른 점은 창이 열렸을 때 배경 화면을 사용하지 못하게 하고 어둡게 처리한다는 점이라고 했습니다. 우선 라이트 박스 배경 처리를 위한 CSS를 작성합니다.

코드 7-8 라이트 박스 배경 처리(style.css)

```css
#block{
  position: fixed;
  width: 100%; height: 100%;
  top: 0; bottom: 0; left: 0; right: 0;
  background: #111;
  opacity: 0.5;
  z-index: 9;            ─────❶
  display: none;
}
#block.active{ display: block;}  ─────❷
```

실행 결과

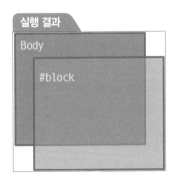

✔ 주요 point : 라이트 박스가 열린 후에는 배경 부분을 콘트롤할 수 없게 처리

❶ 라이트 박스용 배경은 아래쪽보다(보디와 이미지 목록) 우선하도록 z-index 속성을 줍니다.

❷ 라이트 박스가 열리면 숨어 있던 라이트 박스용 배경(#block)이 표시되도록 합니다.

배경은 어둡게 처리할 때는 아랫면을 보여 주기 위해 opacity 값으로 반투명 처리를 합니다.
이렇게 하면 아래의 정보는 보이지만 콘트롤은 할 수 없습니다. 앞서 라이트 박스(#lightbox)
는 가장 위에 표시되므로 z-index 값을 가장 높게 설정했습니다.

코드 7-9 라이트 박스 표시 및 닫기 함수(main.js)

```js
// 라이트 박스 표시
function lightbox_open(num){
  lightbox.setAttribute('class', 'active');
  block.setAttribute('class', 'active');       ━━━━❶
}

// 라이트 박스 닫기
function lightbox_close(){
  lightbox.removeAttribute('class');
  block.removeAttribute('class');              ━━━━❶
}
```

실행 결과

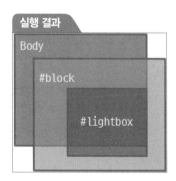

❶ 라이트 박스가 열릴 경우 class='active'를 추가해 CSS에서 라이트 박스용 배경을 표시
하도록 합니다.

❷ 마찬가지로 라이트 박스가 닫힐 경우 클래스를 제거해 라이트 박스용 배경이 표시되지 않
도록 합니다.

7.2.4 인디케이터 스타일링

인디케이터 내비게이션의 디자인과 배치를 스타일링합니다.

코드 7-10 인디케이터 내비게이션(style.css)

```css
.indicator{ text-align: center; }
.indicator button{
  background: #666; color: white;
  font-size: 12px;
  border: none; padding: 2px 5px;
}
.indicator button:focus{ background: #38f; }          ❶
```

실행 결과

❶ 인디케이터 버튼이 활성화되었을 경우의 색상 지정을 추가했습니다.

7.2.5 이미지 전환 함수 change_img( ) 추가

change_img() 함수는 이미지 목록이나 변경 버튼을 눌렀을 때 매개 변수로 이미지 번호를 전달받아 해당하는 이미지를 표시해 주는 함수입니다.

코드 7-11 라이트 박스 표시 및 닫기 함수(main.js)

```js
// 라이트 박스 표시
function lightbox_open(num){
  lightbox.setAttribute('class', 'active');
  block.setAttribute('class', 'active');
  change_img(num);              ──────────❶
  indicator[num-1].focus();     ──────────❷
}


// 라이트 박스 닫기
function lightbox_close(){ 중략 }
```

❶ 라이트 박스가 열리거나 인디케이터 버튼을 클릭하면 해당하는 이미지를 표시(전환)하는 함수로, 매개 변수에 함수 자체에서 전달받은 이미지 번호(num)를 그대로 전달합니다.

❷ 해당하는 배열의 인디케이터 버튼에 포커스를 활성화합니다. 매개 변수로 전달받는 이미지 번호 값이 1부터 시작하므로 배열 번호 값(0부터 시작)으로 대응하기 위해 num-1을 적용했습니다.

코드 7-12 인디케이터 클릭 시 이미지 변경(main.js)

```js
// 이미지 전환 표시 함수
function change_img(val){
  var imgs = document.querySelectorAll('figure > img');

  for( var i=0; i< imgs.length; i++){   ──────────❶
    imgs[i].removeAttribute('class');
  }
  imgs[val-1].setAttribute('class', 'active');   ──────────❷
}
```

❶ 반복문으로 기존의 클래스를 모두 초기화(제거)해 표시되지 않게 합니다.

❷ 지정된 이미지 배열에 새로운 클래스를 적용해 해당 이미지가 표시되도록 합니다.

> ⚠ **focus( ) 메서드**
>
> 해당 문서 객체(요소)에 포커스를 활성화합니다. 검색창이나 아이디, 비밀번호 입력 상자 등에서 주로 자동 선택 기능으로 많이 사용됩니다.
>
> 코드 7 13 **focus( ) 메서드**
>
> ```
> <body>
>   name <input id="new_name" type="text" />
>
>   <script>
>     var new_name = document.getElementById('new_name');
>     new_name.focus();
>   </script>
> </body>
> ```

7.2.6 자바스크립트 전체 코드 보기

[코드 7–14]는 지금까지 작성한 자바스크립트 코드 전체입니다.

코드 7–14 **main.js**

```js
// 초기화
var indicator = document.querySelectorAll('.indicator button');
var lightbox = document.querySelector('#lightbox');
var block = document.querySelector('#block'); // 라이트 박스 배경

// 라이트 박스 표시
function lightbox_open(num){
  lightbox.setAttribute('class', 'active');
  block.setAttribute('class', 'active');

  change_img(num);
  indicator[num-1].focus();
}
```

```
// 라이트 박스 종료
function lightbox_close(){
  lightbox.removeAttribute('class');
  block.removeAttribute('class');
}

// 이미지 전환 표시 함수
function change_img(val){
  var imgs = document.querySelectorAll('figure > img');

  for( var i=0; i< imgs.length; i++){
    imgs[i].removeAttribute('class');
  }
  console.log(val);
  imgs[val-1].setAttribute('class', 'active');
}
```

7.3 jQuery 코드로 변환하기

여기서는 주요 부분을 제이쿼리로 변환하는 코드를 살펴보겠습니다. 그리고 문서 내의 이벤트 속성을 제이쿼리 이벤트로 간략하게 정리하는 부분도 다룰 것입니다.

7.3.1 제이쿼리 라이브러리 추가

헤드 영역에 제이쿼리 라이브러리를 추가합니다.

코드 7-15 헤드 영역(index.html)

HTML

```
<head>
  <meta charset="UTF-8">
  <title>라이트 박스</title>
  <link rel="stylesheet" href="style.css" />
  <script src="https://ajax.googleapis.com/ajax/libs/jquery/1.12.4/jquery.min.js">
  </script>
  <script src="main.js"></script>
</head>
```

7.3.2 변수 선언

자바스크립트 문서 객체 및 변수 선언부를 제이쿼리 선택자와 변수로 변경했습니다. 변수명 앞의 $은 제이쿼리 선택자를 지정한 변수라는 의미로 변수명 앞에 추가한 것입니다.

코드 7-16 변수 선언부(main.js)

```
$(function(){

    // 변수 초기화
    var $indicator = $('.indicator button');
    var $lightbox = $('#lightbox');
    var $block = $('#block');  // 라이트 박스 배경

    // 라이트 박스 표시

    // 라이트 박스 종료

    // 이미지 전환 표시 함수

}); // end $()
```

7.3.3 라이트 박스 표시 및 종료

함수 내의 주요 코드를 제이쿼리로 수정합니다.

코드 7-17 라이트 박스 표시 및 종료(main.js)

```
    // 라이트 박스 표시
    function lightbox_open(num){
        $lightbox.addClass('active');          ──────❶
        $block.addClass('active');
        change_img(num);
        $indicator.eq(num).focus();            ──────❷
    }

    // 라이트 박스 종료
    function lightbox_close(){
        $lightbox.removeAttr('class');         ──────❸
```

```
        $block.removeAttr('class');
    }
```

❶ 자바스크립트의 setAttribute() 대신 클래스를 추가하는 제이쿼리의 addClass() 메서드를 사용했습니다. addClass() 함수로 클래스 속성만 추가할 수 있습니다.

❷ 지정된 인디케이터에 포커스를 적용합니다. eq() 메서드는 지정된 요소의 위치를 탐색하는 메서드이며, 인디케이터의 배열 순서가 됩니다.

❸ 자바스크립트의 removeAttribute() 대신 제이쿼리의 removeAttr()로 클래스를 제거하도록 변경했습니다.

7.3.4 이미지 전환 표시 함수

마찬가지로 제이쿼리 선택자와 속성 지정 메서드 그리고 위치 필터 메서드로 내용을 수정했습니다.

코드 7-18 이미지 전환 표시 함수(main.js)

`JS`

```js
// 이미지 전환 표시 함수
function change_img(val){
  var $imgs = $('figure > img');

  for( var i = 0; i < $imgs.length; i++){
    $imgs.eq(i).removeAttr('class');
  }
  $imgs.eq(val).attr('class', 'active');
}
```

이 예제에서는 제이쿼리로 변경해도 크게 달라진 점이 없습니다. 주로 DOM 선택자에서 차이가 발생하는데, 자바스크립트 측에서도 비교적 간결한 방식인 querySelector()를 이용하기 때문입니다.

하지만 이보다 더 복잡한 요소의 지정에는 제이쿼리가 훨씬 간단합니다. 참고로 query SelectorAll() 메서드의 경우는 인터넷 익스플로러 9 이상에서만 지원합니다.

7.3.5 문서 내의 이벤트 속성 제거

HTML 요소 안에 인라인 이벤트를 작성하는 방식은 사실 추천하지 않습니다. 우리는 이벤트 핸들러나 이벤트 리스너를 사용할 수 있다고 배웠기 때문에 더 나은 방식을 고려해 보아야 합니다.

코드 7-19 header 영역(index.html)

`HTML`
```html
<header>
  <h1>light box</h1>
  <img class="thumb" src="images/img01.jpg" width="100" />
  <img class="thumb" src="images/img02.jpg" width="100" />
  <img class="thumb" src="images/img03.jpg" width="100" />
</header>
```

제이쿼리에서 직접 이벤트를 지정하기 위해 문서 내부에 있는 click 이벤트 속성을 제거합니다. 먼저 〈img〉 요소 내의 인라인 이벤트 핸들러 속성, onclick 속성을 제거합니다.

코드 7-20 라이트 박스 창(index.html)

`HTML`
```html
<div id="lightbox">
  <h1>박물관에서 사라진 아빠를 찾아서</h1>
  <p>아빠와 함께 떠난 숲속의 박물관 여행에서 아빠가 말도 없이 사라지자 강아지 베리와 함께 아빠를 찾아
  헤메는데...<br><br></p>
  <figure>...
  </figure>

  <div class="indicator">
    <button>1</button>
    <button>2</button>          ❶
    <button>3</button>
  </div>
  <div class="btn-close">X</div>          ❷
</div> <!-- end lightbox -->
```

인디케이터 영역(❶)과 닫기 버튼(❷) 요소 안의 이벤트 속성도 제거합니다.

7.3.6 이벤트 추가

이번에는 앞서 인라인 이벤트를 제거한 요소를 대상으로 제이쿼리 이벤트를 등록해 봅니다.

코드 7-21 **이벤트 추가(main.js)**

```js
// 이미지 목록 click 이벤트 ¦ 라이트 박스 열기
$('img.thumb').click(function(){
    var img_num = $(this).index() - 1;      ───────●
    lightbox_open(img_num);
});

// 라이트 박스 닫기 버튼 click 이벤트
$('.btn-close').click(function(){
    lightbox_close();
});

// 인디케이터 클릭 시 click 이벤트 ¦ 라이트 박스 이미지 변경
$indicator.click(function(){
    var img_num = $(this).index();
    change_img(img_num);
});
```

❶ $(this)은 선택자 $(img.thumb)에서 현재 사용자가 클릭한 이미지 객체를 의미합니다. 해당 이미지를 라이트 박스에 표시하기 위해 이미지의 인덱스 값을 참조합니다. index() 메서드는 현재 이미지 객체의 배열 번호를 반환합니다.

기존의 문서 내에 정의했던 이벤트 호출 부분은 제이쿼리의 이벤트 핸들러 메서드로 변경했습니다. 문서와 분리된 구조로 더 깔끔하게 구성되었습니다.

7.3.7 jQuery 전체 코드 보기

[코드 7-22]는 지금까지 작성한 제이쿼리 코드 전체입니다.

코드 7-22 **main.js**

```js
$(function(){
```

```javascript
// 변수 초기화
var $indicator = $('.indicator button');
var $lightbox = $('#lightbox');
var $block = $('#block');  // 라이트 박스 배경

// 라이트 박스 표시
function lightbox_open(num){
  $lightbox.addClass('active');
  $block.addClass('active');

  change_img(num);
  $indicator.eq(num).focus();
}

// 라이트 박스 종료
function lightbox_close(){
  $lightbox.removeAttr('class');
  $block.removeAttr('class');
}

// 이미지 전환 표시 함수
function change_img(val){
  var $imgs = $('figure > img');

  for( var i = 0; i < $imgs.length; i++){
    $imgs.eq(i).removeAttr('class');
  }
  $imgs.eq(val).attr('class', 'active');
}

// 이미지 목록 click 이벤트 | 라이트 박스 열기
$('img.thumb').click(function(){
  var img_num = $('img.thumb').index(this);
  lightbox_open(img_num);
});

// 라이트 박스 닫기 버튼 click 이벤트
$('.btn-close').click(function(){
  lightbox_close();
});

// 인디케이터 클릭 시 click 이벤트 | 라이트 박스 이미지 변경
$indicator.click(function(){
  var img_num = $(this).index();
```

```
        change_img(img_num);
    });

}); // end $()
```

7.4 연습 문제

문제 1. 다음 이미지 목록에서 버튼을 클릭하면 첫 번째 이미지와 마지막 이미지가 서로 교체되도록
changeImg( ) 함수에 코드를 작성하세요.

※ 조건 : 자바스크립트의 getAttribute( )와 setAttribute( ) 메서드 사용

```
<img src="http://placehold.it/200x100/abc?text=img1" alt="" name="img1" />
<img src="http://placehold.it/200x100/cba?text=img2" alt="" name="img2" />
<img src="http://placehold.it/200x100/bac?text=img3" alt="" name="img3" />
<div>
    <button onclick="changeImg()">change image</button>
</div>
```

7.5 마치며

라이트 박스는 가장 많이 배포되는 자바스크립트 플러그인 중 하나입니다. 이번 프로젝트를 통
해 실제 구현 방법을 자세하게 알아보았습니다. 라이트 박스를 통제하는 데 필요한 인디케이터
와 창을 열고 닫는 기능 등은 앞서 학습했던 내용을 활용하면 그리 어렵지 않게 구현할 수 있습
니다. 마지막으로 라이트 박스와 팝업 윈도우의 차이점을 정리해 보기 바랍니다.

읽을거리: CLI과 GUI

CLI는 Command Line Interface의 약어로, 명령어 기반 인터페이스를 의미합니다. 과거에는 모든 것이 지금처럼 그래픽 기반이 아닌 명령어 기반이었습니다. 따라서 일부 전문가만 주로 사용했습니다. 그러나 개인용 컴퓨터가 보급되면서 일반인이 컴퓨터를 쉽게 다룰 수 있도록 하기 위해 그래픽 유저 인터페이스(GUI) 환경으로 발전하였습니다. 물론 여전히 운영 체제 안에는 CLI 기반의 환경이 공존하고 있습니다. 단순하고 직관적으로 접근할 수 있다는 장점이 있어서 개발자 등 고급 사용자가 주로 사용하고 있습니다.

그림 7-2 명령어 기반 인터페이스

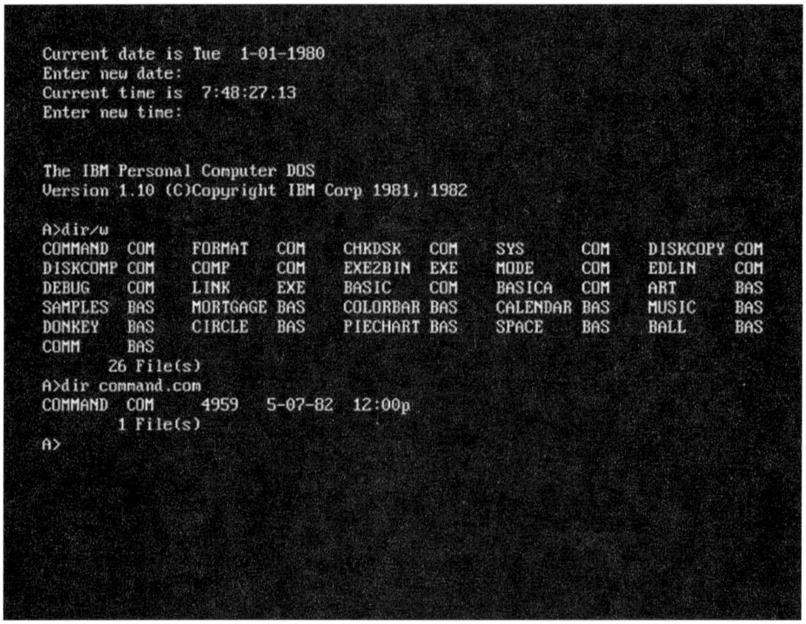

GUI^{Graphic User Interface}라고 하면 윈도우즈나 맥의 윈도우창을 생각하게 됩니다. 1960년대에 더글라스 엥겔바트^{Douglas C. Engelbart}는 그래픽 인터페이스와 하이퍼텍스트 분야의 선구자로, 컴퓨터 마우스를 발명했으며 컴퓨터 네트워크를 비롯한 인간과 컴퓨터 상호 작용을 연구했습니다.

그림 7-3 더글라스 엥겔바트

상업적으로는 1970년대 초반 최초로 제록스 컴퓨터에 도입되었고 본격적으로는 애플 컴퓨터의 매킨토시라는 기종에서 대성공을 거두었습니다. 이러한 성공을 거두자 마이크로소프트사 또한 윈도우즈 운영체제를 발표하며 매킨토시를 모방한 GUI를 도입했고, 이로써 본격적인 GUI 시대로 돌입했습니다.

그림 7-4 MacOS

※ 참조: https://ko.wikipedia.org/wiki/

CHAPTER 8

프로젝트 3: 달력

시계나 달력은 사용자가 가장 자주 사용하는 애플리케이션입니다. 시계는 미시적이고 달력은 거시적인 시간 관리 개념으로 볼 수도 있습니다. 시간 정보는 사용 목적에 따라 다양하게 보여 줄 수 있습니다. 과거에는 많은 정보를 한꺼번에 보여 주는 기능적 요소를 중시했지만, 지금은 사용자 경험에 맞추어 필요한 부분을 핵심적이고 단순하게 표현하는 것을 중시합니다.

그림 8-1 달력의 예

8.1 개요

본격적인 달력 앱 만들기에 들어가 봅시다. 달력은 7×7의 테이블로 구성할 것입니다. 여기서 중요한 것은 달력을 표시할 때 해당하는 월의 시작일과 최대 일수를 구하는 것입니다. 차근차근 알아보겠습니다.

주요 UI 구성

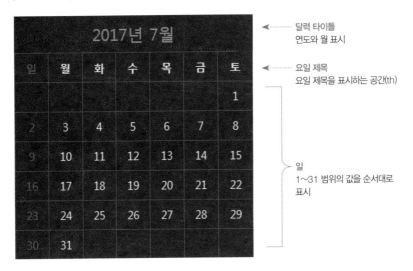

달력 타이틀
연도와 월 표시

요일 제목
요일 제목을 표시하는 공간(th)

일
1~31 범위의 값을 순서대로
표시

http://csslick.github.io/calendar

작업 순서

단계	작업 내용
1	HTML과 CSS
2	해당 월의 날짜 정보 조회
3	caption 정보와 날짜 표시 객체 지정
4	당월 시작일 위치 지정 및 최대 일수 출력
5	caption 정보와 날짜 표시
6	달력 조회 기능 추가(기능 개선)

8.2 사전 학습: Date 객체

우선 날짜와 시간 정보를 제공하는 자바스크립트 API를 살펴봅니다. Data 객체는 디바이스 내에 있는 현재의 날짜, 시간 정보 등을 표시해 줍니다.

코드 8-1 **date( ) 객체**

```
var d = new Date();  // 시간 객체 생성
document.write(d);    // Fri Nov 11 2016 00:59:09 GMT+0900 (대한민국 표준시)
```

표 8-1 **Date 객체 메서드**

메서드명	설명
getFullYear( )	연(年)
getMonth( )	월(月), 0부터 11까지의 값을 반환합니다.
getDate( )	일(日), 1부터 31의 값을 반환합니다.
getDay( )	요일(曜日), 일요일부터 토요일까지 0에서 6의 값을 반환합니다.
getHours( )	시(時)
getMinutes( )	분(分)
getSeconds( )	초(秒)

8.2.1 시간 출력

Date 객체에서는 기본 시간이 24시간제로 표시됩니다.

코드 8-2 **24시간제 표시**

```
var d = new Date(),          // Date 객체 생성
    h = d.getHours(),         // 시를 구함
    m = d.getMinutes(),       // 분을 구함
    s = d.getSeconds(),       // 초를 구함
    time = h + "시 " + m + "분 " + s + "초";

document.write(time);
```

20시 55분 9초

일반적으로 애플리케이션에서는 오전과 오후를 구분하고 12시간제로 표시하므로 이 부분을 별도로 변환해야 합니다.

코드 8-3 **12시간제 표시**

`JS`

```
var d = new Date(),
    h = d.getHours(),
    m = d.getMinutes(),
    s = d.getSeconds();

// 24시간제 -> 12시간제 변경
var h12 = (h > 12) ? (h - 12) : h;          ❶

// 12시간제 - 오전 오후 판정
var ampm = (h < 12) ? "오전" : "오후";        ❷

// 분 2자릿수 표시
var min_o = (m < 10) ? "0" : "";            ❸

// 초 2자릿수 표시
var sec_o = (s < 10) ? "0" : "";            ❹

var time = ampm + " " + h12 + ":" + min_o + m + ":" + sec_o + s;
document.write(time);
```

오전 3:09:50

❶ 여기서는 ?: 연산자가 사용되었는데, 조건문(if else)을 간단하게 표기하는 방식입니다. 시간이 12시가 넘으면 12를 빼고 표시(오후가 됨)되게 합니다.

❷ 시간 값 h가 12보다 작으면 '오전', 반대이면 '오후'로 판단하고 변수 ampm에 값을 대입합니다.

❸ 두 자릿수 표시를 위한 처리문으로, 분 또는 초의 값이 10보다 작은 경우 숫자 '0'을 앞에 표시하도록 처리합니다.

> ⚠ ?: (삼항) 연산자
>
> 조건식의 결과가 참이면 처리1을, 거짓이면 처리2를 수행합니다.
>
> (조건식) ? 처리1(참) : 처리2(거짓)

8.2.2 요일 출력

요일은 getDay() 메서드로 값을 구하는데, 0~6의 숫자로 반환되므로 이를 문자열로 변환해야 합니다.

요일	일	월	화	수	목	금	토
getDay()	0	1	2	3	4	5	6

따라서 일요일(값은 0)부터 시작해 토요일은 6의 값을 가지므로 필요할 경우 문자로 변환시켜주어야 합니다. [코드 8-4]는 case문으로 요일을 변환하는 예제입니다.

코드 8-4 **요일 출력**

```
var d = new Date();
var year = d.getFullYear(),
    month = d.getMonth(),
    date = d.getDate(),
    day = d.getDay();

// 요일을 판단
switch(day){            ────────❶
  case 0: var dd = "일"; break;
  case 1: var dd = "월"; break;
  case 2: var dd = "화"; break;
```

```
    case 3: var dd = "수"; break;
    case 4: var dd = "목"; break;
    case 5: var dd = "금"; break;
    case 6: var dd = "토"; break;
    default: break;
}

document.write(year + "년 ");
document.write((month + 1) + "월 ");          ❷
document.write(date + "일 ");
document.write(dd + "요일<br>");
```

실행 결과

2017년 4월 30일 일요일

❶ switch문에서 getDay ( ) 메서드를 통해 숫자로 전달받은 요일 변수 값 day를 비교해 해당하는 문자로 변환한 후 변수 dd에 전달합니다.

❷ 월의 경우 getMonth ( ) 메서드에서 반환되는 값이 0부터 시작하므로 결과 값에서 +1을 추가해야 현재의 월수를 구할 수 있습니다.

8.3 구현하기

사전 학습을 잘 정리했다면 이제 본격적으로 달력 애플리케이션을 구현해 볼 차례입니다.

8.3.1 HTML과 CSS

달력 구현을 위한 HTML과 CSS 코드를 살펴봅시다. 정형화된 형태의 정보이므로 테이블로 골격을 구성했습니다.

코드 8-5 달력 구현 테이블(index.html)

`HTML`

```html
<div id="calendar_wrap">
  <table id="calendar">
    <caption>
      <span class="year">X</span>년          ——————❶
      <span class="month">X</span>월          ——————❷
    </caption>
    <tr>
      <th>일</th><th>월</th><th>화</th><th>수</th>
      <th>목</th><th>금</th><th>토</th>
    </tr>
    <tr>
      <td> </td>
      <td> </td>
      <td> </td>
      <td> </td>
      <td> </td>
      <td> </td>
      <td> </td>
    </tr>
    <tr>...
    </tr>
    <tr>...
    </tr>
    <tr>...
    </tr>
    <tr>...
    </tr>
    <tr>...
    </tr>
  </table>
</div>
```

❶ 〈caption〉 영역은 자바스크립트에서 동적으로 연도와 월을 표시할 것이므로 각각 class명을 지정했습니다.

```css
#calendar_wrap{
  background: #333;
  width: 350px;
}
caption{
  font-size: 1.5em;
  color: orange;
  padding: 10px;
}
table, th, td{
  color: white;
  border: 1px solid #666;
  border-collapse: collapse;
}
th, td{
  width: 30px;
  padding: 10px;
}
th:first-child, td:first-child{
  color: red;
}
```

8.3.2 해당 월의 날짜 정보 조회

먼저 특정 날짜를 조회하기 위해 [코드 8-7] 상단에 날짜 변수를 선언했습니다. Date 객체에서 월은 0부터 시작하므로 7월을 조회하려면 해당 변수(new_month)에 6을 대입한 점에 주의해야 합니다.

코드 8-7 월의 날짜 정보 조회(app.js)

```javascript
// 날짜 변수 2016년 7월
var new_year = 2016, new_month = 6,
// 특정 연월을 시작일부터 조회(year, month, date) ————————❶
d = new Date(new_year, new_month, 1),
// 월별 일수 구하기
d_length = 32 - new Date(new_year, new_month, 32).getDate(), ————————❷
year = d.getFullYear(),
```

```
month = d.getMonth(),
date = d.getDate(),
day = d.getDay();
```

❶ 특정 연도와 날짜를 조회하려면 Date( ) 객체의 매개 변수에 구하려는 날짜 정보를 연월일 순으로 입력할 수 있습니다. 달력에 표시할 시작일부터 조회하기 위해 마지막 변수로 1을 입력 합니다.

❷ 월별로 총 일수는 다릅니다. 다음 공식을 참고해 Date( ) 객체에서 해당 월의 총 일수를 구해 변수 d_length에 대입합니다. 유용한 공식이므로 참고해 두면 도움이 될 것입니다.

> ⚠ **당월 총 일수 구하기**
> 조건식의 결과가 참이면 처리1을, 거짓이면 처리2를 수행합니다.
>
> ```
> 당월 총 일수 = 32 - new Date(연, 월, 32).getDate();
> ```

8.3.3 caption 정보와 날짜 표시 객체 지정

캡션 영역에 연, 월을 표시하고 테이블의 첫 번째 행(th)에 요일 정보를 표시합니다. 요일은 제목 요소인 th로 작성해 날짜 표시 영역(td)과 요소명(정보 구분)을 시맨틱적으로 구분하도록 합니다.

코드 8-8 **caption 정보와 날짜 표시 객체 지정(app.js)**

`JS`

```
// caption 영역 날짜 표시 객체
var caption_year = document.querySelector('.year'),
    caption_month = document.querySelector('.month');          ❶
var start_day = document.querySelectorAll('tr td');            ❷
```

❶ 테이블 caption 영역 내의 연도와 월을 표시할 객체를 변수로 지정합니다.

❷ start_day 변수에 날짜(日)가 표시될 데이터 셀(td)의 객체를 지정합니다. td 객체는 배열이므로 index 번호로 참조됩니다.

표 8-2 테이블 내 td([ ] 안은 배열 index 값)

연월						
일	월	화	수	목	금	토
td[0]	td[1]	td[2]	td[3]	td[4]	td[5]	td[6]
td[7]	td[8]	td[9]	td[10]	td[11]	td[12]	td[13]
td[14]	td[15]	td[16]	td[17]	td[18]	td[19]	td[20]
td[21]	td[22]	td[23]	td[24]	td[25]	td[26]	td[27]
td[28]	td[29]	td[30]	td[31]	td[32]	td[33]	td[34]
td[35]	td[36]	td[37]	td[38]	td[39]	td[40]	td[41]

8.3.4 당월 시작일 위치 지정 및 최대 일수 출력

테이블에서 해당 월의 시작일을 해당하는 요일의 위치에 표시하려면 먼저 시작일의 요일 값을 알아야 합니다. 앞서 작성한 변수 start_day를 참조합니다.

코드 8-9 시작일 위치 지정 및 최대 일수 출력(app.js)

```js
// 한 달 치 날짜를 테이블에 시작 요일부터 순서대로 표시
for(var i = day; i < day + d_length; i++){          ──────●
    start_day[i].innerHTML = date;          ──────❷
    date++;
}
```

첫 번째 td 행에서 해당 월의 올바른 시작 위치를 지정해야 합니다.

> ⚠ **변수 day로 시작 위치를 결정**
> 조건식의 결과가 참이면 처리1을, 거짓이면 처리2를 수행합니다.
>
> ```
> day = d.getDay();
> ```

표 8-3 날짜 변수 정보

변수	데이터						
day	일 0	월 1	화 2	수 3	목 4	금 5	토 6
i (date)							

앞서 변수 선언부에서 get.day() 메서드를 통해 요일의 값(변수 day)을 가져왔습니다. 요일 정보는 표에서 보는 바와 같이 날짜 표시 정보의 td 배열(i)과 숫자 값이 일대일로 대응합니다.

❶ Date() 객체에서 월의 시작일(1)을 요청했으므로 요일 변수 day에는 해당 요일의 index 가 반환됩니다. 그러므로 반복문에서 날짜가 시작되는 위치(i)를 day로 지정했습니다.

❷ 반복문에서 지정한 대로 1일부터 해당 월의 최대 일수(d_length)까지 달력에 표시하고 반 복이 끝날 때까지 date(일수)를 1씩 증가시킵니다.

8.3.5 caption 정보와 날짜 표시 객체

마지막으로 달력 caption 영역의 연도와 월 표시 부분입니다. 월(month)은 +1을 해야 올바 르게 표시됩니다.

코드 8-10 caption 정보와 날짜 표기 객체(app.js)

```js
// caption 연도, 월 표시
  caption_year.innerHTML = year;
  caption_month.innerHTML = month + 1;
```

8.4 기능 개선하기: 조회 기능 추가하기

개발을 하다 보면 고객의 요구 사항으로 기능을 변경하거나 추가할 수 있습니다. 애플리케이션의 기능을 더 향상시키기 위해 달력 조회 기능을 추가해 봅니다.

그림 8-2 이전 달, 다음 달 내비게이션

8.4.1 달력 조회 내비게이션 추가

HTML 문서에 이전 달과 다음 달을 조회할 수 있는 버튼을 추가합니다.

코드 8-11 버튼 추가(index.html)

HTML
```html
<div id="calendar_wrap">
  <table id="calendar">...
  </table>

  <a href="#" id="prev">이전 달</a>
  <a href="#" id="next">다음 달</a>
</div>
```

[코드 8-12]와 같이 버튼에 해당하는 CSS 코드를 추가합니다.

코드 8-12 스타일 추가(style.css)

```css
#prev, #next{
    display: inline-block;
    text-decoration: none;
    color: white; padding: 5px;
}
```

8.4.2 calendar 함수 정의

앞에서는 단순히 특정 시간대의 달력 정보만 출력하면 되었지만 이제는 사용자의 요청에 따라 월별 달력을 출력해 주어야 하므로 이를 함수로 정의해야 합니다.

코드 8-13 calendar 함수의 매개 변수

```
function calendar(연도, 월){
    ...
}
```

calendar() 함수에 연도와 월을 매개 변수로 전달해 해당하는 달력을 동적으로 출력하도록 합니다.

코드 8-14 달력을 동적으로 출력(app.js)

```js
    // calendar 함수
    function calendar(new_year, new_month){

        // 특정 연월을 시작일부터 조회(year, month, date)
        var  d = new Date(new_year, new_month-1, 1),  ━━━━━❶
            // 월별 일수 구하기
            d_length = 32 - new Date(new_year, new_month-1, 32).getDate(),  ━━━━━❷
            year = d.getFullYear(),
            month = d.getMonth(),
            date = d.getDate(),
            day = d.getDay();

        // caption 영역 날짜 표시 객체
        var caption_year = document.querySelector('.year'),
```

```
        caption_month = document.querySelector('.month');

    var start_day = document.querySelectorAll('tr td');

    // 테이블 초기화
    for(var i = 0; i < start_day.length; i++){ ————————❸
      start_day[i].innerHTML = ' ';
    }

    // 한 달 치 날짜를 테이블에 시작 요일부터 순서대로 표시
    for(var i = day; i < day + d_length; i++){
      start_day[i].innerHTML = date;
      date++;
    }

    // caption 날짜 표시
    caption_year.innerHTML = year;
    caption_month.innerHTML = month + 1;

  } // end calendar()
```

앞서 작성한 소스와 크게 다른 부분은 없으며, 함수화해 매개 변수로 전달받은 부분을 변수로 처리하는 부분만 수정한 것입니다.

❶, ❷ 함수에서 매개 변수로 전달받은 new_year와 new_month 값으로 Date() 객체에서 시간 정보를 구합니다. new_month(월)에서 −1을 한 이유는 실제 Date() 객체에서 처리할 때는 0부터 따지기 때문입니다. 앞에서도 다루어 보았듯이 함수에서 요청할 때 일단 우리가 생각하는 월 수를 그대로 입력(예를 들어 7월)하고 −1로 값을 보정하도록 한 것입니다.

❸ 달력의 초기화 처리 부분입니다. 달력 정보가 바뀔 때마다 데이터 셀을 비워야 합니다.

8.4.3 메인 처리문(내비게이션 이벤트 핸들러)

달력 애플리케이션을 처리하는 데 중심이 되는 코드 영역으로, 코드 영역을 명시적으로 분리하기 위해 바깥쪽에서 익명 함수로 감싼 것입니다. 함수 영역이지만 해당 영역은 전역 처리문과 같이 즉시 실행됩니다.

코드 8-15 메인 처리문(app.js)

```js
(function(){

    var prev = document.getElementById('prev'),
        next = document.getElementById('next'),
        year = new Date().getFullYear(),
        month = new Date().getMonth() + 1;

    calendar(year, month);          ————————❶

    // 이전 달, 다음 달 버튼 이벤트 핸들러   ————————❷
    prev.onclick = function(){
      calendar(year, —month);
    };
    next.onclick = function(){
      calendar(year, ++month);
    };

})();
```

❶ 현재 시점을 기준으로 calendar 함수를 호출합니다.

❷ 이전 달과 다음 달 정보를 요청하는 내비게이션 버튼의 이벤트 핸들러를 지정합니다.

⚠ **즉시 실행 함수**

익명 함수를 정의해 함수를 즉시 실행하게 합니다.

```
(function(){
   // 처리 내용
})();
```

함수를 실행할 때는 반드시 함수명으로 호출해야 합니다. 함수 실행 시 함수명 뒤에 ( )를 추가하듯이 이름이 없는 함수(익명 함수)를 정의하고 함수를 바로 실행하게 하려면 함수의 바깥쪽을 괄호로 감싸고 뒤에 ( )를 추가합니다.

꼭 이렇게 할 필요는 없지만 여기서는 메인 프로그램 루틴을 하나의 독립적인 영역으로 정의해 다른 영역과 구분하기 위한 것입니다. 보통 C언어 같은 경우 main( )이라는 함수가 존재해 모든 프로그램은 여기서 시작하고 서브 루틴(함수)과 연결되는데, 자바스크립트에서는 main 함수가 따로 존재하지 않으므로 이러한 방식으로 처리할 수 있습니다. 또한 이렇게 함수로 정의해 놓아야 변수가 전역으로 선언되지 않기 때문에 프로그램의 메모리 관리도 효율적입니다.

8.4.4 자바스크립트 전체 코드

[코드 8-16]은 지금까지 작성한 자바스크립트 코드 전체입니다.

코드 8-16 app.js

```js
// calendar 함수
function calendar(new_year, new_month){
  // 특정 연월을 시작일부터 조회(year, month, date)
  var  d = new Date(new_year, new_month-1, 1),
      // 월별 일수 구하기
      d_length = 32 - new Date(new_year, new_month-1, 32).getDate(),
      year = d.getFullYear(),
      month = d.getMonth(),
      date = d.getDate(),
      day = d.getDay();

  // caption 영역 날짜 표시 객체
  var caption_year = document.querySelector('.year'),
      caption_month = document.querySelector('.month');

  var start_day = document.querySelectorAll('tr td');

  // 테이블 초기화
  for(var i = 0; i < start_day.length; i++){
    start_day[i].innerHTML = ' ';
  }

  // 한 달 치 날짜를 테이블에 시작 요일부터 순서대로 표시
  for(var i = day; i < day + d_length; i++){
    start_day[i].innerHTML = date;
    date++;
  }

  // caption 날짜 표시
  caption_year.innerHTML = year;
  caption_month.innerHTML = month + 1;
}

(function(){
  var prev = document.getElementById('prev'),
    next = document.getElementById('next'),
    year = new Date().getFullYear(),
```

```
        month = new Date().getMonth() + 1;

    calendar(year, month);
    prev.onclick = function(){
        calendar(year, —month);
        console.log(month);
    };
    next.onclick = function(){
        calendar(year, ++month);
        console.log(month);
    };

})();
```

8.5 jQuery 코드로 변환하기

제이쿼리 코드로 변경할 부분은 그리 많지 않습니다. 이후에도 자주 사용되는 선택자와 메서드에 대한 유형을 기억해 두면 도움이 될 것입니다.

코드 8-17 **app.js**

```
JS
    // calendar 함수
    function calendar(new_year, new_month){
        // 특정 연월을 시작일부터 조회(year, month, date)
        var  d = new Date(new_year, new_month-1, 1),
            // 월별 일수 구하기
            d_length = 32 - new Date(new_year, new_month-1, 32).getDate(),
            year = d.getFullYear(),
            month = d.getMonth(),
            date = d.getDate(),
            day = d.getDay();

        // caption 영역 날짜 표시 객체
        var $caption_year = $('.year'),
            $caption_month = $('.month');
        var $start_day = $('tr td');

        // 테이블 초기화
```

```
$start_day.each(function(i){ ————————❶
  $(this).html(' '); —————————❷
});

// 한 달 치 날짜를 테이블에 시작 요일부터 순서대로 표시
for(var i = day; i < day + d_length; i++){
  $start_day.eq(i).html(date);
  date++;
}

// caption 날짜 표시
$caption_year.html(year);
$caption_month.html(month + 1);
}

(function(){
  var $prev = $('#prev'),
      $next = $('#next'),
      year = new Date().getFullYear(),
      month = new Date().getMonth() + 1;

  calendar(year, month);

  $prev.click(function(){
    calendar(year, —month);
  });

  $next.click(function(){
    calendar(year, ++month);
  });

})();
```

❶ 자바스크립트 for 반복문을 jQuery 반복문인 each() 메서드로 변경했습니다.

❷ $(this)은 현재 반복되고 있는 배열 객체를 지칭(동적 객체명)합니다.

⚠ each( ) 메서드

for문으로 자료를 전체 반복할 때는 해당 길이를 먼저 알아낸 후 반복을 수행해야 하지만 each( ) 메서드는 해당 객체(배열)의 길이만큼 자동으로 반복합니다. jQuery 메서드를 사용해 반복문을 간결하게 표현할 수 있습니다.

```
$객체명.each(function(index, element){
...
});
```

다음 예제에서 자바스크립트 반복문과 jQuery 반복문을 비교해 보겠습니다.

코드 8-18 **자바스크립트 for문**

`HTML`
```
<body>
  <ul>
    <li>first</li>
    <li>second</li>
    <li>third</li>
    <li>fourth</li>
  </ul>

<script>
  var $li = $('li'),        // 요소 선택
      length = $li.length,  // 요소의 길이
      size = 12;

  // li 요소의 개수만큼 반복
  for(var i = 0; i < length; i++){
    $('li').eq(i).css('fontSize', size + 'px');
    size += 10;
  }
</script>

</body>
```

코드 8-19는 제이쿼리 each( ) 메서드로 구현한 코드입니다.

코드 8-19 **jQuery each( ) 메서드**

`JS`

```js
// li 요소의 개수만큼 반복
$li.each(function(i){
    $(this).css('fontSize', size + 'px');
    size += 10;
});
```

실행 결과

- first
- second
- third
- fourth

8.6 연습 문제

문제 1. 다음 예시를 참고해 출생한 연도를 입력하면 나이를 계산해 출력하는 함수를 작성하세요.

※ Date( ) 객체의 메서드 활용

```html
<h1>나이 계산기</h1>
<label for="age">출생한 연도를 입력하세요</label><br><br>
<input type="text" id="age" name="age">
<input type="button" value="확인" onclick="age()">
```

8.7 마치며

Date() 객체는 자바스크립트 내장 객체로 날짜, 시간과 관련된 정보를 반환합니다. 그리고 이를 활용해 시계나 달력을 만들 수 있었습니다. 단순히 시간이나 달력을 표시하는 것만으로는 애플리케이션으로 부족합니다. 사용자에게 필요한 기능을 제공할 수 있어야 합니다. 따라서 처음에는 단순히 달력을 보여 주는 수준이었지만 사용자가 원하는 달을 직접 조회할 수 있도록 기능을 개선했습니다. 이 밖에도 고려해 볼 추가 기능은 얼마든지 있습니다. 예를 들어 현재 날짜를 표시하는 기능이나 일정 추가하기 기능 등이 있습니다. 여러분도 한번 고민해 보기 바랍니다.

읽을거리: Y2K 밀레니엄 버그

컴퓨터 역사에서 가장 큰 이슈였던 'Y2K' 또는 '밀레니엄 버그Millennium Bug'는 1999년 12월 31일에서 2000년 1월 1일로 넘어갈 때 날짜나 시각을 다루는 과정에서 오류가 일어나는 문제로, 당시 대표적인 컴퓨터 설계의 오류로 기록되었습니다. 여기서 Y는 Year(년)를, K는 Kilo(1000)를 의미합니다.

당시 Y2K가 해결되지 않은 컴퓨터의 경우 1999년 12월 31일에서 2000년 1월 1일로 넘어가면 연도를 1900년으로 설정해 버리는 문제가 발생했습니다.

그림 8-3 Y2K bug

재미있는 것은 자바스크립트에도 이러한 흔적이 남아 있다는 것입니다. 우리는 연도 값을 구할 때 Data() 객체의 getFullYear() 메서드를 사용했지만 과거에는 getYear()라는 메서드를 사용했습니다. getYear() 메서드를 사용하면 우리는 1900년 전으로 돌아가게 됩니다.

코드 8-20 getYear() 메서드를 사용할 때

```
var d = new Date();
var y2k_year = d.getYear();
var year = d.getFullYear();

document.write('올해는 ' + y2k_year + '년입니다<br>');  // 올해는 117년입니다
document.write('올해는 ' + year + '년입니다');  // 올해는 2017년입니다
```

getYear() 메서드는 연도의 4자리 중 뒤에 2자리만 처리하므로 2000이 넘어가면 100을 반환합니다. 당시 웹 사이트의 연도가 19100으로 표시되는 경우도 있었는데, 이는

앞부분 2자리인 19를 텍스트로 처리했기 때문입니다. getYear( ) 메서드를 현재 사용할 필요는 없지만 반환된 값을 보정하면 정상적인 연도를 출력할 수 있습니다.

코드 8-21 반환된 값 보정하기

```
var d = new Date();
var y2k_year = d.getYear();
var year = d.getFullYear();

// y2k 오류 수정
if(y2k_year < 1900){ ————————————❶
  y2k_year += 1900;
}

document.write('올해는 ' + y2k_year + '년입니다<br>');  // 올해는 2017년입니다
document.write('올해는 ' + year + '년입니다');  // 올해는 2017년입니다
```

❶ 반환되는 연도 값이 1900보다 작을 경우 해당 값에 1900을 더합니다. 이렇게 하면 정상적인 연도가 출력되므로 당시에는 이러한 방법으로 연도를 보정해 문제를 해결했습니다.

getFullYear( )는 현대 브라우저의 전신이자 비운의 브라우저이기도 한 넷스케이프 버전 4(1997년)부터 지원했습니다.

그림 8-4 넷스케이프

자바스크립트는 '넷스케이프'에서 최초로 탄생했습니다. 넷스케이프는 최초의 상용 브라우저로 크게 성공했으나(1994년) 마이크로소프트가 윈도우에 인터넷 익스플로러를 무상으로 탑재하기 시작하면서(1995년) 시장에서 점차 사라집니다. 당시 넷스케이프 개발자들은 이후 모질라 재단을 설립하고 오픈 소스 프로젝트로 파이어폭스 브라우저를 개발했습니다.

CHAPTER 9

프로젝트 4: 3D 페이지

웹 브라우저는 전통적인 OS의 기능을 많이 대체하고 있습니다. 운영 체제 기반에서 애플리케이션이 작동하는 것과 마찬가지로 웹 브라우저 기반에서 웹 애플리케이션이 작동하도록 하는 것입니다. 이러한 웹 기반의 환경을 웹 플랫폼 또는 가상 운영 체제라고 합니다. 이번에 만들어 볼 예제는 이를 콘셉트로 해 웹 브라우저에서 마치 데스크톱과 유사한 UI를 구현해 보는 것입니다.

그림 9-1 크롬 OS

운영 체제에 따라 데스크톱 스타일은 다소 다릅니다. 예를 들어 윈도우 같은 경우는 데스크톱이 하나로 고정(10은 다중 윈도우 지원)된 반면 맥이나 모바일 OS의 데스크톱은 좌우로 이동해 데스크톱 공간을 여러 개로 나누어 사용할 수 있어 매우 편리합니다.

9.1 개요

3D 페이지를 표현하기 위해서는 CSS3의 3D 트랜스폼^{transform} 속성을 활용합니다. 트랜스폼 속성은 회전, 이동, 스케일 등의 2D/3D 변형 기능을 다양하게 제공하기 때문에 플래시와 같은 플러그인이 없어도 인터랙티브한 표현을 간단하게 구현할 수 있습니다. 또한, 터치 인터페이스 부분에서는 외부 자바스크립트 라이브러리를 활용함으로써 좌우 방향의 패닝 동작을 감지해 페이지를 전환하는 기능을 구현합니다.

주요 구성

Desktop Style 3D Page

데스크톱 배경(페이지)
총 4개의 다중 페이지로
구성됩니다.

데스크톱 아이콘
각각의 페이지에 표시되며
링크나 특정 기능을 합니다.

인디케이터
페이지를 전환하거나 현재 페이지
위치를 알려줍니다.

https://csslick.github.io/page3d/

작업 순서

단계	작업 내용
1	HTML과 CSS
2	변수 선언
3	페이지 초기화 함수
4	인디케이터 초기화 함수
5	페이지 전환 함수

9.2 구현하기

이 프로젝트의 핵심은 운영 체제의 데스크톱과 같은 UI 구현과 3D를 활용한 시각적 효과 구현 그리고 다양한 장치의 입력에 대응하는 것입니다. 작업 순서대로 차근차근 코드를 구현해 보겠습니다.

9.2.1 HTML과 CSS

데스크톱 스타일 페이지 구현을 위한 HTML과 CSS 코드를 살펴봅시다.

코드 9-1 head 영역 선언부(index.html)

```html
<head>
  <meta charset="UTF-8">
  <title>Page 3D</title>
  <link href="https://maxcdn.bootstrapcdn.com/font-awesome/4.7.0/css/font-awesome.min.css"
    rel="stylesheet"> ──────────❶
</head>
```

❶ 바탕 화면 페이지에 활용된 아이콘을 위해 웹 아이콘 폰트 라이브러리(font-awesome)를 추가합니다.

홈페이지(http://fontawesome.io/)에 접속해 라이브러리를 직접 다운로드하거나 다음과 같이 CDN^Content Delivery Network 서비스를 이용하면 문서에 간단히 링크할 수 있습니다.

> ⚠ **CDN 서비스 주소**
> https://www.bootstrapcdn.com/fontawesome/

코드 9-2 아이콘 목록(index.html)

`HTML`

```
<header>
  <h1>Desktop Style 3D Page</h1>
</header>
<div class="container">
  <div class="wrapper">
    <div class="page">
      <h1>page1</h1>
      <ul class="icons">
        <li><a href="#"><i class="fa fa-home fa-3x"></i></a></li> ─────────────────❶
        <li><a href="#"><i class="fa fa-cog fa-3x"></i></a></li>
        <li><a href="#"><i class="fa fa-camera-retro fa-3x"></i></a></li>
        <li><a href="#"><i class="fa fa-chrome fa-3x"></i></a></li>
        <li><a href="#"><i class="fa fa-film fa-3x"></i></a></li>
      </ul>
    </div>
    <div class="page">
      <h1>page2</h1>
      <ul class="icons">...
      </ul>
    </div>
    <div class="page">
      <h1>page3</h1>
    </div>
    <div class="page">
      <h1>page4</h1>
      <ul class="icons">...
      </ul>
    </div>
  </div>
</div><!-- end container -->
<ul id=indicator>
</ul>
```

❶ 데스크톱 페이지에 표시되는 아이콘 목록입니다. ⟨i⟩ 태그 안의 class는 Font Awesome (http://fontawesome.io/)에서 서비스하는 웹 아이콘 폰트를 사용하기 위한 클래스명입니다.

```
<i class="fa fa-home fa-3x"></i>
```

첫 번째 클래스명 fa는 기본 클래스명이므로 두 번째 클래스(fa-아이콘명)에 사용할 아이콘 이름을 지정합니다. 클래스를 추가하면 다른 스타일(아이콘 크기 등)을 지정할 수 있습니다.

표 9-1 Font-Awesome 클래스

클래스명	설명
fa	font-awesome 기본 지정 클래스입니다.
fa-아이콘명	사용할 아이콘 이름을 지정합니다.
fa-lg(기본 크기)	
fa-2x(2배)	아이콘의 크기(1~5배)를 지정합니다.
fa-5x(5배)	

3D 시점과 전환 효과 설정

다음 CSS 코드에서 페이지의 3D 시점과 페이지 전환 효과를 위한 설정을 합니다.

코드 9-3 페이지 3D 및 모션 설정(style.css)

```css
.container{
  position: absolute;
  width: 100%; height: 100%;
  margin: 0px auto;
  perspective: 800px;              ───────❶
  overflow: hidden;
  box-sizing: border-box;
}
.wrapper{
  width: 100%; height: 100%;
  position: relative;
  margin: auto;
  transform-style: preserve-3d;    ───────❷
  transition-duration: 1s;         ───────❸
}
```

❶ 부모인 컨테이너(.container)에서 3D 시점을 부여하고 원근감perspective을 설정해 줍니다. 이는 픽셀 값으로 시점의 거리를 지정하는 것으로, 픽셀 값이 적으면 왜곡이 커지고 픽셀 값이 크면 왜곡이 적어집니다.

❷ 클래스 wrapper와 그 안에 있는 4개의 페이지는 실제 3D로 표시될 객체입니다. 설명이 다소 어렵지만, 여기에 preserve-3d를 적용해야만 3D로 지정된 요소에 실제 물리적인 공간을 부여해 줄 수 있습니다. 3D 객체(.page)의 부모인 .wrapper에서 transform 속성에 preserve-3d를 설정해 주면 내부 3D 페이지의 3D 공간계가 활성화됩니다. 실제 박스의 공간 배치는 자바스크립트에서 CSS 속성 값을 제어해 처리합니다.

❸ 페이지 박스를 회전시킬 때 모션이 처리되도록 트랜지션 속성을 적용합니다.

그림 9-2 **3D page 배치 구성**

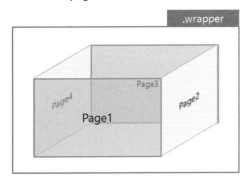

> ⚠ **transform-style 3D 공간을 구성**
>
> transform-style의 preserve-3d를 적용하지 않았을 경우에는 오브젝트 하위 요소의 3D 공간이 제대로 표현되지 않습니다. preserve-3d는 인터넷 익스플로러의 경우 Edge 이상에서만 지원합니다. 다음 코드를 참고할 수 있습니다.
>
> 코드 9-4 **3D 공간 구성**
>
> ```
> .box{
>     transform-style: preserve-3d;  // 3D 공간을 설정
>     width: 200px; height: 200px;
>     background: #f90;
>     transform: rotateX(-30deg); // X축을 30도 회전
> }
> .box h1{
>     width: 200px;
>     text-align: center;
>     transform: rotateY(45deg);  // Y축을 45도 회전
>     background: yellow;
> }
> ```

```
    transition-duration: 1s;
}

<div class="box">
    <h1>3d rotate</h1>
</div>
```

실행 결과

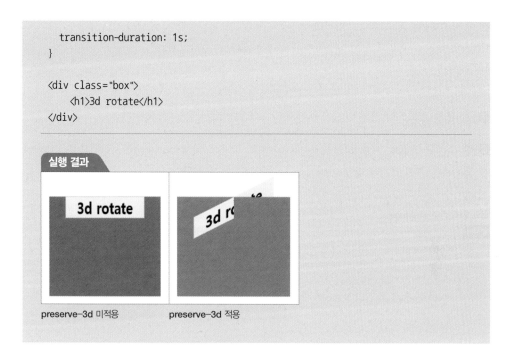

preserve-3d 미적용   preserve-3d 적용

다음은 페이지 배경에 대한 CSS 코드입니다. 페이지가 풀 스크린이며 전환 효과transition를 이용해
3D로 회전하기 때문에 처리해 주어야 할 작업이 몇 가지 있는데, 먼저 [코드 9-5]를 살펴봅시다.

코드 9-5 페이지 배경 스타일(style.css)

CSS

```
.wrapper > .page{
  position: absolute;
  width: 100%; height: 100%;
  position: absolute;
  left: 0; top: 0;
  padding-top: 80px;
  backface-visibility: hidden;          ①
}
.wrapper > .page:nth-child(1){
  background-image: url('images/img01.jpg');
  background-size: cover;          ②
}
.wrapper > .page:nth-child(2){
  background-image: url('images/img02.jpg');
  background-size: cover;
}
```

```css
.wrapper > .page:nth-child(3){...
}
.wrapper > .page:nth-child(4){...
}
```

❶ 3D 배경이 회전할 경우 뒷면이 보이지 않도록 처리하는 속성입니다.

❷ 풀 스크린 배경을 적용하기 위해 background-size 속성에 cover를 적용합니다. cover를 적용하면 화면 크기에 맞게 이미지 크기가 자동으로 조절됩니다.

코드 9-6 인디케이터(style.css)

CSS

```css
#indicator{
  text-align: center; margin-top: 20px;
  position: absolute;
  left: 0;right: 0; bottom: 20px;
}
#indicator li{
  display: inline-block;
  font-size: 12px;
  padding: 5px 10px; margin: 5px;
  border: 1px solid #999;
  border-radius: 50%;
  color: white;
}
#indicator li.active{                    ❶
  background-color: rgba(50%,50%,50%, 0.5);
  color: white;
}
ul.icons{
  overflow: hidden;
  padding: 64px;
}
ul.icons > li{
  display: inline-block;
  margin: 0 24px 64px 24px;
  background: #999;
  padding: 10px;
  width: 48px; height: 48px;
  border-radius: 15px;
  text-align: center;
  border: 1px solid rgba(100, 100, 100, 0.3);
```

```
        color: white;
    }
```

---

❶ 현재 표시되는 페이지에 대한 인디케이터 스타일을 지정합니다.

9.2.2 변수 선언

회전하는 윈도우를 제어하는 데 필요한 화면 구성 요소(페이지와 인디케이터)를 변수로 선언
합니다.

코드 9-7 변수 선언부(main.js)

```JS
var wrapper = document.querySelector('.wrapper'),    // 전체 페이지를 감싸는 틀
    page = document.querySelectorAll('.page'),       // 각 페이지 요소
    indicator = document.getElementById('indicator'),// 인디케이터를 담는 틀
    indicator_li = indicator.querySelectorAll('li'); // 인디케이터 목록

var yDeg = 0,                        ❶
    indicator_num = 1,               ❷
    indicator_length = page.length,  ❸
    w = page[0].offsetWidth,         ❹
    page_angle = 0;                  ❺
```

❶ 페이지 전환 시 데스크톱 페이지를 회전시키는 각도 변수입니다. Y축으로 회전시키는
rotateY() 함수를 적용합니다. 주의할 점은 .page에 회전을 주는 것이 아니라 page들을 감
싸고 있는 .wrapper로 페이지 전체를 회전시킨다는 것입니다.

❷ 현재 표시되는 페이지의 번호를 의미하며, 인디케이터 번호에 함께 반영합니다. 페이지는
총 4개입니다.

❸ 화면에 표시할 인디케이터의 개수를 구합니다. 페이지의 개수를 통해 알아냅니다.

❹ 현재 페이지의 폭width을 구합니다. offsetWidth 속성으로 해당 요소의 width 값을 구할
수 있습니다. 면(페이지)의 크기를 구하는 이유는 4면체를 구성할 때 각 면의 길이를 알아야
하고 페이지의 크기가 변경될 때마다 시점 거리 조절을 위해 동적으로 참조해야 하기 때문입
니다.

❺ 페이지 4면체를 4방향으로 돌려서 배치해야 하기 때문에 각도를 정의하기 위한 변수를 정의했습니다. 페이지 초기화 부분에서 세부적으로 배치합니다.

표 9-2 페이지 구성에 필요한 변수

변수명	설명
wrapper	page들의 부모인 .wrapper 요소를 지정한 변수
page	.page(4면체 박스)를 지정한 배열 변수로 지정됩니다.
indicator	인디케이터를 담는 틀(ul)
indicator_li	인디케이터 안의 버튼 목록으로 배열로 지정됩니다.
yDeg	페이지 회전 각도 변수
indicator_length	인디케이터 개수 변수
w	현재 페이지의 폭을 참조하는 변수
page_angle	각 페이지 4면체의 배치를 위한 각도를 정의하는 변수

9.2.3 페이지 초기화 함수 init_page( )

4개의 페이지를 3D 회전과 위치 조정을 통해 4면체로 구성하고 첫 번째 페이지를 시작 페이지로 설정하는 작업입니다.

그림 9-3 페이지 배치 초기화

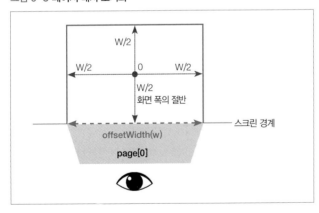

코드 9-8 init_page( ) 함수(main.js)

```js
function init_page(){
  w = page[0].offsetWidth;  ————————①

  // 3D page 4면체 위치 정의  ————————②
  for(var i = 0; i < page.length; i++){
    page[i].style.transform = 'rotateY(' + page_angle + 'deg) translateZ('
                + (w/2) + 'px)';
    page_angle += 90;
  }

  // page wrapper 정면으로 초기화  ————————③
  wrapper.style.transform = 'translateZ(' + (-w/2) + 'px) rotateY(' + yDeg + 'deg)';
}

/* ————————————————————————————————————— */
init_page();  ————————④
```

❶ 페이지의 현재 폭 값을 변수로 참조합니다. 페이지 크기가 가변이기 때문에 크기가 변경될 경우 동적인 참조가 필요합니다.

❷ transform 속성의 rotateY( ) 함수로 4개의 페이지를 각각 90도씩 회전(page_angle)시켜 4면체를 구성합니다. translateZ( ) 함수로 각 페이지를 중심축에서 페이지 폭의 절반 길이(w/2)만큼 거리를 앞으로 이동시키면 4면체 구성이 완성됩니다.

❸ 페이지 전체를 회전시키는 회전체는 .wrapper입니다. 변수 yDeg는 초기 값 0으로 첫 번째 페이지가 정면으로 보이도록 배치를 초기화합니다.

앞서 박스를 배치하면서 Z축의 위치를 페이지 크기(w)의 절반만큼 앞(스크린 경계)으로 다가와 보이게 처리했습니다. 그러나 실제로 실행해 보면 실제 크기보다 확대되어 보입니다. 따라서 화면에서 정확한 스케일로 보려면 Z축의 거리를 당겨진 만큼 뒤로 빼 주어야 합니다. 이것이 translateZ( ) 함수로 페이지 크기의 절반만큼(w/2) 거리를 다시 조정한 이유입니다.

표 9-3 transform 속성의 3D 변형 함수

함수명	설명
translateZ(px)	3차원 Z축으로 위치 이동(양수 값은 가까워지고 음수 값은 멀어집니다)
rotateY(deg)	Y축을 기준으로 회전(각도)

그림 9-4 **Z축 거리 보정 전/후**

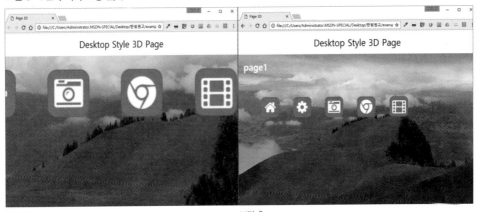

보정 전   보정 후

❹ 페이지 초기화 함수를 호출합니다.

9.2.4 인디케이터 초기화 함수 init_indicator( )

향후 유지보수를 고려해 HTML 문서 내의 페이지 개수를 참조해 인디케이터 목록을 생성하고
보이는 페이지는 시작 페이지로 설정합니다.

코드 9-9 init_indicator( ) 함수(main.js)

```js
(중략)

function init_page(){...
}

// 인디케이터 초기화
function init_indicator(){
    // 인디케이터 표시 ──────────❶
    for(var i = 0; i < indicator_length; i++){
        indicator.innerHTML += '<li>' + (i+1) + '</li>';
    }

    indicator_li = indicator.querySelectorAll('li');
    change_page(indicator_num); ──────────❶
}
```

```
/* ──────────────────────────────────────── */
init_page();
init_indicator(); ──────────❶
```

❶ 페이지의 개수만큼 인디케이터 버튼 목록을 추가합니다. 변수 i를 이용해 li 요소 안에 인디케이터 번호를 포함시킵니다.

❷ change_page() 함수는 인디케이터 버튼을 눌렀을 때 페이지 이동 처리 및 인디케이터 정보를 업데이트하는 함수입니다. 매개 변수로 이동할 페이지 번호를 전달합니다. 해당 함수는 다음 절에서 추가해 봅니다.

9.2.5 페이지 전환 함수 change_page()

요청한 페이지로 전환시켜 주는 change_page() 함수를 알아봅시다. 3D 4면체로 구성된 4개의 페이지는 전체를 90도씩 회전시킴으로써 한 페이지씩 전환됩니다. 매개 변수로 페이지 번호를 전달합니다.

코드 9-10 change_page() 함수(main.js)

```
JS ─────────────────────────────────────────

(중략)

// 인디케이터 초기화
function init_indicator(){...
}
```

```javascript
// 페이지 전환
function change_page(inum){
    indicator_li[inum-1].setAttribute('class', 'active');      ──────────❶
    yDeg = -90 * (inum - 1);      ────────❷
    wrapper.style.transform = 'translateZ(' + (-w/2) + 'px) rotateY('
                + yDeg + 'deg)';

    // 인디케이터 표시      ──────────❸
    for(var i = 0; i < indicator_li.length; i++){
        indicator_li[i].removeAttribute('class');
    }
    indicator_li[inum - 1].setAttribute('class', 'active');      ──────────❹
}

/* ──────────────────────────────────── */
init_page();
init_indicator();
```

❶ 현재 페이지의 인디케이터 스타일을 지정하기 위해 'active' 클래스를 추가해 하이라이트 처리를 합니다.

❷ 매개 변수로 전달받은 페이지 번호의 위치로 이동시킬 회전 각도를 지정합니다. 4방향이므로 90도씩 변경됩니다.

표 9-4 페이지 번호와 회전 각도

페이지 번호(inum)	증가식	변경된 각도(yDeg)
1	yDeg = -90 * (1 - 1)	0
2	yDeg = -90 * (2 - 1)	-90
3	yDeg = -90 * (3 - 1)	-180
4	yDeg = -90 * (4 - 1)	-270

❸ 페이지 이동 시 먼저 인디케이터의 클래스를 모두 제거해 초기화한 후 현재 페이지만 클래스를 추가(❹)해 하이라이트 처리를 합니다.

9.2.6 이벤트 리스너

인디케이터 버튼에 클릭 이벤트를 정의합니다. 버튼의 개수는 배열이므로 버튼의 개수만큼(li.

length) 반복문으로 정의했습니다. 이벤트 리스너의 콜백 함수에서 change_page 함수를 호출해 클릭한 위치에 해당하는 페이지로 전환을 요청합니다.

코드 9-11 이벤트 리스너(main.js)

```js
(중략)
/* ——————————————————————————— */
init_page();
init_indicator();

/* ——————— 이벤트 리스너 ——————— */
for(var i = 0; i < indicator_li.length; i++){
  indicator_li[i].addEventListener('click', function(){
    indicator_num = parseInt(this.innerText);  ————————❶
    change_page(indicator_num);  ————————❷
  });
}
```

페이지의 번호(위치)는 인디케이터 버튼 내부(li)의 텍스트를 참조합니다. 주의할 점은 값이 문자 타입이므로 변수를 숫자로 변환해 전달(❶)해야 한다는 것입니다. 자바스크립트는 변수가 동적인 타입이어서 나중에 문자든 숫자든 연산 시 오류로 받아들이지 않고 타입을 임의로 처리해 버리기 때문에 문제점 파악이 어려울 수 있습니다. 따라서 parseInt() 함수로 문자 타입을 정수형으로 변환한 후 change_page() 함수로 전달(❷)합니다.

> ⚠ **변수 타입의 주의점**
> 앞의 예제에서 정수로 변환하지 않아도 당장에는 문제가 없다고 볼 수도 있겠지만 실은 그렇지 않습니다. 사칙 연산자 중 '+' 연산자의 경우는 '문자 + 숫자' 형태의 계산 시 문자로 처리(연결 연산자)되기 때문에 예기치 않은 결과가 발생할 수 있으므로 변수 처리 시 주의해야 합니다.

9.2.7 자바스크립트 라이브러리를 활용한 터치 제스처 구현

우리는 제3장에서 자바스크립트 API에서 지원하는 터치 이벤트의 기능과 기본적인 구현 방법을 학습했습니다. 그런데 모바일 앱과 같은 다양한 제스처의 구현은 더 복잡한 리얼 타임 처리와 판정을 해야 합니다. 예를 들면 단순히 손가락을 눌렀다 떼었는지(탭) 아니면 여러 번 두드

렸는지(더블 탭) 등을 구분해 각각 다른 동작으로 판정해야 합니다.

또한 손가락을 어느 방향으로 움직였는지를 판단하는 부분에서도 이동 방향에 대한 판정을 별도의 프로그래밍으로 구현해야 하므로 작업이 상당히 까다로워집니다. 여기서는 이러한 세세한 터치 제스처를 모바일 앱과 같이 간편하게 구현해 주는 Hammer.js 자바스크립트 라이브러리를 활용해 봅니다.

참고로 이 라이브러리명이 해머인 이유는 1980년대 후반 미국의 전설적인 래퍼인 'MC 해머'의 이름에서 빌어온 것입니다. 그의 대표곡이 'U can't touch this'이니 아주 적절한 작명이라 볼 수 있습니다.

hammer.js 홈페이지(http://hammerjs.github.io/)에서 자바스크립트 플러그인을 다운로드하거나 다음 CDN 주소를 스크립트의 소스 경로에 추가합니다. Hammer.js는 제이쿼리 플러그인(jquery.hammer.js)도 별도로 지원하기 때문에 선택적으로 사용해도 무방합니다.

hammer.js CDN 주소

```
<script src="https://cdnjs.cloudflare.com/ajax/libs/hammer.js/2.0.8/hammer.min.js"X/script>
```

이와 같이 작성한 코드를 문서의 〈head〉 영역에 추가합니다.

표 9-5 터치 제스처의 종류

제스처	설명
Rotate	손가락을 돌리는 제스처(수직 → 수평, 수평 → 수직)
Pinch	두 손가락을 터치한 상태에서 서로 거리를 조정
Press	화면에 손가락을 올려 둔 제스처
Pan	손가락을 누른 채 특정 방향으로 움직임
Tap	짧게 터치
Swipe	손가락을 특정 방향으로 빠르게 밀기

터치 객체 생성하기

이제 우리가 작성하는 코드에 Hammer.js를 적용해 보도록 하겠습니다.

```js
// 변수 선언부
(중략)...

var hammer = new Hammer(wrapper);
```

먼저 해머 터치 객체를 변수 선언부에 추가합니다. 매개 변수에는 터치 제스처를 적용할 문서 객체인 wrapper 변수를 지정합니다. 그다음 손가락을 사용해 특정 방향으로 페이지를 넘길 때(swipe 제스처 사용) 페이지를 이동하도록 터치 제스처 이벤트를 적용합니다.

> **⚠ 터치 제스처 적용 방법**
>
> ```
> var 변수명 = new Hammer(요소명);        ──①
> 변수명.on('터치 속성', 콜백 함수);       ──②
> ```
>
> 먼저 Hammer 객체를 생성(①)하고 새로 만들어진 객체 변수에 on( ) 메서드를 적용합니다. on( ) 메서드의 첫 번째 매개 변수에는 터치 제스처명을, 두 번째 매개 변수로는 콜백 함수(②)를 적용하면 됩니다.

그림 9-5 swipe 제스처와 page 이동 방향

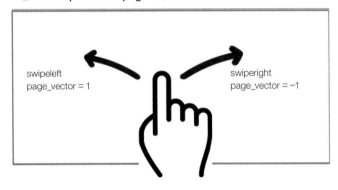

코드 9-13 터치 제스처 이벤트(main.js)

```js
// 터치 swipe left
hammer.on('swipeleft', function(e){        ──①
  // 인디케이터(페이지) 이동 범위 내이면
```

```
      if(indicator_num < indicator_length){ ————❷
        page_vector = 1; ————❸
      } else page_vector = 0;

      indicator_num += page_vector; ————❹
      change_page(indicator_num); ————❺
    });

    // 터치 swipe right
    hammer.on('swiperight', function(e){
      if(indicator_num > 1){
        page_vector = -1;
      } else page_vector - 0;

      indicator_num += page_vector;
      change_page(indicator_num);
    });
```

❶ hammer 객체 on 메서드의 첫 번째 매개 변수에 swipeleft(왼쪽으로 넘기기)를 적용합니다. swipe는 주로 손가락으로 페이지를 넘기는 제스처로 사용합니다.

❷ 인디케이터의 이동 범위는 페이지 개수 또는 인디케이터 목록 개수(indicator_length)의 범위 내에서 움직여야 합니다.

❸ 현재 터치 체스터의 방향은 왼쪽(swipeleft)이고, 다음 페이지를 지정하기 위해 페이지의 방향에 관한 변수 page_vector에 1(반대 방향은 −1)을 줍니다.

❹, ❺ 이 값을 다음 페이지로 이동하는 변수 값인 indicator_num에 더해(❹) change_page() 함수에 전달(❺)합니다.

나머지 swiperight에 대한 처리도 마찬가지이므로 참고합니다.

9.2.8 창 크기 변경 시 페이지 초기화

사용자가 중간에 창 크기(window)를 조절하는 경우에는 페이지 크기(page.offsetWidth) 또한 변경되므로 4면으로 접혀 있는 페이지 간의 간격이 서로 넓어지거나 좁아집니다. 그러므로 페이지 크기가 윈도우창과 같아지도록 크기에 보정 처리를 해야 합니다.

코드 9-14 창 크기 변경 시 페이지 초기화(main.js)

```js
(중략)

// 터치 swipe right
hammer.on('swiperight', function(e){...
});

// 창 크기 변경 시 페이지 초기화
window.onresize = function(){ ————————●
  init_page();
}
```

❶ window 객체의 'onresize'에 이벤트 핸들러를 적용해 사용자가 창 크기를 변경할 경우 페이지 초기화 함수를 호출해 위치를 보정합니다.

그림 9-6 페이지 초기화 전/후

초기화 전   초기화 후

9.3 자바스크립트 전체 코드 보기

[코드 9-15]는 지금까지 작성한 자바스크립트 코드 전체입니다.

코드 9-15 main.js

```js
// 변수 선언부
var wrapper = document.querySelector('.wrapper'),
  page = document.querySelectorAll('.page'),
  indicator = document.getElementById('indicator'),
  indicator_li = indicator.querySelectorAll('li');
```

```javascript
var yDeg = 0,
  indicator_num = 1,
  indicator_length = page.length,
  w = page[0].offsetWidth,
  page_angle = 0,
  page_vector = 0;

var hammer = new Hammer(wrapper);

// 페이지 초기화
function init_page(){
  w = page[0].offsetWidth;

  // 3D page 4면체 위치 정의
  for(var i = 0; i < page.length; i++){
    page[i].style.transform = 'rotateY(' + page_angle
               + 'deg) translateZ(' + (w/2) + 'px)';
    page_angle += 90;
  }

  // page wrapper 정면으로 초기화
  wrapper.style.transform = 'translateZ(' + (-w/2)
            + 'px) rotateY(' + yDeg + 'deg)';
}

// 인디케이터 초기화
function init_indicator(){
  // 인디케이터 표시
  for(var i = 0; i < indicator_length; i++){
    indicator.innerHTML += '<li>' + (i+1) + '</li>';
  }

  indicator_li = indicator.querySelectorAll('li'); // 목록
  change_page(indicator_num);
}

// 페이지 전환
function change_page(inum){
  // 현재 인디케이터 하이라이트 표시
  indicator_li[inum-1].setAttribute('class', 'active');
  yDeg = -90 * (inum - 1);
  wrapper.style.transform = 'translateZ(' + (-w/2) + 'px) rotateY('
            + yDeg + 'deg)';
```

```javascript
    // 인디케이터 표시
    for(var i = 0; i < indicator_li.length; i++){
      indicator_li[i].removeAttribute('class');
    }
    indicator_li[inum - 1].setAttribute('class', 'active');
}


/* ─────────────────────────────────────── */
init_page();
init_indicator();


/* ───────────── 이벤트 리스너 ───────────── */
for(var i = 0; i < indicator_li.length; i++){
  indicator_li[i].addEventListener('click', function(){
    indicator_num = parseInt(this.innerText);
    change_page(indicator_num);
  });
}

// 터치 swipe left
hammer.on('swipeleft', function(e){
  // 인디케이터(페이지) 이동 범위 내이면
  if(indicator_num < indicator_length){
    page_vector = 1;
  } else page_vector = 0;

  indicator_num += page_vector;
  change_page(indicator_num);
});

// 터치 swipe right
hammer.on('swiperight', function(e){
  if(indicator_num > 1){
    page_vector = -1;
  } else page_vector = 0;

  indicator_num += page_vector;
  change_page(indicator_num);
});

// 창 크기 변경 시 페이지 초기화
window.onresize = function(){
  init_page();
}
```

9.4 연습 문제

문제 1. 버튼 클릭 시 해당 방향으로 박스가 10도씩 회전하도록 하고 박스를 좌우 패닝으로 직접 터치 (pan)할 때도 마찬가지로 회전하도록 기능을 구현하세요.

※ 힌트: transform 속성, 터치 라이브러리의 panleft, panright 제스처 활용

```
<div id="box">
  <h1>box</h1>
</div>
<button id="left">rotate left</button>
<button id="right">rotate right</button>
```

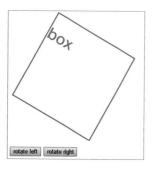

9.5 마치며

이 장에서는 데스크톱 윈도 배경과 같은 UI 구현 방법을 실습했습니다. 4개의 페이지를 구성하고 3D 전환 기능을 구현하기 위해 CSS3의 트랜스폼(변형) 기능을 활용했습니다. 페이지 전환을 위한 콘트롤은 모든 입력 장치를 지원하도록 했는데, 먼저 인디케이터(버튼)를 통한 페이지 전환뿐만 아니라 마우스 드래그와 터치(패닝)를 모두 구현해 사용자 접근성을 향상시켰습니다. 마지막으로 모든 기능을 처음부터 구현하는 것은 현실적으로 어려우므로 외부 라이브러리를 잘 활용하는 것도 개발의 생성성에 도움이 된다는 점을 기억하기 바랍니다.

읽을거리: 데스크톱 GUI의 변천사

GUI의 기반에서 UI의 3대 요소는 흔히 창이라고 불리우는 윈도, 파일을 담는 폴더 그리고 애플리케이션을 상징하는 대상인 아이콘입니다. 사실 윈도 기반의 GUI는 애플에서 먼저 나온 것으로 알려져 있지만 1981년 제록스에서 가장 먼저 등장했습니다.

그림 9-7 Xerox 데스크톱 PC용 GUI(1981)

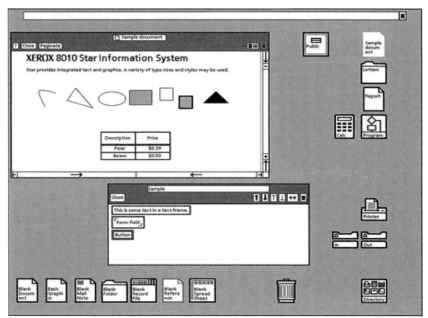

제록스는 1970년대에 이미 개인용 컴퓨터를 설계하고 구축했으며 OS 시스템인 스타를 공개합니다. 하지만 당시에는 너무 앞선 기술이었는지 크게 성공하지 못했습니다. 이후 애플의 개인용 PC인 매킨토시에서 비로소 상업적인 성공을 거두게 되었고, 마이크로소프트도 윈도우즈 OS를 발표하며 모든 플랫폼에서 사용자 환경으로 표준화됩니다.

그림 9-8 MacOS(1984)

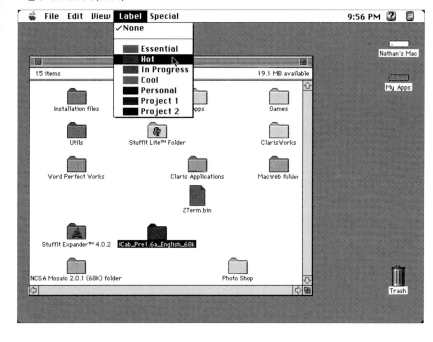

CHAPTER 10

프로젝트 5: 다이내믹 배너

신문이나 잡지 등의 배너 광고와 마찬가지로 웹 배너는 온라인 광고의 가장 중요한 수단입니다. 특히 이용자가 많은 상업 페이지의 경우 배너의 위치나 크기에 따라 광고비가 천차만별이기도 합니다.

배너 광고는 많은 사용자에게 노출되는 것이 중요하며, 궁극적인 목표는 사용자가 배너를 클릭해 광고주의 웹 사이트로 방문하도록 유도하는 것입니다. 한때는 자바스크립트를 이용한 팝업창 광고도 유행했는데, 무분별한 사용으로 사용자에게 피해를 입히는 경우가 많아 근래에는 권장하지 않습니다. 웹 브라우저에서도 기본적으로 팝업 차단 기능을 제공하고 있습니다.

웹 배너의 종류는 크게 단순 이미지로 제작된 정적인 배너와 과거에 주로 쓰던 플래시로 제작된 인터랙티브한 배너로 나뉩니다. 웹 특성에 맞게 멀티미디어 요소를 활용하거나 사용자와 상호작용할 수 있는 배너로 제작(제작비 상승은 덤)된다면 더욱 좋은 효과를 기대할 수 있습니다.

10.1 개요

배너는 자체적으로 열기/닫기 버튼(❷)이 지원되며 배경 음악을 제어하기 위한 사운드 on/off 버튼(❶)도 필요합니다. 사운드 기능은 기본적으로 꺼져 있도록 설정합니다. 예를 들어, 시각 장애인은 웹 사이트의 정보를 음성으로 들으므로 배너의 소리가 접근성을 방해할 수 있기 때문입니다. 이는 웹 사이트가 일반인만을 위해 제공되는 정보가 아니라는 취지에서 비롯된 것으로, 웹이 시작되었을 때부터 중요하게 여겼던 접근성[accessibility]과 보편성[universality]이라는 가치에 그 기반을 두고 있습니다.

주요 구성

배너 전체 영역
클릭 시 광고주
사이트로 이동

사운드 on/off 버튼

풍선 스프라이트
배너 내에서 움직이는
풍선 애니메이션 객체

배너 열기/닫기 버튼
토글 기능을 하며
배너를 닫으면 열기
버튼만 표시됩니다.

https://csslick.github.io/banner/

작업 순서

단계	작업 내용
1	HTML과 CSS
2	변수 선언
3	풍선 객체 생성 및 초기화
4	풍선 애니메이션
5	배경 음악 처리 및 토글 버튼
6	배너 열기/닫기 토클 버튼
7	자바스크립트로 배너 링크하기
8	이벤트 버블링 차단

10.2 구현하기

먼저 HTML과 CSS로 다이내믹 배너의 기본 골격과 디자인을 구성합니다.

10.2.1 HTML과 CSS

HTML 코드 중 figure 요소는 HTML5의 시맨틱 요소이며, 이미지 등의 콘텐츠를 담는 틀을 의미합니다. figure 요소 안의 img 요소는 배너 내부에서 애니메이션되는 풍선 스프라이트 이미지(動畫)입니다.

코드 10-1 풍선 스프라이트 이미지(index.html)

```
HTML
<div id="banner_wrap">
  <figure id='banner' class="active">─────────────❶
    <!─ 스프라이트 이미지 ─>
    <img src='images/balloon1.png' alt='h'>
    <img src='images/balloon2.png' alt='e'>
    <img src='images/balloon3.png' alt='l'>
    <img src='images/balloon4.png' alt='l'>
    <img src='images/balloon5.png' alt='o'> <!─ x2 ─>
    <input id='sound_btn' type='image' src='images/sound_off.png' alt='sound'>─────❷
  </figure>
  <a id="toggle" href="#">배너 닫기</a>─────────────❸
</div>
```

❶ figure 요소 안의 클래스 active는 배너를 표시/비표시하기 위한 속성으로, 기본 표시 상태(active)로 설정합니다.

❷ 이미지 버튼을 이용해 사운드 토글 버튼을 정의합니다.

❸ 배너 열기/닫기 토글 버튼을 정의합니다. 배너의 바깥쪽(오른쪽 아래)에 표시됩니다.

이번에는 배너의 CSS 코드를 살펴보겠습니다.

코드 10-2 배너의 스타일 작성(style.css)

```
CSS
*{ margin: 0; }
#banner_wrap{
  position: relative;
  width: 600px;
}

/* 배너 표시 상태 */
#banner.active{
```

```css
    height: 190px;  ————————❶
    border: 1px solid #ccc;
}


/* 배너 비표시 상태 */
#banner{
    width:600px;
    height: 0px;  ————————❷
    position: relative;
    overflow: hidden;
    background: url('images/bg.png');
    border-bottom: 1px solid #666;
    border-top: 1px solid #ccc;
    box-sizing: border-box;
    transition-duration: 0.5s;  ————————❸
}
#banner:hover{
  cursor: pointer;  // 커서 모양 변경
}
#banner img{
    display: block;
    position: absolute;  ————————❹
}


/* 사운드 on/off 버튼 */
#sound_btn{
  position: absolute;
  left: 10px;
  bottom: 10px;
  outline: none;
}


/* 배너 열기/닫기 버튼 */
#toggle{
  position: absolute;
  right: 0;
  bottom: -16px;
  background: #666;
  color: white;
  font-size: 12px;
  padding: 0 5px;
  text-decoration: none;
}
#toggle:hover{ text-decoration: underline; }
```

❶, ❷ #toggle 버튼 클릭 시 자바스크립트에서 클래스 유무(.active)에 따라 배너의 표시 처리(❶) 또는 비표시 처리(❷)를 합니다. 열고 닫는 처리는 배너의 높이 값을 조절하는 방식으로 합니다.

❸ 부드러운 열고 닫기(슬라이드 다운/업) 효과를 위해 CSS3 transition 속성을 적용했습니다.

❹ 풍선으로 표시될 이미지 요소에는 좌표계를 지정하기 위해 position 속성을 추가했습니다.

10.2.2 변수 선언

앞서 구성 요소에서 보았던 바와 같이 배너에서 사용하는 변수를 선언합니다.

코드 10-3 변수 선업부(main.js)

```js
var banner = document.getElementById('banner'),      // ❶ 배너 본체
    img = banner.getElementsByTagName('img'),        // ❷ 풍선 스프라이트 이미지 객체
    toggle = document.getElementById('toggle'),      // ❸ 배너를 열고 닫는 토글 버튼 객체
    sound_btn = document.getElementById('sound_btn'); // ❹ 사운드를 끄고 켜는 토글 버튼 객체

var banner_height = getComputedStyle(banner).height;  // ❺ 배너의 높이 값 변수
var cast = []; // ❻ 풍선 스프라이트 객체를 정의할 배열
```

배너의 높이 값 구하기

배너의 높이 값을 구하는 이유는 풍선이 떨어질 때 풍선이 배너 밖으로 나갔는지 아닌지를 판단하기 위해서입니다. 이를 판단하려면 먼저 배너의 높이 값을 구해야 합니다. 이에 대한 자세한 설명은 뒤에서 하기로 하고 우선 배너의 높이 값을 어떻게 구하는지 설명하겠습니다.

자바스크립트에서 CSS 속성 변경은 element.style을 사용하지만 반대로 속성 값을 읽을 때는 인라인 스타일 속성(태그 내에 작성된 스타일)만 읽는 것이 가능합니다. 태그 밖에서 작성된 CSS 속성(style 또는 link 등)은 전역 객체(window)인 getComputedStyle() 메서드(❺)를 사용해야 합니다.

> ⚠️ **전역 객체**
>
> 자바스크립트에서 최상위 객체를 의미하며 웹 브라우저에서는 window 객체가 최상위 전역 객체입니다. 따라서 모든 객체와 속성은 window 객체의 자손으로 구성됩니다. 하지만 현재의 모던 자바스크립트는 웹 브라우저뿐만 아니라 파이썬이나 자바와 같이 여러 런타임 환경에서 사용됩니다. 예를 들면 서버 환경인 node.js에서도 지바스크립트를 사용하기 때문에 이때는 전역 객체가 window가 아닌 global이라는 이름을 갖습니다. 전역 객체는 생략할 수 있으므로 굳이 명시하지 않아도 됩니다.

10.2.3 풍선 객체 생성 함수 set_balloon( )

앞에서 cast[ ] 배열 변수를 만들었는데, 먼저 여기에 풍선과 관련된 속성을 객체로 정의한 후 필요한 개수만큼 풍선 객체를 배열에 추가합니다. 풍선은 함수의 매개 변수 num을 통해 인덱스 번호를 전달받아 여러 개의 배열로 저장하도록 합니다.

코드 10-4 **풍선 객체 생성(main.js)**

```js
// 풍선 객체 생성 함수
function set_balloon(num){
  // ❶ 풍선의 속성 값을 랜덤으로 생성
  var x = Math.floor(Math.random() * (500 - 10) + 10),  // 10에서 500 사이의 값
      y = Math.floor(Math.random() * (400 - 120) + 120),
      size = Math.floor(Math.random() * (200 - 100) + 100),
      angle = Math.floor(Math.random() * (360 - 0) + 0),
      speed = Math.random() * (2 - 0) + 0;

  // 풍선 객체
  cast[num] = {
    x: x,           // ❷ 풍선의 x 좌표
    y: -y,          // ❸ 풍선의 y 좌표(배너 상단 밖에서 출현하므로 -값 적용)
    size: size,     // ❹ 풍선의 크기
    angle: angle,   // ❺ 풍선의 초기 회전 각도 값
    speed: speed    // ❻ 풍선이 떨어지는 속도
```

```
    };
  }
```

다음은 풍선 객체에 대한 속성 설명입니다. 총 5가지의 속성을 객체로 정의했으며, 함수를 호출해 풍선이 생성될 때마다 랜덤 메서드(❶)로 서로 다른 속성이 적용되도록 했습니다.

> ⚠ **random( ) 메서드로 난수 값 구하기**
>
> ❶에서 Math 객체의 random( ) 메서드로 난수를 발생시켜 풍선의 속성 값을 생성했습니다. Math 객체는 수학과 관련된 속성과 메서드를 제공합니다. 그중 random( ) 메서드는 난수를 발생시킬 때 실수 값으로 반환되기 때문에 Math.floor( ) 메서드를 이용해 정수 값으로 변환했습니다. Math.floor( ) 메서드는 소수점 이하를 버리고 정수형으로 반환합니다.

표 10-1 **Math 객체**

메서드명	설명
Math.random( )	임의의 난수를 발생(0에서 1 사이의 실수)
Math.floor(num)	소수점 이하를 버리고 정수 값 반환
Math.ceil(num)	소수점 올림 후 정수 값 반환
Math.round(num)	소수점 반올림 후 정수 값 반환

[코드 10-5]는 1부터 10까지 난수를 발생시키는 예제입니다.

코드 10-5 **난수 발생**

```
// 1부터 10까지 난수 발생
var r  = Math.random() * 10 + 1;  // ❶
document.write(r + '<br>');        // 6.909886262642116
document.write(Math.floor(r) + '<br>'); // 6
document.write(Math.ceil(r) + '<br>');  // 7
document.write(Math.round(r) + '<br>'); // 7
```

❶ random( ) 메서드에 곱한 숫자만큼 난수가 발생합니다. 난수의 범위는 0부터 시작하므로 1을 더해야 합니다.

이번에는 난수를 발생시키는 범위를 지정해 봅니다.

코드 10-6 최솟값, 최댓값 범위의 난수 발생

```
// 10에서 500 사이의 난수 발생
var min = 10,
    max = 500;
var r = Math.floor(Math.random() * (max - min) + min);
document.write(r + '<br>');
```

10.2.4 풍선 객체 초기화 함수 ball_init( )

앞서 set_balloon( ) 메서드에서 정의한 풍선 객체의 속성을 개별적으로 생성하기 위한 초기화 함수입니다.

코드 10-7 풍선 객체 초기화(main.js)

```
// 풍선 객체 생성 함수
function set_balloon(num){...
}

// 풍선 객체 초기화 함수
function ball_init(){
  for(var i = 0; i < img.length; i++){        ━━━━━━❶
    set_balloon(i);
    img[i].style.left = '-9999px';    // ❷ 풍선의 x 좌표
    img[i].style.top = '-9999px';     // ❷ 풍선의 y 좌표
  }
}

ball_init();
```

❶ 문서에 지정된 이미지 개수(img.length)만큼 set_balloon( ) 메서드로 풍선을 생성합니다.

❷ 초기 화면에서 풍선이 화면 내에 표시되지 않도록 화면 밖 임의의 좌표 값을 지정합니다.

그림 10-1 cast 배열에 생성된 풍선 객체(크롬 콘솔창)

10.2.5 풍선 애니메이션 함수 animate_balloon( )

풍선 객체의 애니메이션을 위해 모양, 움직임과 관련된 속성을 변경하고 풍선이 떨어지는 범위
를 판단해 갱신하는 함수입니다.

코드 10-8 풍선 애니메이션(main.js)

```js
// 풍선 객체 초기화 함수
function ball_init(){...
}

// 풍선 애니메이션 함수
function animate_balloon(){
  for(var i = 0; i < img.length; i++){
    // ❶ 풍선 속성 변경
    img[i].style.left = cast[i].x + 'px';   // x 좌표
    img[i].style.top = cast[i].y + 'px';    // y 좌표
    img[i].style.transform = 'rotate(' + cast[i].angle + 'deg)';   // 회전

    // 풍선이 화면 안에 있으면
    if(cast[i].y < parseInt(banner_height)){            ❷
```

```
            cast[i].y += 1 + cast[i].speed;
            cast[i].angle += cast[i].speed;
        } else{  // ❸ 풍선이 화면 밖으로 나가면
            set_balloon(i); ─────────❹
        }
    }  // end for
}  // end move_balloon()
```

❶ 풍선 객체(cast[ ])에 지정된 속성 값을 반복문을 이용해 문서 내의 모든 풍선 이미지 객체(img[ ])에 적용해 변경하도록 합니다. 풍선의 x, y 좌표에 해당하는 left, top 속성과 transform 속성의 rotate() 함수로 회전 속성 값을 적용합니다. style 객체에 속성 값 적용 시 반드시 'px' 문자 값이 함께 포함돼야 함을 주의합니다.

풍선의 출현과 소멸 처리

풍선이 화면에서 나타나고 사라지는 화면 처리(❷, ❸, ❹)를 살펴보겠습니다.

그림 10-2 풍선의 출현과 소멸

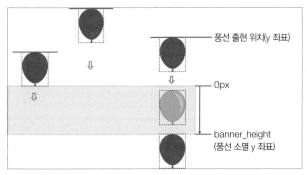

풍선이 출현하는 y 좌표는 앞서 set_balloon() 함수에서 랜덤 함수로 생성된 cast[i].y 객체의 속성 값입니다. 풍선 객체가 생성될 때마다 random() 메서드에 의해 배너 상단의 최댓값, 최솟값(400, 120)의 범위(실제 좌표 값은 음수로 적용해야 함)에서 임의로 출현합니다.

```
y = Math.floor(Math.random() * (400 - 120) + 120)
```

풍선의 y 좌표가 banner_height보다 작을 경우(❷) 풍선은 화면 안에 있는 것이므로 계속 하강합니다. 풍선의 y 좌표가 배너의 높이 값(banner_height)보다 크면 풍선은 배너 화면을 완전히 벗어나므로(❸) set_balloon() 함수로 해당 풍선 객체의 위치를 초기화(❹)합니다.

```
cast[i].y += 1 + cast[i].speed;
cast[i].angle += cast[i].speed;
```

풍선이 하강할 때의 기본 낙하 값은 1(px)이지만, 객체마다 다른 speed 값을 적용하므로 낙하하는 속도가 각각 달라집니다. 풍선을 회전시키는 angle 속성에도 마찬가지로 적용합니다.

```
img[i].style.transform = 'rotate(' + cast[i].angle + 'deg)';
```

풍선에 대한 회전 처리는 CSS3의 transform 속성에 있는 rotate() 함수를 사용합니다. 다음 메서드를 참고합니다.

표 10-2 transform 주요 메서드

메서드명	예	설명
rotate(deg)	rotate(180deg)	180도 회전
translate(x, y)	translate(100px, 100px)	좌표 이동
scale(x,y)	scale(2, 0.5)	수평으로 2배 확대, 수직으로 1/2 축소
skew(x_deg, y_deg)	skew(30deg, 30deg)	x 축 30deg 비틀기, y 축 30deg 비틀기

애니메이션 실행하기

애니메이션을 처리하기 위해서는 매초 일정하게 프레임이 재생되도록 처리해야 합니다. 여기서는 setInterval() 함수를 이용해 구현합니다.

코드 10-9 풍선 애니메이션(main.js)

```js
// 풍선 애니메이션 함수
function animate_balloon(){...
}  // end move_balloon()

/* ───────────────────────────────────────── */
// 메인
```

```
ball_init();
setInterval(function(){ animate_balloon(); }, 1000/30);  ──────────①
```

① setInterval() 함수를 이용해 일정 시간 간격으로 animate_balloon() 메서드를 실행합니다. 애니메이션은 초당/프레임(frame) 단위로 동기적으로 처리해야 합니다. 따라서 두 번째 매개 변수에 애니메이션 함수가 반복 호출될 시간 값을 지정합니다. 1초는 1,000ms이고 30으로 나누면 1/30초마다 함수를 호출하는 것이므로 초당 30프레임으로 애니메이션을 동작하는 것입니다.

> ⚠ **프레임(frame)**
>
> 부드러운 애니메이션을 구현하기 위해서는 최소 초당 15프레임 이상은 되어야 합니다. 우리가 보는 일반적인 동영상은 24프레임 또는 30프레임을 사용합니다. 컴퓨터에서 처리되는 화면의 경우 화면에 렌더링되는 요소가 많아지면 처리 시간이 늘어나므로 사양에 따라 프레임을 조절하기도 합니다.

10.2.6 배경 음악 처리 bgm_init( )

HTML5의 Audio 또는 Video 객체를 이용하면 외부 플러그인 없이 웹 페이지에서 멀티미디어 파일을 재생할 수 있습니다. HTML 문서에서 audio 요소를 지정하고 재생 관련 옵션은 자바스크립트로 제어하면 되는데, 여기서는 자바스크립트로 Audio 객체를 직접 정의해 보도록 하겠습니다. [코드 10-10]에서 bgm_init() 함수를 추가합니다.

코드 10-10 배경 음악(main.js)

```
JS
// 풍선 애니메이션 함수
function animate_balloon(){...
}  // end move_balloon()

function bgm_init(){
    var bgm = new Audio();            ──────────①
    bgm.src = 'images/bgm.mp3';        ──────────②
    bgm.loop = true;                   ──────────③
    document.body.appendChild(bgm);    ──────────④
}
```

```
/* ─────────────────────────────────────── */
// 메인
ball_init();
setInterval(function(){ animate_balloon(); }, 1000/30);
bgm_init();  ────────❺
```

❶ Audio 객체에서 새로운 Audio 객체 bgm을 생성합니다.

❷ Audio 객체(bgm)의 src 속성으로 오디오 파일의 URL을 지정할 수 있습니다.

❸ 음악이 자동 반복되도록 설정(true)합니다.

❹ appendChild() 메서드로 문서(body) 안에 Audio 객체 bgm을 추가합니다. Audio 객체에는 오디오 제어를 위해 [표 10-3]과 같은 속성과 메서드를 제공하고 있습니다.

❺ 배경 음악 초기화 함수를 호출합니다.

표 10-3 Audio 객체 주요 속성과 메서드

이름	구분	설명
src	속성	파일 URL, MP3(MPEG-Layer 3)을 표준 지원
loop	속성	반복 여부(true/false)
autoplay	속성	자동 재생(true/false)
currentTime	속성	현재 위치
duration	속성	길이
play()	메서드	재생
pause()	메서드	일시 정지

그림 10-3 Audio 객체 추가

> ⚠️ **appendChild( ) 메서드**
>
> 객체를 생성해 지정된 문서 객체 내에 마지막 자식 요소를 추가할 수 있습니다. 다음은 createElement( ) 메서드로 문서 객체를 li를 생성한 후, appendChild( ) 메서드로 추가하는 예제입니다.

[코드 10-11]은 appendChild( ) 메서드로 부모 요소 내에 자식 요소를 추가하는 예시입니다.

코드 10-11 **appendChild( ) 메서드로 자식 요소 추가**

```
<body>
  <ul id="list">
    <li>first</li>
    <li>second</li>
  </ul>

  <script>
    var list = document.getElementById('list');
    var li = document.createElement('li');     // 문서 객체 추가

    li.innerHTML = 'new list';          // li 객체에 text 추가
    list.appendChild(li);               // 목록에 li 객체 추가
  </script>
</body>
```

실행 결과

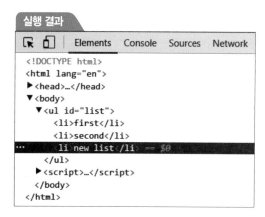

226 자바스크립트 프로젝트북

10.2.7 배경 음악 토글 버튼

현재는 배경 음악이 재생되지 않습니다. 오디오 객체의 play() 메서드로 사운드를 재생할 수 있으므로 사운드 버튼을 클릭(이벤트 핸들러)하면 오디오가 재생 또는 정지하도록 토글 기능을 추가합니다.

코드 10–12 배경 음악 on/off 토글 버튼(main.js)

```js
/* ──────────────────────────────────────── */
// 메인
ball_init();
setInterval(function(){ animate_balloon(); }, 1000/30);
bgm_init();

/* ──────────────────────────────────────── */
// 사운드 버튼 이벤트 핸들러
sound_btn.onclick = function(){
  var attr = sound_btn.getAttribute('class');          // 사운드 버튼의 class 속성
  var bgm = document.getElementsByTagName('audio');    // audio 객체

  if(attr == 'active'){ ───────────❶
    // 사운드 off
    sound_btn.removeAttribute('class');      // 클래스 제거
    sound_btn.setAttribute('src', 'images/sound_off.png');  // 버튼 이미지 교체
    bgm[0].pause();  // bgm 정지
  } else{ ───────────❷
    // 사운드 on
    sound_btn.setAttribute('class', 'active');
    sound_btn.setAttribute('src', 'images/sound_on.png');
    bgm[0].play();  // bgm 재생
  }
}
```

❶ Audio 객체의 클래스가 'active'인 경우 class를 제거하고 사운드를 해제합니다.

❷ 'active'가 아닌 경우 클래스 'active'를 추가하고 버튼 이미지 변경 및 bgm을 재생합니다.

audio off   audio on

10.2.8 배너 열기/닫기 토글 버튼

오른쪽 아래의 배너 열기/닫기 버튼을 통해 배너가 표시/비표시되도록 처리하는 버튼의 이벤트 핸들러 영역입니다.

코드 10-13 배너 열기/닫기 토글 버튼(main.js)

```js
sound_btn.onclick = function(){...
}

// 배너 열기/닫기 버튼 이벤트 핸들러
toggle.onclick = function(){
  var attr = banner.getAttribute('class');  // 배너 객체 class 속성

  if(attr == 'active'){
    // 배너 닫기
    banner.removeAttribute('class');
    toggle.innerHTML = '배너 열기';     // 버튼 text 변경
    return false; ————————————❶
  } else{
    // 배너 열기
    banner.setAttribute('class', 'active');
    toggle.innerHTML = '배너 닫기';
    return false;
  }
};
```

❶ return false가 추가된 이유는 버튼 객체가 〈a〉요소이기 때문에 클릭 시 문서가 이동되는 기본 이벤트가 발생하기 때문입니다. 〈a〉요소의 href 속성 값에 해시(#)가 들어가면 내부 문서 이동으로 판단하고 문서의 위치 이동이 발생하므로 이를 방지하는 데 필요합니다.

그림 10-5 **배너가 열려 있을 때**

그림 10-6 **배너가 닫혀 있을 때**

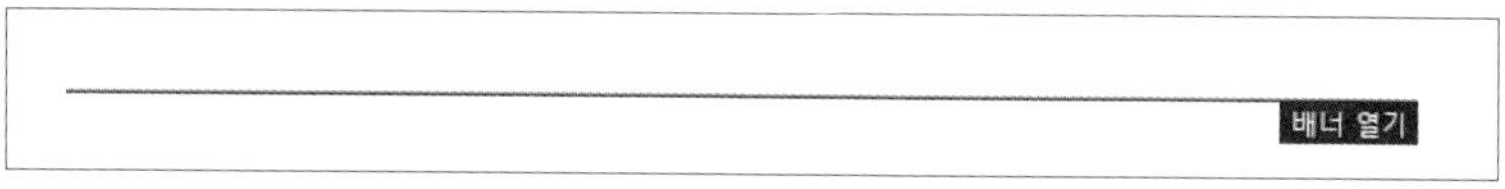

10.2.9 자바스크립트로 배너 링크

마지막으로, 박스로 구성된 배너 영역 전체를 HTML의 〈a〉요소를 이용하지 않고 자바스크립트로 하이퍼링크를 처리하도록 하겠습니다. 자바스크립트에서 하이퍼링크를 처리하는 방법은 두 가지입니다. location 객체를 이용하는 방법과 window 객체를 이용하는 방법입니다.

코드 10-14 **배너 링크(main.js)**

```js
// 배너 열기/닫기 버튼 이벤트 핸들러
toggle.onclick = function(){...
};

// 배너 링크 처리
banner.onclick = function(){
  window.open('https://csslick.github.io/', '_blank');  // ❶ 새 창 열기
}
```

window.open( ) 메서드 안의 첫 번째 매개 변수는 URL, 두 번째 매개 변수는 창 열기 옵션입니다. '_blank'는 새 창을 열기 위한 옵션으로, HTML의 target 속성과 동일합니다.

표 10-4 새 창 열기 및 하이퍼링크

이름	구분	설명
window.open(url, option)	메서드	새로운 창을 열기
		option: _black(새 창), _self(현재 창)
location.href = URL	속성	현재 페이지에서 지정된 URL로 이동

일반적으로 단순한 페이지 이동일 경우 location.href 속성을 사용할 수 있습니다. 하지만 현재 페이지에서만 이동되기 때문에 새로운 창에서 열 때에는 window.open( ) 메서드를 이용해 창 열기 option을 지정할 수 있습니다.

10.2.10 이벤트 버블링 차단 event.stopPropagation( )

배너와 사운드 버튼은 모두 같은 클릭 이벤트가 적용되어 있는데, 여기에는 한 가지 문제가 있습니다. 사운드 버튼(자식 요소)이 배너 영역 안에 있기 때문에 클릭하면 부모 요소인 배너의 클릭 이벤트에도 영향을 미쳐 사운드만 토글되는 것이 아니라 창이 열리는 동작까지 발생합니다. 이러한 현상을 '이벤트 버블링'이라고 합니다.

코드 10-15 이벤트 버블링 차단

```
// 사운드 버튼 이벤트 핸들러
sound_btn.onclick = function(event){  // ❶ 매개 변수 추가
  var attr = sound_btn.getAttribute('class');
  var bgm = document.getElementsByTagName('audio');

  if(attr == 'active'){...
  } else{...
  }
  event.stopPropagation();  // ❷ 이벤트 버블링 차단
}
```

그림 10-7 **이벤트 버블링**

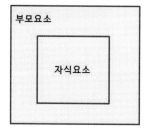

그림 10-8 **이벤트 버블링 차단**

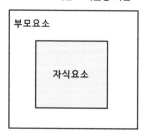

사운드 버튼 클릭 시의 이벤트 전파를 방지하기 위해서는 event.stopPropagation() 메서드를 사용(❷)합니다. 그리고 이벤트 객체를 전달받기 위해 함수에 같은 이름의 매개 변수를 추가(❶)합니다.

10.2.11 자바스크립트 전체 코드 보기

[코드 10-16]은 지금까지 작성한 자바스크립트 코드 전체입니다.

코드 10-16 **main.js**

```js
var banner = document.getElementById('banner'),     // 배너 본체
    img = banner.getElementsByTagName('img'),        // 스프라이트 이미지
    toggle = document.getElementById('toggle'),      // 배너 토글 버튼
    sound_btn = document.getElementById('sound_btn'); // 사운드 토글 버튼

// 배너의 높이 값 변수
var banner_height = getComputedStyle(banner).height;
var cast = []; // 풍선 객체
```

```javascript
// 풍선 객체 생성 함수
function set_balloon(num){
    // 풍선의 속성 값을 랜덤으로 생성
    var x = Math.floor(Math.random() * (500 - 10) + 10),
        y = Math.floor(Math.random() * (400 - 120) + 120),
        size = Math.floor(Math.random() * (200 - 100) + 100),
        angle = Math.floor(Math.random() * (360 - 0) + 0),
        speed = Math.random() * (2 - 0) + 0;

    // 풍선 객체
    cast[num] = {
        x: x,          // x좌표
        y: -y,         // y좌표
        size: size,        // 크기
        angle: angle,      // 각도
        speed: speed       // 속도
    };
}


// 풍선 객체 초기화 함수
function ball_init(){
    for(var i = 0; i < img.length; i++){
        // 풍선 객체들의 속성 초기화
        set_balloon(i);
        img[i].style.left = '-9999px';  // 풍선의 x 좌표
        img[i].style.top = '-9999px';   // 풍선의 y 좌표
    }
}


// 풍선 애니메이션 함수
function animate_balloon(){
    for(var i = 0; i < img.length; i++){
        // 풍선 속성 변경
        img[i].style.left = cast[i].x + 'px';  // x 좌표
        img[i].style.top = cast[i].y + 'px';   // y 좌표
        img[i].style.transform = 'rotate(' + cast[i].angle + 'deg)';  // 회전

        // 풍선이 화면 안에 있으면
        if(cast[i].y < parseInt(banner_height)){
            cast[i].y += 1 + cast[i].speed;
            cast[i].angle += cast[i].speed;
        } else{  // 풍선이 밑으로 나가면
            set_balloon(i);
```

```
        }
    }  // end for
}  // end move_balloon()

function bgm_init(){
    var bgm = new Audio();  // 오디오 객체를 생성
    bgm.src = 'images/bgm.mp3';
    bgm.loop = true;
    document.body.appendChild(bgm);  // 문서에 오디오 객체 추가
}

/* ─────────────────────────────────────────── */
// 메인
ball_init();
setInterval(function(){ animate_balloon(); }, 1000/30);
bgm_init();

/* ─────────────────────────────────────────── */
// 사운드 버튼 이벤트 핸들러
sound_btn.onclick = function(event){
    var attr = sound_btn.getAttribute('class');           // 사운드 버튼의 class 속성
    var bgm = document.getElementsByTagName('audio');  // audio 객체

    if(attr == 'active'){
        // 사운드 off
        sound_btn.removeAttribute('class');
        sound_btn.setAttribute('src', 'images/sound_off.png');  // 버튼 이미지 교체
        bgm[0].pause();
    } else{
        // 사운드 on
        sound_btn.setAttribute('class', 'active');
        sound_btn.setAttribute('src', 'images/sound_on.png');
        bgm[0].play();
    }
    event.stopPropagation();
}

// 배너 열기/닫기 버튼 이벤트 핸들러
toggle.onclick = function(){
    var attr = banner.getAttribute('class');

    if(attr == 'active'){
        // 배너 닫기
        banner.removeAttribute('class');
```

```
        toggle.innerHTML = '배너 열기';
        return false;
      } else{
        // 배너 열기
        banner.setAttribute('class', 'active');
        toggle.innerHTML = '배너 닫기';
        return false;
      }
    };

    // 배너 링크 처리
    banner.onclick = function(){
      window.open('https://csslick.github.io/', '_blank');
    }
```

10.3 jQuery 코드로 변환하기

제이쿼리로 변환한 부분은 선택자와 반복문 및 몇몇 특정 메서드의 사용을 제외하고는 크게 다른 점이 없습니다. 제7장에서 제이쿼리로 이식하는 부분을 다루었기 때문에 중복되는 부분의 설명은 생략하고 주요 부분만 정리했습니다.

코드 10-17 **변수 선언부(main_jq.js)**

`JS`

```
var $banner = $('#banner'),          // 배너 본체
    $img = $banner.find('img'),       // 스프라이트 이미지
    $toggle = $('#toggle'),           // 배너 토글 버튼
    $sound_btn = $('#sound_btn');     // 사운드 토글 버튼

// 배너의 높이 값 변수
var $banner_height = $banner.css('height');
var cast = []; // 풍선 객체
```

제이쿼리 선택자로 문서 객체의 변수를 지정하고 변수명 앞에 제이쿼리 객체 변수임을 구분하기 위해 $을 추가했습니다.

코드 10-18 풍선 객체 초기화

```
// 풍선 객체 생성 함수
function set_balloon(num){...
}

function ball_init(){
    $img.each(function(i){        ———————————❶
        // 풍선 객체들의 속성 초기화
        set_balloon(i);
        $img.eq(i)               ———————❷
            .css('left', '-9999px')        // 풍선의 x 좌표
                .css('top', '-9999px');    // 풍선의 y 좌표
    });
}
```

❶ 자바스크립트의 for문을 제이쿼리의 each() 메서드로 단순화하고 스타일 속성 또한 css()
메서드로 변경했습니다.

❷ 함수의 매개 변수 i는 배열 인덱스 번호이며, eq() 메서드에 풍선 객체($img)의 배열 값으
로 전달합니다. css() 메서드는 $img 객체에 여러 메서드를 연결한 것(메서드 체이닝)이며,
가독성을 위해 줄 내림을 해 한 줄씩 표기할 수 있습니다.

코드 10-19 풍선 애니메이션 함수

```
// 풍선 애니메이션 함수
function animate_balloon(){
    $img.each(function(i){
        // 풍선 속성 변경
        $img.eq(i)
            .css('left', cast[i].x + 'px')  // x 좌표
            .css('top', cast[i].y + 'px')    // y 좌표
            .css('transform', 'rotate(' + cast[i].angle + 'deg)');  // 회전

        // 풍선이 화면 안에 있으면
        if(cast[i].y < parseInt($banner_height)){
            cast[i].y += 1 + cast[i].speed;
            cast[i].angle += cast[i].speed;
        } else{   // 풍선이 밑으로 나가면
            set_balloon(i);
        }
```

```
  });  // end each()
}  // end move_balloon()
```

마찬가지로 반복문은 제이쿼리의 each() 메서드로 변경했습니다. 나머지 부분도 크게 다르지 않습니다.

코드 10-20 BGM 초기화 함수 및 메인 호출부

```
function bgm_init(){
  var bgm = new Audio();       // 오디오 객체를 생성
  bgm.src = 'images/bgm.mp3';
  bgm.loop = true;
  $('body').append(bgm);       // ❶ 문서에 오디오 객체 추가
}

/* ──────────────────────────────────────── */
// 메인
ball_init();
setInterval(function(){ animate_balloon(); }, 1000/30);
bgm_init();
```

❶ 제이쿼리 appen() 메서드를 사용해 문서에 bgm(Audio) 객체를 추가했습니다.

코드 10-21 사운드 버튼

```
// 사운드 버튼 이벤트
$sound_btn.click(function(event){
  var attr = $(this).attr('class'); // 사운드 버튼의 class 속성
  var bgm = $('audio');  // audio 객체

  if(attr == 'active'){
    // 사운드 off
    $(this).removeAttr('class');
    $(this).attr('src', 'images/sound_off.png');  // 버튼 이미지 교체
    bgm[0].pause();
  } else{
    // 사운드 on
    $(this).attr('class', 'active');
    $(this).attr('src', 'images/sound_on.png');
    bgm[0].play();
```

```
      }
    event.stopPropagation();
  });
```

속성 읽기나 변경에 해당하는 제이쿼리의 attr() 메서드로 코드를 대체했습니다.

코드 10-22 배너 버튼 및 링크

```
$toggle.click(function(){
  var attr = $banner.attr('class');

  if(attr == 'active'){
    // 배너 닫기
    $banner.removeAttr('class');
    $(this).html('배너 열기');
    return false;
  } else{
    // 배너 열기
    $banner.attr('class', 'active');
    $(this).html('배너 닫기');
    return false;
  }
});

//  배너 링크 처리
$banner.click(function(){
  window.open('https://csslick.github.io/', '_blank');
});
```

10.4 연습 문제

문제 1. 다음 예시를 참고해 토글 버튼을 클릭할 때마다 내비게이션(nav) 영역이 표시 또는 비표시되도록 자바스크립트로 토글 기능을 구현하세요.

※ 힌트: setAttribute, removeAttribute 메서드 활용

```
<header>
  <h1>app title</h1>
  <a href="#" id="toggle">toggle</a>
</header>
<nav class="active" id="gnb">
  <div><a href="#">Home</a></div>
  <div><a href="#">Portfolio</a></div>
  <div><a href="#">Conctact</a></div>
</nav>
```

실행 결과

app title   toggle

Home
Portfolio
Conctact

문제 2. 다음 코드의 'This Text' 문자(.fg)와 이미지 배경(.bg) 영역은 서로 별개의 'click' 이벤트가 할당돼 있습니다. text 클릭 시 글자의 배경색만 변하고 부모 영역은 이벤트 버블링을 차단해 배경이 바뀌지 않도록 해당 번호 영역의 코드를 추가하세요.

※ 힌트: stopPropagation( ) 메서드

```
<style>
  .bg{
    position: relative;
    width: 400px;
    height: 300px;
    background: url('http://placehold.it/400x300/abc?text=img1');
  }
  .fg{
```

```
      position: relative;
      margin: 0 auto;
      top: 20px;
      width: 200px;
      text-align: center;
      color: white;
      border: 1px solid;
    }
</style>

<body>
  <div class="bg">
    <div class="fg">
      <h1>This Text</h1>
    </div>
  </div>

  <script>
    var bg = document.querySelector('.bg');
    var fg = document.querySelector('.fg');

    bg.addEventListener('click', function(){
      this.style.backgroundImage = 'url(http://placehold.it/400x300/f80?text=img2)';
    });

    fg.addEventListener('click', function(①){
      this.style.background = 'red';

    });
  </script>
</body>
```

10.5 마치며

이 장에서는 인터랙티브한 배너를 제작하는 기법을 알아보았습니다. 자바스크립트로 애니메이션을 구현하고 오디오 객체를 통해 배경 음악도 처리했습니다. 배너 링크 부분은 HTML의 a태그를 사용하지 않고 자바스크립트로 처리했는데, 특히 배너 안의 기능 버튼 클릭 시 배너 영역과 이벤트 충돌(버블링)을 방지하기 위한 처리가 중요하다는 점을 확인했습니다. 배너나 인터랙티브한 요소는 과거 플래시로 제작하던 방식에서 현재는 CSS3나 HTML5의 캔버스 그래픽(2D 그래픽)으로 대체되고 있습니다.

CHAPTER 11

프로젝트 6: 지도

지도 서비스는 GPS^{Global Positioning System}(위성 위치 확인 시스템)를 기반으로 합니다. 위성 지도 서비스 시장은 구글이 개척했으며, 구글 지도(이하 구글 맵)를 전 세계적으로 가장 광범위하게 오픈 API 형태로 서비스하고 있습니다. 국내에서도 네이버, 다음 등 주요 벤더가 구글처럼 '오픈 API'로 서비스를 제공하고 있으며, 구글에 지도 시장을 빼앗기지 않기 위해 경계를 늦추지 않고 있습니다.

그림 11-1 **구글 맵**

인터넷을 기반으로 한 지금의 소프트웨어 시장은 과거와 다르게 오픈 소스 전략으로 정착하고 있습니다. 다양한 사용자층의 참여를 유도해 질적인 발전을 꾀할 뿐만 아니라 장기적으로 인프라를 확산시켜 더 많은 고객을 확보할 수 있는 토대가 되기 때문입니다.

11.1 개요

근래에는 웹 사이트에서 정적인 이미지로 약도를 보여 주는 경우가 없습니다. 실제 해당하는 장소의 위치를 탐색할 수 있도록 GPS 기반의 공공 지도를 활용합니다. 이 장에서는 공공 지도 서비스 중 가장 대표적인 구글 맵 API를 활용합니다. 다음 예시는 웹 사이트에서 '찾아오시는 길' 또는 연락처 페이지에 추가되는 형식입니다. 모바일 페이지에서는 GPS로 위치를 탐색할 수 있어 매우 편리합니다.

주요 구성

지도 표시 영역

https://csslick.github.io/map/

작업 순서

단계	작업 내용
1	HTML
2	구글 맵 API 키 가져오기
3	구글 맵 API 추가하기
4	지도 위치 변경하기
5	지도에 마커 추가하기
6	지도에 정보창 추가하기
7	지도 스타일 변경(기능 개선)

11.2 사전 학습: AJAX

지도 데이터를 불러오기 위해서는 서버와 통신이 필요합니다. 사전 학습을 통해 서버에 있는 데이터를 요청하는 방법을 알아봅시다.

11.2.1 AJAX 개요

AJAX는 'Asynchronous JavaScript and XML'의 약자로 비동기 통신 처리를 의미하며, 자바스크립트를 이용해 서버와 데이터를 주고받는 방식입니다. 기존의 웹 사이트는 문서 내에서 특정 부분만 변경하려고 해도 페이지 전체가 업데이트될 수밖에 없었습니다. 즉, 중복되는 내용을 다시 처리하는 문제가 발생하는 것입니다.

예를 들어, [그림 11-2]와 같이 웹 브라우저에서 페이지 일부의 정보(b)가 변경되면 서버에 페이지 업데이트를 요청하는데, 이때 서버는 요청받은 정보를 처리하고 모든 페이지 영역을 HTML로 재구성(a+b+c)해 완성된 페이지 형태로 브라우저에 되돌려 줍니다. 이 방식은 페이지의 일부만 변경되더라도 서버가 나머지 불필요한 부분까지 전부 업데이트 처리하기 때문에 페이지 갱신의 퍼포먼스가 떨어질 수밖에 없습니다.

또 한 가지 문제점은 서버에서 응답이 돌아올 때까지 웹 브라우저는 아무런 작업도 하지 못하고 기다려야 한다는 점입니다. 이러한 문제점을 개선하기 위해 고안된 방식이 AJAX입니다.

그림 11-2 기존의 페이지 업데이트 방식

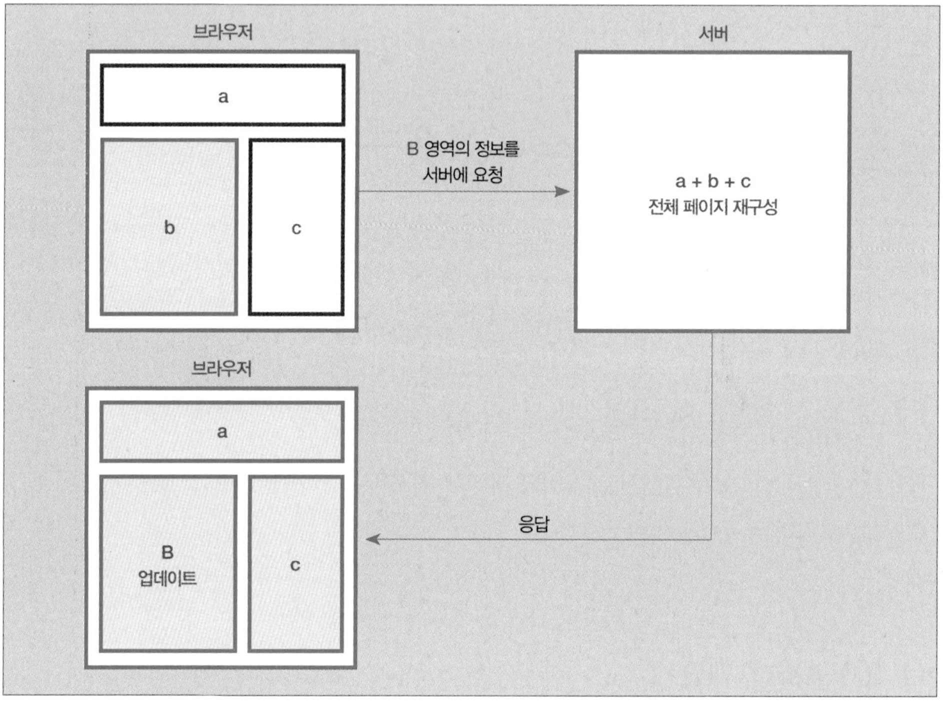

AJAX로 하는 일

· TEXT, HTML, XML, JSON 형식으로 작성된 문서 데이터를 HTTP 프로토콜을 통해 서버에 요청할 수 있습니다.

· 구글 맵이나 유튜브 서비스와 같이 웹 페이지의 특정 영역에만 필요한 내용을 갱신할 수 있습니다.

일반적으로 프로그램의 프로세스는 동기화 처리를 합니다. 예를 들면, A라는 작업이 끝난 후에 B라는 작업을 진행하는 것입니다. 사람이 한 명이라면 그렇게밖에 일을 하지 못하지만, 사람을 추가로 고용하면 A 작업과 B 작업을 동시에 진행할 수도 있습니다. 이러한 형태로 작업하는 것을 '비동기적인 처리'라고 하며, 자바스크립트에서는 콜백 함수라는 형태로 처리합니다.

그림 11-3 AJAX의 페이지 업데이트 방식

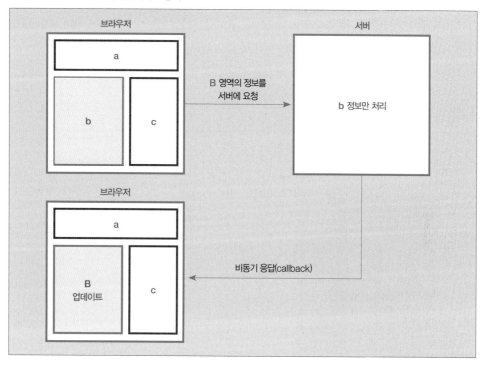

AJAX는 이러한 필요 때문에 전체 페이지 로딩 없이 문서 내의 특정 부분의 내용만 업데이트하는 다이내믹 웹 페이지 기술입니다. 대표적으로 구글 맵이나 유튜브 등의 서비스에서 적용하고 있습니다.

AJAX는 웹 브라우저 측에서 자바스크립트를 통해 필요한 부분만 서버에 요청하고 나머지 부분은 비동기적으로 처리하기 때문에 페이지 갱신 속도가 비약적으로 향상할 수 있습니다. 특히 jQuery 라이브러리로 AJAX를 사용하면 자바스크립트로만 처리하는 것에 비해 간결해지고 크로스 브라우징 문제도 해결됩니다. 따라서 본 프로젝트의 예제에서는 제이쿼리 메서드를 중점적으로 활용합니다.

11.2.2 데이터 전송 형식

서버와 클라이언트 또는 애플리케이션에서 처리할 데이터를 주고받을 때 쓰는 자료 형식 중 대표적인 것으로는 XML과 JSON이 있습니다.

XML 형식

HTML과 같이 태그 구조의 형식으로 데이터를 표현합니다. 예를 들면 홈페이지의 RSS 정보 등이 XML 형식으로 작성됩니다. XML 문법 특성상 데이터 이외에 열고 닫는 태그가 반드시 필요하므로 구조가 복잡해지고 용량이 커지는 것이 단점입니다.

코드 11-1 도서 정보(book.xml)

```xml
<?xml version="1.0" encoding="UTF-8"?>
<books>
  <book>
    <title>채식주의자</title>
    <author>한강</author>
    <price>12000</price>
  </book>
  <book>
    <title>종의 기원</title>
    <author>정유정</author>
    <price>10000</price>
  </book>
  <book>
    <title>다르게 보는 힘</title>
    <author>이종인</author>
    <price>12600</price>
  </book>
</books>
```

$.ajax( ) 메서드

서버에 지정한 형식의 자료를 요청하는 제이쿼리 범용 메서드입니다. XML, JSON, TEXT 등 다양한 타입의 자료를 요청할 수 있으며 형식은 다음과 같습니다.

코드 11-2 메서드 형식

```javascript
$.ajax({
  url: '가져올 파일명',
  dataType: '데이터 형식',
  success: function(){
    // 콜백 함수(가져온 파일에 대한 처리)
```

```
      }
   });
```

다음 [코드 11-3] (load_xml.html)을 작성하고 book.xml과 함께 서버에 복사합니다. 여기에
서는 'XAMPP 서버 애플리케이션'을 설치함으로써 로컬 PC에 서버 환경을 구축해 테스트합니다.

> ⚠ **XAMPP 로컬 서버 환경 설정**
>
> 서버 환경 설정에 대한 부분은 다음 절인 11.2.3 서버 환경 구축을 참고합니다. 만일 서버 환경 설치 및 실행
> 에 문제가 있다면 파이어폭스로 파일을 직접 실행할 수 있습니다. 파이어폭스 브라우저는 서버 환경이 아니
> 더라도 로컬 PC에서 'http 프로토콜' 환경을 시뮬레이션해 줍니다.

[코드 11-3]은 제이쿼리 ajax() 메서드로 xml 문서를 불러오는 코드입니다.

코드 11-3 **xml 문서 불러오기(load_xml.html)**

HTML
```
<!DOCTYPE html>
<html lang="en">
<head>
  <meta charset="UTF-8">
  <title>AJAX</title>
  <script src="https://ajax.googleapis.com/ajax/libs/jquery/1.12.3/jquery.min.js">
  </script>
</head>
<body>
  <script>
    $(function(){
      $.ajax({
        url: 'book.xml',           ——————❶
        dataType: 'xml',           ——————❷
        success: function(data){   ——————❸
          $(data).find('book').each(function(){   ——————❹
            var title = $('title', this).text();   ——————❺
            var author = $('author', this).text();
            var price = $('price', this).text();
            var txt = "<li>" + title + ", " +
                author + ", "+ price + "</li><hr>";
            $('body').append(txt);
          });
        }
```

```
            }); // end ajax()
        });
    </script>
</body>
</html>
```

❶ 불러올 파일의 경로를 지정합니다.

❷ 불러올 파일의 형식을 지정합니다. xml 형식의 파일을 불러올 것이므로 xml로 지정했습니다.

❸ 파일을 불러오는 데 성공하면 콜백 함수를 처리합니다. 콜백 함수 내부에서는 xml 데이터를 불러와 항목별로 표시하기 위해 각각의 변수에 할당하는 작업을 합니다.

❹ $(data)은 $.ajax() 메서드가 'book.xml'에서 불러온 데이터 객체입니다. find() 메서드로 하위 book 객체를 찾아서 작성된 book 객체만큼 each()를 반복 수행합니다.

코드 11-4 **data**에서 **book** 객체를 조회

```
$(data).find('book').each(function(){
    ...
});
```

❺ 조금 생소해 보이는 선택자 문법에 관한 내용입니다. 선택자에서 쉼표로 구분된 뒷부분의 this는 현재 book 객체를 의미하며, 첫 번째 'title'은 book 객체 안의 title 객체를 선택한다는 의미입니다. 선택한 객체의 내용을 title 변수에 대입하며 나머지 author와 price도 같은 형태로 지정합니다.

```
$('title', this).text();
```

서버 테스트를 위해 C 드라이브 xampp의 htdoct 폴더에 book.xml과 load_xml.html을 작성(복사)합니다.

웹 브라우저의 url 입력창에서 'localhost/load_xml.html'을 입력해 실행 결과를 확인합니다. 실행 환경에 문제가 있으면 앞에서 설명한 대로 파이어폭스로 직접 실행합니다.

그림 11-4 **XAMPP 테스트 경로**

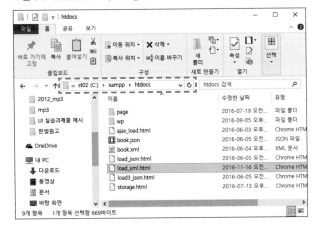

- 채식주의자, 한강, 12000
- 종의 기원, 정유정, 10000
- 다르게 보는 힘, 이종인, 12600

JSON 형식

JSON^JavaScript Object Notation^은 자바스크립트 객체 데이터 형식으로, XML 데이터 형식에 비해 구조 정의의 용이성과 가독성이 뛰어나 AJAX의 표준으로 사용됩니다. 좌측에 키 값(속성이라고 함)과 중간에 콜론(:)으로 구분해 우측에 속성 값(value)을 기술하는 방식입니다. 호환성이 탁월해 범용 API에 가장 적합합니다. 다음과 같이 작성할 수 있습니다.

```
{
    "student": {
      "이름": "권예서",
      "나이": "16",
      "성별": "여",
      "주소": "서울특별시 도봉구 쌍문동",
      "특기": "그림",
      "별명": "노코냥"
    }
}
```

데이터 포맷 변환하기

실무에서는 자료의 포맷 변환 작업 또한 중요합니다. 텍스트 문서나 엑셀 등의 자료를 애플리케이션에서 사용하려면 필요한 형식으로 변환해야 하기 때문입니다.

그림 11-5 **XML to JSON 변환기**(http://www.utilities-online.info/xmltojson)

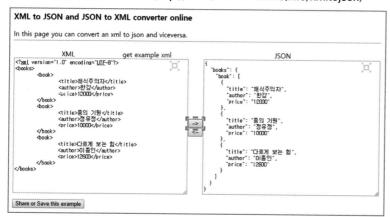

여기서는 XML to JSON 온라인 변환기를 이용합니다. 앞서 작성한 XML 형식의 데이터 (book.xml)를 좌측 창에 붙여 넣은 후, 가운데 변환 버튼(▶)을 클릭해 JSON 형식으로 변환하고 'book.json'으로 저장합니다.

코드 11-5 **JSON 형식으로 변환**(book.json)

```
{
  "books": {
    "book": [
      {
        "title": "채식주의자",
        "author": "한강",
        "price": "12000"
      },
      {
        "title": "종의 기원",
        "author": "정유정",
        "price": "10000"
      },
      {
```

```
        "title": "다르게 보는 힘",
        "author": "이종인",
        "price": "12600"
      }
    ]
  ┼─
}
```

변환된 book.json 코드에서 취소선(─)으로 표시된 최상위 books 객체 부분은 데이터 구조
상 없어도 무방하므로 제거합니다.

$.getJSON( ) 메서드

제이쿼리 getJSON( ) 메서드는 ajax( ) 메서드의 축약형으로, JSON 데이터에 특화되어 있습
니다.

```
$.getJSON(url, 콜백 함수);
```

코드 11-6 getJSON( ) 메서드(load_json.html)

`HTML`

```html
<!DOCTYPE html>
<html lang="en">
<head>
  <meta charset="UTF-8">
  <title>AJAX</title>
  <script src="https://ajax.googleapis.com/ajax/libs/jquery/1.12.3/jquery.min.js">
  </script>
</head>
<body>
  <script>
    $(function(){

      // json 파일을 data로 가져옴
      $.getJSON('book.json', function(data){

        // data 객체 지정
        var books = data.book;          ─────────❶
```

```
            // 데이터 순회
        $(books).each(function(i, obj){ ————————❷
          var title = obj.title;
          var author = obj.author;
          var price = obj.price;
          var txt = "<li>" + title + ", " + author + ", "+ price + "</li><hr>";
            $('body').append(txt);
        }); // 순회 끝
      });  // AJAX 호출 끝
    });
  </script>

</body>
</html>
```

❶ data 객체는 json()에서 불러온 데이터를 의미합니다. data 객체의 book 객체를 지정해 변수 book에 대입합니다.

❷ 반복문 each() 메서드로 book 객체에 포함된 내부 속성 값을 읽어 와 출력합니다. each() 메서드 내부의 매개 변수 i는 book 객체의 배열 index 값, obj는 book 객체를 의미합니다.

book 객체의 내용

```
"book": [ { obj1 }, { obj2 }, { obj3 }, ... ]
```

실행 결과

- 채식주의자, 한강, 12000
- 종의 기원, 정유정, 10000
- 다르게 보는 힘, 이종인, 12600

11.2.3 서버 환경 구축

여기서는 서버 환경에 대한 보충 학습을 진행합니다. AJAX는 http 프로토콜을 통해 서버와 통신하는 환경이므로 서버 환경이 필요합니다. 웹 호스팅 서비스를 이용해 외부에 구축된 서버에 연결해 테스트해야 합니다. 다른 방법으로는 내 컴퓨터(로컬 PC)에 서버 애플리케이션을 설치해 서버 환경을 만드는 것입니다. 여기서는 후자의 방법으로 진행합니다.

XAMPP 홈페이지(https://www.apachefriends.org)에서 각자의 운영 체제에 맞는 설치 파일을 설치합니다.

그림 11-6 **XAMPP Setup창**

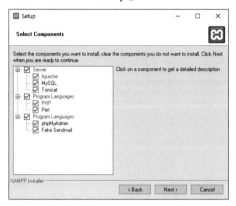

next 버튼을 계속 눌러 진행하면 설치가 완료됩니다.

그림 11-7 **xampp-control.exe를 선택**

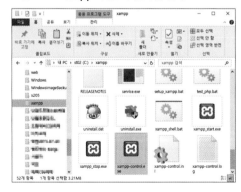

C 드라이브의 XAMPP 폴더에 있는 xampp-control.exe(서버 애플리케이션 관리자)를 실행합니다.

그림 11-8 **XAMPP 제어판**

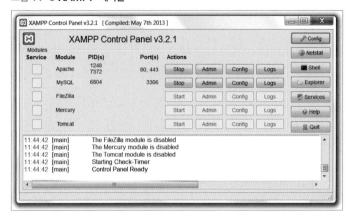

첫 번째 목록(Apache) actions 항목의 start 버튼을 클릭합니다.

그림 11-9 **브라우저에서 localhost 서버로 연결된 화면**

서버가 제대로 작동하는지 확인하려면 웹 브라우저를 열고 주소 표시줄에 localhost/를 입력합니다. 페이지를 찾을 수 없다는 화면이 나올 경우 xampp가 제대로 실행 중인지, 방화벽에서 해당 포트를 허용하는지 확인합니다.

11.3 구현하기

사전 학습에서 ajax 통신을 학습해 보았으므로 이제 구글 맵 지도 API를 이용해 웹 페이지에 지도를 표시하기 위한 코드를 작성합시다.

11.3.1 HTML

지도 표시를 위해 기본적인 페이지를 작성합니다.

코드 11-7 기본 페이지(map_ex1.html)

```html
<header>…
</header>
<main>
  <figure class="banner">…
  </figure>
  <section>
    <article>
      <p>Lorem ipsum dolor sit amet, consectetur adipisicing elit. Quasi dolorem
      quisomnis nam quas sint assumenda id adipisci veritatis totam.</p>
      <div id="map"><br> 지도를 표시할 영역</div>  ─────────────❶
    </article>
    <aside>
      <form action="">…
      </form>
    </aside>
  </section>
</main>
```

❶ 자바스크립트(구글 맵 API)에서 지도를 표시할 영역입니다. id="map"으로 해당 영역 고유의 이름을 지정합니다. 편의상 코드 중 중략한 부분(…)이 있습니다. 해당 부분(CSS 포함)은 예제 파일을 참고합니다.

11.3.2 구글 맵 API 키 가져오기

공공 API를 사용하려면 해당 서비스 사이트에 회원 가입을 하고 API 사용을 신청해야 합니다.

세부 서비스는 업체마다 다를 수 있으며 구글 맵을 예로 들어 이용 절차를 요약하면 다음과 같습니다.

1. 구글 계정 등록
2. 구글 개발자 사이트에서 구글 맵 웹용 API 키 생성

그림 11-10 **API 플랫폼 선택(https://developers.google.com/maps/)**

Google Maps API 홈페이지(https://developers.google.com/maps/)에 접속하고 '시작하기'에서 '웹(〈/〉)'을 선택합니다. '웹' 항목은 웹 브라우저(클라이언트 측)에서 지도 출력을 위해 사용하는 일반적인 API 서비스이므로 이를 선택했습니다. '웹 서비스' 항목은 서버 사이드 기반 API 서비스를 위한 항목입니다. 웹 브라우저에서 사용할 목적이라면 후자를 선택할 필요가 없습니다.

그림 11-11 **API 선택 및 키 가져오기**

❶ [Google Maps JavaScript API]를 선택합니다.

❷ [키 가져오기]를 클릭합니다.

그림 11-12 API 활성화를 위한 프로젝트 생성하기

API 키를 받으려면 우선, 새로운 프로젝트를 생성해야 합니다. 팝업창에 표시된 순서대로 진행합니다. [계속]을 클릭합니다

그림 11-13 프로젝트 만들기

[계속]을 클릭하면 프로젝트를 생성한다는 메시지가 나타나며 완료될 때까지 잠시 기다려야 합니다.

그림 11-14 **사용자 인증 정보(키 이름 지정)**

애플리케이션에서 인증받아 사용할 API 키명을 '이름'란에 작성하고 [생성]을 클릭합니다.

그림 11-15 **API 키 생성 완료**

API 생성이 완료되었습니다. [닫기]를 클릭하면 API 관리자창의 사용자 인증 정보란에서 확인할 수 있습니다.

그림 11-16 **API 관리자**

API 관리자 페이지에서 오른쪽 아래의 API 키를 복사합니다.

11.3.3 구글 맵 API 추가하기

앞서 보았던 구글 맵 API 홈페이지 > 웹용 > Maps JavaScript API로 들어갑니다. ⟨script⟩
⟨/script⟩ 영역에 있는 자바스크립트 샘플 코드를 복사해 map_ex1.html 아래쪽에 붙여 넣습니다.

그림 11-17 https://developers.google.com/maps/documentation/javascript/

코드 11-8 구글 맵 API 추가(map_ex1.html)

HTML

```
(중략)
<main>...
</main>

    <script>
        function initMap() {
            // Create a map object and specify the DOM element for display.
            var map = new google.maps.Map(document.getElementById('map'), {      ──❶
                center: {lat: -34.397, lng: 150.644},      ──────❷
                scrollwheel: false,      ────────❸
                zoom: 8      ─────❹
            });
        }

    </script>
    <script src="https://maps.googleapis.com/maps/api/js?key=YOUR_API_KEY&callback=
    initMap"async defer></script>      ──────❺

</body>
</html>
```

실행 결과

❶ 구글 맵 API(지도 객체)에서 map 객체를 새롭게 생성합니다. 자바스크립트의 new 연산자를 이용해 새로운 지도 객체(인스턴스)를 생성할 수 있습니다. 첫 번째 매개 변수에는 지도가 표시된 문서 객체명(DOM 요소)이 들어갑니다.

❷ 여기부터는 두 번째 매개 변수에 해당하는 항목으로 객체가 구성됩니다. center 속성은 지도 중앙에 표시될 위치를 위도, 경도 값으로 지정합니다. 우측의 값에서 lat는 위도, lng는 경도입니다.

❸ 마우스 휠 기능을 설정하거나 해제(true 또는 false)합니다. zoom 기능과 관련 있습니다.

❹ 지도의 확대/축소 스케일을 지정합니다. zoom 값이 0이면 완전히 축소된 지도이고 값이 커질수록 더 높은 해상도로 화면이 확대됩니다.

❺ YOUR_API_KEY의 키 값을 앞서 받은 API 키 값으로 변경합니다.

11.3.4 지도 위치 변경하기

보여 주려는 지도의 위치를 표시하기 위해서는 위도와 경도 값이 필요합니다.

그림 11-18 광화문 검색

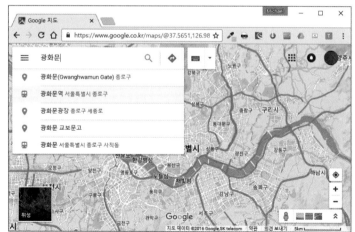

구글 지도에서 원하는 위치를 검색합니다.

그림 11-19 광화문의 위도, 경도 값

❶ 현재 위치를 표시하는 마커의 우측 버튼을 클릭합니다.

❷ 하단의 위도, 경도 정보를 클릭합니다.

❸ 왼쪽에 메뉴가 나타나며 위도, 경도 정보가 표시되는데, 이 숫자 값을 복사합니다.

알아낸 위도, 경도 값은 center 속성에 추가하고 지도의 확대 배율은 zoom 속성으로 설정할
수 있습니다.

코드 11-9 확대 비율 설정(map_ex2.html)

`HTML`

```
function initMap() {
  // 맵 객체를 생성하고 id='map'에 지도 표시
  var map = new google.maps.Map(document.getElementById('map'), {
    center: {lat: 37.571717, lng: 126.976479},        ❶
    scrollwheel: false,
    zoom: 17        ❷
  });
}
```

❶ 위도, 경도 부분을 수정합니다.

❷ 적당한 비율로 지도를 확대해 볼 수 있도록 값을 수정했습니다.

11.3.5 지도에 마커 추가하기

[코드 11-10]은 지도에 현재 위치를 표시하기 위해 마커를 추가하는 코드입니다.

코드 11-10 마커 추가(map_ex3.html)

HTML

```
function initMap() {
    // 맵 객체를 생성하고 id='map'에 지도 표시
    var map = new google.maps.Map(document.getElementById('map'), {...
    });

    // 마커 객체 생성
    var marker = new google.maps.Marker({ ────────①
      map: map, ────────②
      position: {lat: 37.571717, lng: 126.976479}, ────────③
      title: '여기가 내 위치입니다!' ────────④
    });

} // end initMap();
```

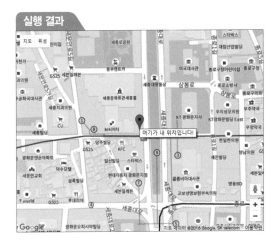

❶ 마커 객체를 생성합니다. 객체로 아래의 매개 변수를 지정합니다.

❷ 마커가 표시될 맵 객체의 이름을 지정합니다.

❸ 마커의 위치를 지정합니다. 현재의 위도, 경도를 기본으로 지정합니다.

❹ 마커에 표시되는 말풍선 제목을 입력합니다.

11.3.6 지도에 정보창 추가하기

앞의 예제에서 마커의 타이틀 속성을 통해 텍스트 정보를 표시할 수 있었습니다. 그런데 마커 위에 마우스를 올려놓을 때만 타이틀이 보입니다. 타이틀 정보가 명시적으로 뜨게 하기 위해서는 정보창 객체(google.maps.InfoWindow)를 별도로 생성해야 합니다.

코드 11-11 **정보창 추가(map_ex3-1.html)**

```js
function initMap() {
    // 맵 객체를 생성하고 id='map'에 지도 표시
    var map = new google.maps.Map(document.getElementById('map'), {...
    });

    // 마커 객체 생성
    var marker = new google.maps.Marker({...
    });
```

```
// 정보창 객체를 추가
var infoWindow = new google.maps.InfoWindow({map: map});  ──────────❶
var my_position = {lat: 37.571717, lng: 126.976479};  ──────────❷

infoWindow.setPosition(my_position);  ──────────❸
infoWindow.setContent('여기가 내 위치입니다!');  ──────────❹

} // end initMap()
```

실행 결과

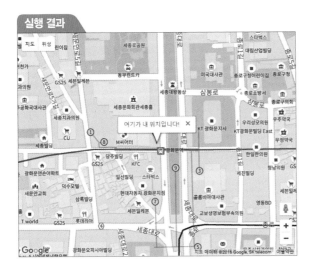

❶ 정보창 객체를 map 객체에 추가합니다.

❷ 객체의 표시 위치를 변수로 정의합니다.

❸ 정보창의 위치(infoWindow.setPosition)를 ❷의 값으로 지정합니다.

❹ 정보창에 출력된 내용을 추가합니다.

11.4 기능 개선하기: 스타일 지정하기

구글 맵에서는 지도의 스타일을 사용자가 별도로 지정할 수 있으므로 도로, 공원, 건물 밀집 지역 등의 요소를 시각적으로 변경할 수 있습니다. 그럼 어떻게 스타일을 지정하는지 구체적으로 알아봅니다.

맵 스타일 지정에 대한 스타일 객체를 생성해 속성을 정의한 후 이를 생성할 map 객체의 옵션 값으로 적용할 수 있습니다.

코드 11-12 **맵 스타일 배열 객체의 형식**

```
// 맵 스타일 객체
var styleArray = [
  {
    featureType: 'all',  ————————❶
    stylers: [
      { saturation: -80 }  ————————❷
    ]
  },{
    featureType: 'road.arterial',  ————————❸
    elementType: 'geometry',
    stylers: [
      { hue: '#00ffee' },
      { saturation: 50 }
    ]
  },{
    featureType: 'poi.business',  ————————❹
    elementType: 'labels',
    stylers: [
      { visibility: 'off' }
    ]
  }
];
```

❶ 지도는 도로나 공원 등의 지형지물 집합으로 구성되며, 이 지형지물 유형이 바로 feature Type이며, all을 루트로 하는 카테고리로 구성되어 있습니다. 여기에는 도로, 공원, 호수/바다 등의 레이블이 분류되어 있습니다.

❷ stylers는 지도 지형지물에 적용되는 스타일 옵션입니다. 해당하는 유형(featureType)의 채도를 −80으로 조정합니다. 기본 설정보다 채도가 감소합니다.

❸ featureType에서 지형에 해당하며 간선 도로 타입을 지정합니다. elementType은 지형에 해당하며 stylers에서 색조(hue)와 채도(saturation)를 지정합니다.

❹ poi.business는 주요 비즈니스 포인트를 의미합니다. 이 요소에는 레이블이 포함됩니다. stylers에서는 해당 레이블을 보이지 않게 설정했습니다.

표 11-1 도로와 건물 관련 featureType

구분	featureType	설명
도로	road.arterial	간선 도로
	road.highway	고속 도로
	road.highway.controlled_access	속도 제한 고속 도로
	road.local	지방 도로
건물	poi.park	공원
	poi.place_of_worship	예배당
	poi.school	학교
	poi.sports_complex	스포츠 경기장
	poi.attraction	관광 명소
	poi.business	비즈니스 구역
	poi.government	관공서
	poi.medical	병원
	poi.park	공원
	poi.place_of_worship	예배당
	poi.school	학교
	poi.sports_complex	스포츠 경기장

⚠ saturation과 hue

색을 표현하는 방법에는 색상^{Hue}, 채도^{Saturation}, 명도^{Lightness} 방식이 있습니다. Saturation은 색의 농도를 진하게 또는 연하게 하는 것(채도)이며, Hue는 색상 톤을 의미합니다.

11.4.1 지도 스타일 객체 추가

앞서 작성한 실습 예제를 참고해 [코드 11-13]과 같이 코드를 추가 및 수정합니다.

코드 11-13 스타일 객체 추가(map_ex4.html)

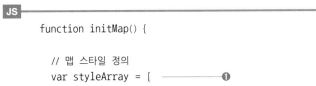

```
JS
    function initMap() {

        // 맵 스타일 정의
        var styleArray = [          ①
```

```
      {
        featureType: 'all',
        stylers: [
          { saturation: -80 }
        ]
      },{
        featureType: 'road.arterial',
        elementType: 'geometry',
        stylers: [
          { hue: '#00ffee' },
          { saturation: 50 }
        ]
      },{
        featureType: 'poi.business',
        elementType: 'labels',
        stylers: [
          { visibility: 'off' }
        ]
      }
    ];

    // 위치 정보 변수
    var my_position = {  ──────────❷
      lat: 35.667306,
      lng: 139.699969
    };

    // 맵 객체를 생성하고 id='map'에 지도 표시
    var map = new google.maps.Map(document.getElementById('map'), {
          center: my_position,  ──────────❸
          scrollwheel: false,;
          zoom: 17,
          styles: styleArray ──────────❹
    });

    // 마커 객체 생성
    var marker = new google.maps.Marker({
        map: map,
        position: my_position,  ──────────❺
        title: '여기가 내 위치입니다!'
    });

  }  // end initMap();
```

❶ 맵 스타일 지정에 관련된 배열입니다.

❷ 유지보수의 편의성을 위해 위치 정보(위도, 경도)를 별도의 변수로 선언했습니다.

❸ 위에서 변수로 정의한 위치 정보를 center 값으로 적용합니다.

❹ 맵 스타일에 앞서 배열 변수로 선언한 styleArray를 적용합니다.

❺ 마커의 위치를 my_position 변수로 지정합니다.

11.4.2 스타일 지정 지도 마법사

스타일 지정 지도 마법사를 통해 눈으로 직접 보면서 지도 스타일을 편집해 JSON 데이터로 만들 수 있습니다. 사례를 봅시다.

구글 스타일 지정 지도 마법사(https://mapstyle.withgoogle.com)에 접속해 [CREATE STYLE]을 클릭합니다.

그림 11-20 스타일 지정 지도 마법사

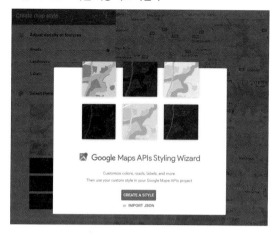

도로, 주요 건물, 레이블 등의 스타일을 변경하고 기본 테마로 선택할 수 있습니다. 작성이 끝나면 [FINISH] 버튼을 클릭합니다.

그림 11-21 스타일 지정 지도 마법사

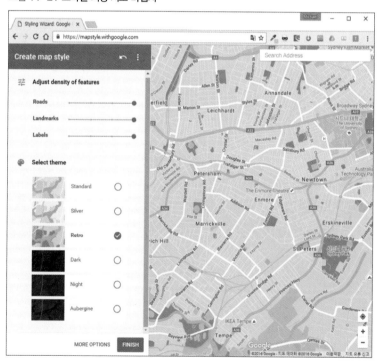

[COPY JSON]을 클릭해 코드를 복사하고 사용할 소스 코드에 붙여 넣습니다.

그림 11-22 **JSON 데이터로 가져오기**

코드 11-14 **스타일 정의(map_ex5.html)**

```js
        // 맵 스타일 정의
    var styleArray = [
        여기에 JSON 붙여넣기...
    ];
```

자! 이렇게 구글 API 활용을 알아보았습니다. 마지막 예제의 지도 위치는 일본의 요요기 경기 장입니다. 안타까운 점은 우리나라는 현재 국내 관련 업계의 이해관계나 보안상의 이유 등으로 구글 맵 서비스를 일부 제약하고 있습니다. 스타일 변경에도 이러한 문제가 관련되어 우리나라 지도에는 적용되지 않습니다.

상세 지도 데이터가 해외 서버와 연동되어야 하는데, 2016년 말 구글의 2차 지도 반출 요청이 끝내 거부되었습니다. 따라서 기본 지도 서비스 외에는 당분간 제약이 따를 것으로 보입니다. 위성 지도의 경우 사진의 디테일 문제도 해외 지도와 현격한 차이를 보입니다.

좌측은 일본 도심의 지도이고 우측은 우리나라 도심의 지도인데, 비교할 수 없을 정도로 화질 차이가 큽니다. 따라서 국내 지도는 양질의 스케일과 화질로 세밀하게 관찰하기는 어려운 것이 현실입니다. 참고로 네이버의 지도 API(3.0 기준)도 구글 지도와 사용 방식이 유사하게 잘되어 있고 국내 서비스에 최적화되어 있으므로 대안책으로 고려해 볼 수 있습니다.

그림 11-23 **구글 맵 해외 위성 지도와 국내 위성 지도의 화질 차이**

일본 도심

우리나라 도심

11.4.3 자바스크립트 전체 코드 보기

[코드 11-15]는 지금까지 작성한 자바스크립트 코드 전체입니다.

코드 11-15 **map_ex4.html**

```
<script>
  function initMap() {

    // 맵 스타일 정의
    var styleArray = [
      {
        featureType: 'all',
        stylers: [
          { saturation: -80 }
        ]
      },
      {
        featureType: 'road.arterial',
        elementType: 'geometry',
        stylers: [
```

```javascript
        { hue: '#00ffee' },
        { saturation: 50 }
      ]
    },
    {
      featureType: 'poi.business',
      elementType: 'labels',
      stylers: [
        { visibility: 'off' }
      ]
    }
  ];

  // 위치 정보 변수
  var my_position = {
    lat: 35.667306,
    lng: 139.699969
  };

  // 맵 객체를 생성하고 id='map'에 지도 표시
  var map = new google.maps.Map(document.getElementById('map'), {
      center: my_position,
      scrollwheel: false,
      zoom: 17,
       styles: styleArray
  });

  // 마커 객체 생성
  var marker = new google.maps.Marker({
      map: map,
      position: my_position,
      title: '여기가 내 위치입니다!'
  });

}  // end initMap();

</script>
```

11.4.4 HTML5 Geolocation(현재 위치 확인)

사용자 디바이스에서 HTML5 Geolocation API로 '현재 위치'를 요청할 수 있습니다. 요청한 위치 정보를 기반으로 구글 맵 JavaScript API를 통해 현재 위치의 지도를 출력합니다. 해당 디바이스에 GPS가 켜져 있어야 위치를 확인할 수 있으며, PC의 경우에는 GPS 센서가 없으므로 IP 기반으로 정보를 가져올 수 있습니다.

그림 11-24 위치 확인 허용

웹 애플리케이션 측에서 HTML5 Geolocation API를 통한 사용자의 위치 정보 요청은 개인 정보와 관련한 보안상의 문제로 기본적으로 사용자의 승인을 받아야 합니다. 안드로이드 기기의 기본 브라우저에서는 사용자가 위치 확인 허용에 승인하면 위치 확인 요청을 할 수 있지만 구글 크롬에서는 50버전 업데이트 이후(Chrome 50)부터 보안 정책이 더욱 엄격해져 보안 프로토콜(https)에서만 사용자의 위치 확인 요청이 가능하므로 이를 참고합니다.

> ⚠ 구글 크롬 Geolocation API 기능 제거에 대한 글
> https://developers.google.com/web/updates/2016/04/geolocation-on-secure-contexts-only

표 11-2 위치 확인 메서드

메서드명	설명
getCurrentPosition( )	현재 위치를 요청합니다.
watchPosition( )	위치 경로를 추적합니다.

다음 예제를 통해 getCurrentPosition( )으로 현재 위치를 확인하는 방법을 참고합니다.

코드 11-16 현재 위치 확인(map_ex6.html)

`JS`

```
function initMap() {

    // 맵 객체를 생성하고 id='map'에 지도 표시
    var map = new google.maps.Map(document.getElementById('map'), {
            center: {lat: -34.397, lng: 150.644},
            scrollwheel: false,
            zoom: 17
    });

    // 정보창 객체를 추가
    var infoWindow = new google.maps.InfoWindow({map: map});

            // HTML5 위치 정보 요청
            if (navigator.geolocation) {  ──────────●
            // 지오로케이션을 사용할 수 있는 경우
                navigator.geolocation.getCurrentPosition(function(position) {
                var pos = {
                    lat: position.coords.latitude,  ──────────❷
                        lng: position.coords.longitude  ──────────❷
                };

                infoWindow.setPosition(pos);
                infoWindow.setContent('여기가 내 위치입니다!');
                map.setCenter(pos);
                },
                function() {
        // 연결 실패
                    handleLocationError(true, infoWindow, map.getCenter());  ──────────❸
                });
            } else {
            // 지오로케이션을 사용할 수 없는 경우
                handleLocationError(false, infoWindow, map.getCenter());  ──────────❸
    }

}  // end initMap();

// 지오로케이션 오류 처리
function handleLocationError(browserHasGeolocation, infoWindow, pos) {
  infoWindow.setPosition(pos);
  infoWindow.setContent(browserHasGeolocation ?
    '오류: 지오로케이션 연결 실패' :
    '오류: 브라우저에서 지오로케이션을 지원하지 않음');  ──────────❹
}
```

❶ 브라우저에서 지오로케이션 객체를 지원하면 true 값을 반환하므로 사용이 가능한지를 판단합니다.

❷ getCurrentPosition() 메서드를 통해 현재 위치(위도, 경도)를 가져옵니다.

❸ 연결이 실패하거나 지오로케이션을 지원하지 않으면 handleLocationError() 함수를 실행합니다.

❹ 전달받은 매개 변수 browserHasGeolocation을 통해 지오로케이션 연결 실패인지, 아니면 브라우저가 지오로케이션을 지원하지 않아서 오류가 난 것인지를 판단해 정보창에 출력합니다.

11.5 연습 문제

문제 1. 다음의 결과 화면과 같이 구글 맵 API를 활용해 가로 500px, 세로 500px 크기의 박스에 '국립 현대 미술관 서울관'과 '아프리카 미술관' 두 개가 동시에 마커로 표시되도록 지도를 제작하세요.

문제 2. 다음 예제 소스의 빈칸을 채워 결과 화면과 같이 출력되도록 하세요.

실행 결과

인기도서		
제목	도서명	가격
채식주의자	한강	12000
종의 기원	정유정	10000
다르게 보는 힘	이종인	12600

```
<head>
  <meta charset="UTF-8">
  <title>Document</title>
  <script src="https://ajax.googleapis.com/ajax/libs/jquery/1.12.3/jquery.min.js">
  </script>
```

```
</head>
<body>
  <table border="1" cellpadding="10" cellspacing="0">
    <caption>인기도서</caption>
    <tr>
      <th>제목</th><th>도서명</th><th>가격</th>
    </tr>
  </table>

  <script>

    var book =[
        {
          "title": "채식주의자",
          "author": "한강",
          "price": "12000"
        },
        {
          "title": "종의 기원",
          "author": "정유정",
          "price": "10000"
        },
        {
          "title": "다르게 보는 힘",
          "author": "이종인",
          "price": "12600"
        }
    ];

    $(book).each(function(i, obj){
      var title = [              ];
      var author = [              ];
      var price = [              ];
      var txt = '<td>' + title + '</td>'
          + '<td>' + author + '</td>'
          + '<td>' + price + '</td>';

      $('table').append('<tr>');
      $('table tr:last').html(txt);
    });

  </script>

</body>
```

11.6 마치며

이 장에서는 API 활용 중 첫 번째인 구글 맵 활용을 학습했습니다. 지도 서비스의 진가가 발휘되는 곳은 사실 모바일 기기입니다. 정적인 지도로는 불가능하던 것들이 이제 위치 검색이나 길 찾기 등의 애플리케이션처럼 무선 인터넷과 GPS를 기반으로 가능해졌습니다. 지도 서비스는 축적된 데이터를 활용하는 것으로, 이를 커스터마이징하기 위해서는 충분한 분석이 필요합니다. 네이버나 다음 등 다른 유사 지도 API 서비스에도 도전해 보기 바랍니다.

읽을거리: GPS와 LBS

• GPS

우리가 밀접하게 사용하고 있는 지도 서비스는 GPS 기술을 바탕으로 합니다. 원래 위성 지도는 군사적 목적으로 항법 장치 등에서 사용하기 위한 기술에서 출발했습니다. 지금은 개인용 모바일 기기의 출현으로 스마트 폰을 비롯한 휴대용 디바이스 등에 GPS가 기본 탑재되어 있습니다. 특히 이를 활용한 지도 서비스는 생활에 필수가 되었습니다.

특별히 전용 내비게이션 단말기가 아니더라도 스마트 폰만 있으면 애플리케이션으로 운전 경로를 찾거나 웹 사이트에서 지도로 위치를 확인하는 등 다양하게 활용할 수 있습니다. 앞으로 자율 운행 자동차가 보급되면 이러한 지도 시장은 한 번 더 확산될 것이라고 생각합니다.

• LBS

GPS 기술은 자동차 내비게이션 등의 용도로만 사용할 수 있다는 고정 관념이 많았습니다. 그러나 스마트 폰의 보급으로 다양한 애플리케이션 서비스가 속속 등장하고 있습니다. 대표적으로 무선 인터넷과 GPS를 결합한 위치 기반 서비스(LBS)를 들 수 있습니다. 스마트 폰 애플리케이션과 연동해 가까운 위치의 은행이나 맛집을 찾는 위치 정보 활용 서비스뿐만 아니라 이를 활용한 증강 현실 게임(가상과 현실을 혼합)도 등장해 전 세계적으로 열풍을 일으키기도 했습니다.

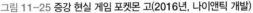

그림 11-25 증강 현실 게임 포켓몬 고(2016년, 나이앤틱 개발)

CHAPTER 12

프로젝트 7: 날씨 위젯

기상 정보는 지도와 마찬가지로 대표적인 공공 정보입니다. AJAX 요청을 통해 기상 정보 서비스에서 API로 제공하는 JSON 기반의 데이터를 분석하고, 이를 활용해 위젯 형태의 애플리케이션을 구현해 보는 프로젝트입니다.

12.1 개요

가장 필수적인 날씨 정보 위주로 구성해 PC, 모바일 기기 등 어디에나 적용할 수 있는 단순한 디자인입니다.

주요 UI 구성

https://csslick.github.io/weather/

작업 순서

단계	작업 내용
1	HTML과 CSS
2	날씨 정보와 아이콘 표시
3	로딩 이미지 추가
4	접속 오류 처리

12.2 사전 학습: openweather API

기상 정보는 시간 정보와 더불어 일상에서 자주 접하는 정보 중 하나입니다. 또한, 대표적인 공공 정보로 지도와 마찬가지로 각 지역의 데이터를 수집하고 연동하는 방대한 인프라를 구축해야 하는 정보입니다. 여기서는 전 세계 40,000개 이상의 기상 관측소 데이터를 기반으로 70,000여 개 도시의 현재 날씨 정보를 제공하는 openweather 날씨 API를 소개하고 학습합니다.

그림 12-1 openweather 날씨 예보

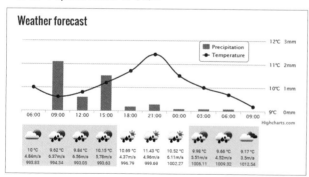

openweather API는 AJAX 요청을 통해 해당 위치의 날씨 정보를 JSON으로 반환해 줄 뿐만 아니라 지오코딩을 활용하여 도시 이름으로 날씨 검색 및 10일 이상의 일기 예보도 제공하는

매우 편리한 API 서비스입니다. 날씨 정보 외에 대기 상태, 구름, 온도 등 상세 정보를 포함한 날씨 지도도 제공할 수 있습니다.

표 12-1 openweather API 개요

구분	설명
데이터 형식	JSON, XML, HTML
API 홈	http://openweathermap.org
요구 사항	키 발급 후 사용 가능
사용료	기본은 무료이지만 과금제 있음

12.2.1 가입 및 키 발급받기

먼저 OpenWeatherMap 홈페이지(http://openweathermap.org)에 접속합니다.

그림 12-2 OpenWeatherMap 홈페이지

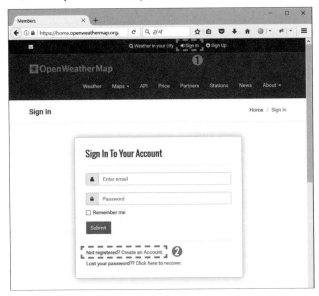

❶ 'Sign In'을 클릭합니다.

❷ 'Create an Account'를 눌러 회원 가입을 합니다.

그림 12-3 **API 메뉴 선택**

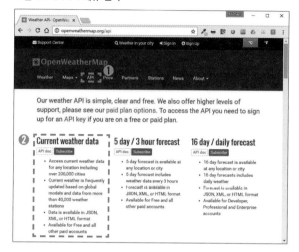

❶ API 메뉴를 클릭하면 사용할 수 있는 API 서비스가 나타납니다. 서비스 제목 아래의 버튼 중 [API doc]은 API에 대한 설명이고 [Subscribe]는 API 키를 발급받기 위한 버튼입니다.

❷ 첫 번째 Current weather data에서 [Subscribe] 버튼을 클릭해 API 키를 발급받는 화면으로 이동합니다.

그림 12-4 **API 키 선택 옵션**

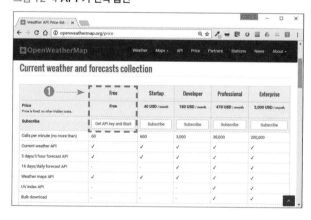

❶ Free 항목에서 [Get API key and start] 버튼을 클릭해 무료로 사용할 수 있는 옵션을 선택합니다. 나머지 옵션은 트래픽 사용량에 따라 요금이 부과되는 요금제입니다.

그림 12-5 **API 키 생성하기**

❶ API Keys 탭을 클릭합니다.

❷ API Key 이름을 입력하고 [Generate] 버튼(❸)을 클릭하면 키가 생성됩니다. 키는 여기에서 자유롭게 생성하고 제거할 수 있으며, 여러 개를 발급할 수도 있습니다. 현재 메뉴를 잘 기억해 둡니다.

12.2.2 API 사용 방법

날씨 정보를 조회하기 위한 다양한 서비스가 제공됩니다. 가장 기본적인 서비스인 'Current weather data'로 들어가 봅시다. 해당 페이지로 들어가면 상세한 사용법이 설명되어 있으므로 이에 대한 이해가 먼저 필요합니다.

그림 12-6 **API Document 선택**

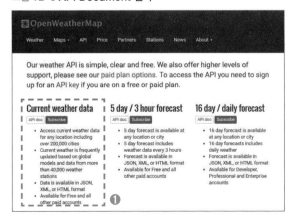

❶ 다시 API 선택 페이지로 돌아가 [API doc] 버튼을 클릭합니다.

그림 12-7 **API 도큐먼트**

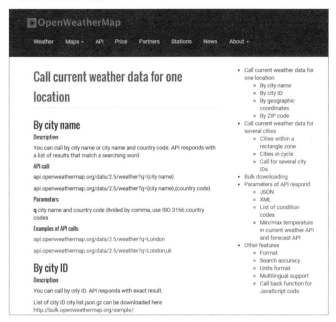

API를 호출하는 방법은 여러 가지인데, 예를 들면 도시명이나 도시 ID로 조회하는 방법, 위도나 경도로 조회하는 방법 등이 있습니다.

12.2.3 도시명(city name)으로 요청

도시명, 국가명 같이 요청하는 변수(q)가 하나 이상일 경우 콤마(,)로 구분해 작성합니다.

표 12-2 **openweather API 요청 방식**

구분	API 요청 URL 형식
도시명	api.openweathermap.org/data/2.5/weather?q={도시명}
도시명, 국가명	api.openweathermap.org/data/2.5/weather?q={도시명},{국가명}

예를 들면 다음과 같습니다.

```
api.openweathermap.org/data/2.5/weather?q=Seoul ──────❶

api.openweathermap.org/data/2.5/weather?q=Seoul,kr ──────❷
```

❶ 도시명으로 요청하는 방식입니다.

❷ 도시명과 국가명 두 가지 변수의 조합으로 요청하는 방식이며, 더 정확한 응답을 받을 수 있습니다.

12.2.4 도시 ID(city ID)로 요청

지역 명칭은 전 세계적으로 매우 다양합니다. 문자로 지정하는 방식은 경우에 따라 다소 추상적일 수 있으므로 더 정확하게 구분하기 위해 고유의 아이디(❶)로 해당 지역의 정보를 요청할 수 있습니다. 앞과는 다르게 요청하는 변수가 'id'인 것에 주의합니다.

```
api.openweathermap.org/data/2.5/weather?id=아이디 ──────❶
```

도시 ID는 매우 방대하므로 주요 도시명만 소개합니다. 자세한 내용은 이 책의 예제 파일(city.list.json) 또는 홈페이지에서 확인할 수 있습니다.

표 12-3 주요 city ID

도시명	국가 코드	city ID
서울(대한민국)	KR	1835847
부산(대한민국)	KR	1838519
인천(대한민국)	KR	1843564
대전(대한민국)	KR	1835224
광주(대한민국)	KR	1841808
동경(일본)	JP	1850147
파리(프랑스)	FR	2968815
런던(영국)	GB	2643744
뉴욕(미국)	US	5128638
워싱턴(미국)	US	5611570

12.2.5 위도, 경도(geographic coordinates)로 요청

위성 좌표를 사용하므로 가장 구체적인 방식이라 볼 수 있습니다. API에 요청하는 서식은 다음과 같이, URL 요청 변수 lat와 lon에 위도, 경도 값을 입력합니다.

```
api.openweathermap.org/data/2.5/weather?lat=위도&lon=경도
```

12.2.6 $.getJSON으로 날씨 정보 요청하기

날씨 위젯을 만들기에 앞서 본격적인 작업에 들어가 봅시다. 다음과 같이 문서 템플릿을 추가하고 스크립트를 작성합니다. 제이쿼리 AJAX 메서드를 사용할 것이므로 '제이쿼리 라이브러리'도 추가해야 합니다.

코드 12-1 날씨 정보 요청(ex12-1.html)

`HTML`

```
<!DOCTYPE html>
<html lang="en">
<head>
  <meta charset="UTF-8">
  <title>weathermap API</title>
  <script src="https://ajax.googleapis.com/ajax/libs/jquery/1.12.3/jquery.min.js">
  </script>
</head>
<body>
  <h1>OpenWeatherMap</h1>

  <script>

    // API 요청 URL 변수 ──────────❶
    var url = 'http://api.openweathermap.org/data/2.5/weather?q=seoul&APPID=API키';

    $.getJSON(url, function(data){ ──────────❷

    });

  </script>
</body>

</html>
```

❶ 요청할 url 변수 뒤에 발급받은 API 키를 추가((&APPID=API 키))합니다.

❷ getJSON() 메서드를 통해 날씨 정보를 불러옵니다. 메서드 안에 추가할 내용은 다음에서 보도록 합니다.

12.2.7 data 불러오기

날씨 데이터를 요청하고 애플리케이션에서 사용하기 위해 세부적인 정보로 분류하는 작업을 해야 합니다.

코드 12-2 **data 불러오기(ex12-1.html)**

```
HTML
    $.getJSON(url, function(data){ ————————❶

        // 날씨 data 객체 ——————❷
        var sys = data.sys;              // 국가명, 일출/일몰
        var city = data.name;            // 도시명
        var weather = data.weather;      // 날씨 객체
        var main = data.main;            // 온도, 기압 관련 객체

        var wmain = weather[0].main;     // 구름 상태(Cloudiness)
        var w_id = weather[0].id;        // 날씨 상태 id 코드
        var icon = weather[0].icon;      // 날씨 아이콘 정보
        var country = sys.country;       // 국가명
        var temp = main.temp;            // 현재 온도
        var temp_min = main.temp_min;    // 최저 온도
        var temp_max = main.temp_max     // 최고 온도

    });  // end getJSON()
```

❶ getJSON() 메서드에서 첫 번째 매개 변수로 지정된 url로 데이터를 요청합니다. 요청한 데이터는 두 번째 매개 변수인 콜백 함수의 data 변수로 전달됩니다.

❷ openweathermap API에서 전달받은 데이터는 JSON 객체로 반환되며, 이에 대한 변수 선언문은 다음 객체 내용을 참조하고 있습니다.

코드 12-3 날씨 객체 정보(JSON)

`JS`

```
{
    "coord": {  ──────── 위성 좌표
      "lon": "126.98",
      "lat": "37.57"
    },
    "weather": {  ──────── 기상 상태 정보
      "id": "800",
      "main": "Clear",
      "description": "clear sky",
      "icon": "01d"
    },
    "base": "stations",
    "main": {  ──────── 주요 날씨 정보(온도, 기압, 습도 등)
      "temp": "277.38",
      "pressure": "1022",
      "humidity": "23",
      "temp_min": "276.15",
      "temp_max": "280.15"
    },
    "visibility": "10000",  ──────── 가시 거리
    "wind": {  ──────── 풍속, 풍향
      "speed": "2.1",
      "deg": "270",
      "gust": "5.7"
    },
    "clouds": { "all": "1" },  ──────── 구름 상태
    "dt": "1479800400",
    "sys": {  ──────── id 및 국가 코드, 일출, 일몰 등
      "type": "1",
      "id": "8519",
      "message": "0.0119",
      "country": "KR",
      "sunrise": "1479766767",
      "sunset": "1479802610"
    },
    "id": "1835848",  ──────── 지역 고유 id
    "name": "Seoul",  ──────── 도시명
    "cod": "200"
}
```

12.2.8 날씨 정보 표시

이제 변수로 분류된 날씨 정보를 문서에 출력합니다.

코드 12-4 날씨 정보 표시(ex12-1.html)

`HTML`

```
// API 요청 URL 변수
var url = 'http://api.openweathermap.org/data/2.5/weather?q=seoul&APPID=API 키';

$.getJSON(url, function(data){

    // 날씨 데이터 객체
    (중략)

    // 날씨 정보 표시 ————————❶
    $('body').append( wmain + ', ' + icon + ' '
      + '현재 온도: ' + parseInt(temp-273.15) + ' '
      + '최저 온도: ' + parseInt(temp_min-273.15) + ' '
      + '최고 온도: ' + parseInt(temp_max-273.15) + ' '
      + country + ' ' + city + ' ' + w_id + ' ' + '<br>');

    // 날씨 아이콘 표시 ————————❷
    var icon_url = 'http://openweathermap.org/img/w/' + icon;
    $('body').append("<img src='" + icon_url + ".png'>");

});   // end getJSON()
```

실행 결과

❶ 날씨 정보를 표시합니다.

```
parseInt(temp-273.15)
```

온도는 국제 단위인 켈빈^{kelvin} 값으로 반환됩니다. 따라서 섭씨 온도로 환산해야 합니다. OK(켈

빈 온도)는 섭씨 -273.15℃를 의미하므로 이를 기준으로 환산할 수 있습니다. 결과를 정수형으로 표시하기 위해 값에 parseInt() 함수를 사용했습니다.

❷ 기상 상태에 맞는 아이콘 이미지 코드를 반환합니다. 해당하는 이미지 이름과 URL을 조합해 이미지를 요청합니다. 기본적으로 openweathermap.org에서 제공하는 아이콘 이미지를 사용하기 위해서 URL을 http://openweathermap.org/img/w/로 지정합니다.

```
"http://openweathermap.org/img/w/" + icon + ".png"
```

표 12-4 .Icon List

주간 아이콘	야간 아이콘	설명
01d.png	01n.png	clear sky
02d.png	02n.png	few clouds
03d.png	03n.png	scattered clouds
04d.png	04n.png	broken clouds
09d.png	09n.png	shower rain
10d.png	10n.png	rain
11d.png	11n.png	thunderstorm
13d.png	13n.png	snow
50d.png	50n.png	mist

12.3 구현하기

이제까지 기본적인 API 사용법을 알아보았습니다. 지금부터는 본격적인 애플리케이션 제작에 들어가 봅니다. 문서에 jQuery 라이브러리를 추가하고 날씨 위젯 구성을 위한 코드를 작성합니다.

12.3.1 HTML과 CSS

HTML과 CSS로 날씨 위젯의 기본 화면을 구성합니다.

코드 12-5 날씨 위젯 기본 화면(ex12-2.html)

HTML

```
<div id="weather_info">
    <h1 class="city"></h1> ─────────── 도시, 국가명 표시 영역

    <section>
      <p class="w_id"></p> ─────────── 날씨 상태 표시 영역
      <figure class="icon"> ─────────── 아이콘 표시 영역
      </figure>
      <p class="temp"></p> ─────────── 현재 온도 표시 영역
      <aside>
          <p class="temp_max">max</p> ─────────── 최고 온도 표시 영역
          <p class="temp_min">min</p> ─────────── 최저 온도 표시 영역
      </aside>
    </section>

</div>
```

코드 12-6 스타일 작성(ex12-2.html)

CSS

```
*{
  margin: 0;
  font-weight: normal;
}
p{ margin-bottom: 10px;}
body{
    color: #333;
    font-size: 100%;
```

```css
        font-family: sans-serif;
}
#weather_info{
  position: relative;
    width: 100%;
    border: 1px solid #999;
    box-sizing: border-box;
    padding: 10px;
    background: #eee;
    background: url("cloud.jpg") no-repeat;
    background-size: cover;
    color: white;
}
h1{
    background: #666;
    padding: 10px;
    font-size: 1.8em;
    text-align: center;
    opacity: 0.8;
}
section{
    overflow: hidden;
    color: #666;
    text-shadow: 1px 1px 1px #999;
    padding: 10px 20px;
}
section > .w_id{
    text-align: left;
    padding-left: 20px;
}
section > figure, section > .temp{
    float: left;
    width: 33.3%;
}
section > figure > img{ width: 80px;}
section > .temp{
    font-size: 3.4em;
}
aside{ overflow: hidden; }
aside > p {
    font-size: 1.8em;
    text-align: right;
}
```

12.3.2 날씨 정보와 아이콘 표시

날씨 정보를 표시하는 코드를 추가합니다.

코드 12-7 날씨 정보 표시(ex12-2.html)

```js
// API 요청 URL 변수
var url = 'http://api.openweathermap.org/data/2.5/weather?q=seoul&APPID=API 키';

$.getJSON(url, function(data){

  // 날씨 데이터 객체
  (중략)

  // 날씨 아이콘
  var icon_url = 'http://openweathermap.org/img/w/' + icon;

  // 날씨 정보 표시
  $('#weather_info > .city').html(city + "/" + country);
  $('#weather_info   .icon').html("<img src='" + icon_url + ".png'>");
  $('#weather_info .w_id').html(wmain);
  $('#weather_info .temp_min').html(parseInt(temp_min-273.15) + '&deg;' + ' min');
  $('#weather_info .temp_max').html( parseInt(temp_max-273.15)
                    + '&deg;' + ' max');
  $('#weather_info   .temp').html(parseInt(temp-273.15) + '&deg;');

}); // end getJSON()
```

앞서 실습한 소스와 크게 다른 점은 없으며 제이쿼리 선택자를 통해서 각각의 요소에 해당하는 정보를 배치하는 구성입니다.

12.3.3 로딩 이미지 추가

데이터 로드가 끝날 때까지 화면 가운데에 로딩 이미지가 표시되도록 기능을 추가합니다.

그림 12-8 **로딩 이미지**

HTML 문서의 weather_info 영역 하단에 이미지 요소를 추가합니다.

코드 12-8 **이미지 요소 추가(ex12-3.html)**

HTML

```html
<div id="weather_info">
    <h1 class="city"></h1>

    <section>...
    </section>
  <img  class="load_img" src="loading.gif" width="50px">  ────────❶ 로딩 이미지
</div>
```

❶ 애플리케이션이 실행되면 표시될 이미지입니다. 자바스크립트에서 로딩 상태에 따라 표시/
비표시 처리를 합니다.

코드 12-9 **로딩 이미지용 스타일 작성(ex12-3.html)**

CSS

```css
(중략)

/* 로딩 이미지 */
#weather_info .load_img{
  position: absolute;
  left: 50%;top: 50%;
  display: none;  ────────❶
}
```

로딩 이미지용 CSS 코드를 추가합니다. 기본적으로 화면에 비표시 처리(❶)를 하고 자바스크
립트에서 로딩 중에 표시되도록 처리합니다.

코드 12-10 로딩 이미지 표시/제거(ex12-3.html)

```
// API 요청 URL 변수
var url = 'http://api.openweathermap.org/data/2.5/weather?q=seoul&APPID=API키';

// 로딩 이미지 표시
$('#weather_info .load_img').show();  ————————❶

$.getJSON(url, function(data){

    // 날씨 데이터 객체
    (중략)

    // 날씨 아이콘
    (중략)

    // 날씨 정보 표시
    (중략)

    // 데이터 로딩 후 로딩 이미지 제거
    $('#weather_info .load_img').hide();  ————————❷

});  // end getJSON()
```

실행 결과

❶ 애플리케이션이 시작되면 로딩 이미지를 표시합니다.

❷ 날씨 정보를 불러오면 로딩 이미지를 표시하지 않습니다.

12.3.4 접속 오류 처리

접속에 문제가 발생할 경우의 예외 처리를 추가합니다. getJSON() 메서드의 콜백 함수를 활용하면 오류 처리를 추가할 수 있습니다. getJSON() 메서드 뒤에 메서드 체이닝으로 fail() 메서드를 연결해 접속 오류 처리를 추가합니다. [코드 12-11]을 참고합니다.

코드 12-11 **접속 오류 처리(ex12-4.html)**

```js
$.getJSON(url, function(data){...
})  // end getJSON()
    fail(function() {                    ❶
        // 오류 메시지
        alert( "loding error" );
    });
```

실행 결과

❶ 연결에 문제가 발생했을 때는 콜백 함수 .fail()을 통해 오류 메시지를 출력합니다.

12.4 자바스크립트 전체 코드 보기

[코드 12-12]는 지금까지 작성한 자바스크립트 코드 전체입니다.

코드 12-12 **ex12-4.html**

`JS`

```javascript
<script>

// API 요청 URL 변수
var url = 'http://api.openweathermap.org/data/2.5/weather?q=seoul&APPID=API 키';

// 로딩 이미지 표시
$('#weather_info .load_img').show();

$.getJSON(url, function(data){

    // 날씨 데이터 객체
    var sys = data.sys;              // 국가명, 일출/일몰
    var city = data.name;            // 도시명
    var weather = data.weather;      // 날씨 객체
    var main = data.main;            // 온도, 기압 관련 객체

    var wmain = weather[0].main;     // 구름 상태(Cloudiness)
    var w_id = weather[0].id;        // 날씨 상태 id 코드
    var icon = weather[0].icon;      // 날씨 아이콘 정보
    var country = sys.country;       // 국가명
    var temp = main.temp;            // 현재 온도
    var temp_min = main.temp_min     // 최저 온도
    var temp_max = main.temp_max     // 최고 온도

    // 날씨 아이콘
    var icon_url = 'http://openweathermap.org/img/w/' + icon;

    // 날씨 정보 표시
    $('#weather_info > .city').html(city + "/" + country);
    $('#weather_info .icon').html("<img src='" + icon_url + ".png'>");
    $('#weather_info .w_id').html(wmain);
    $('#weather_info .temp_min').html(parseInt(temp_min-273.15) + '&deg;' + ' min');
    $('#weather_info .temp_max').html( parseInt(temp_max-273.15)
                + '&deg;' + ' max');
    $('#weather_info .temp').html(parseInt(temp-273.15) + '&deg;');

    // 데이터 로딩 후 로딩 이미지 제거
    $('#weather_info .load_img').hide();

}) // end getJSON()
    .fail(function() {
        // 오류 메시지
```

```
            alert( "loding error" );
        });

    </script>
```

12.5 연습 문제

문제 1. 홈페이지의 RSS 정보를 읽기 위해 사용되는 포맷은?

① XML

② HTML

③ JSON

④ TXT

문제 2. JSON 포맷의 특징이 아닌 것은?

① 문서의 양이 XML에 비해 상대적으로 많다.

② XML보다 데이터의 구조가 간단해진다.

③ 일반적인 변수처럼 사용할 수 있다.

④ XML보다 처리 속도가 빠르다.

12.6 마치며

이 장에서는 기상 정보 API 활용 방법을 알아보았습니다. 지도 서비스와 마찬가지로 기상 정보는 방대한 인프라가 필요하고 고도화된 서비스입니다. 현재 API 서비스는 다양한 플랫폼의 접근성을 위해 과거보다 더 유연하고 데이터에 더 쉽게 접근할 수 있도록 하고 있습니다. 우리가 다루는 대부분의 데이터 처리 방식은 JSON이나 XML인데, 특히 JSON은 데이터 구조를 직관적으로 이해할 수 있어 최근 널리 사용되고 있습니다. 예제에서는 현재 날씨 정보를 수치로 표현했지만 그래프로 표시할 수도 있으며, 더 상세한 날씨 정보를 제공할 수도 있으므로 도전해보기 바랍니다.

CHAPTER 13

프로젝트 8: 퀴즈 게임

이 장에서는 객체 지향 프로그래밍 기법을 활용해 사지선다형 퀴즈 게임을 제작합니다. 객체 지향 프로그래밍 기법은 프로그램을 더 체계적으로 작성할 수 있고 유지보수성이 향상된다는 장점이 있습니다.

13.1 개요

이 장에서는 사지선다형 퀴즈 앱을 만들어 봅니다. 애플리케이션을 구현하는 방법은 여러 가지이기 때문에 먼저 어떤 방식으로 제작할 것인지를 구상(창의적으로 생각하기)하는 단계가 필요합니다. 바꾸어 말하면 정해진 정답이 아니라 목표한 결과를 도출해 내기 위해 가장 좋은 방법을 고안해 내는 것(로직)이 프로그래밍입니다.

먼저, 문서에 모든 문제를 직접 작성한 후 자바스크립트에서는 정답 처리만 하는 방법을 생각해 볼 수 있습니다. 그러나 이 방법은 당장 만들기는 수월할지 몰라도 문서가 장황해지고 차후 문제를 수정하거나 추가할 경우 문서와 자바스크립트를 모두 수정해야 하므로 유지보수 측면에 좋지 않습니다.

다음으로, 문서와는 별도로 출제할 문제와 퀴즈 진행 정보 등을 자료화시켜 처리하는 방법입니다. 이렇게 하면 차후에 문제 데이터만 별도로 수정하거나 교체하면 되므로 유지보수가 쉽습니다. 이러한 맥락에서 객체 지향 프로그래밍 기법을 실습해 보겠습니다.

주요 구성

진행 화면

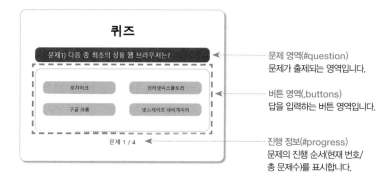

문제 영역(#question)
문제가 출제되는 영역입니다.

버튼 영역(.buttons)
답을 입력하는 버튼 영역입니다.

진행 정보(#progress)
문제의 진행 순서(현재 번호/
총 문제수)를 표시합니다.

결과 화면

https://csslick.github.io/quiz/

작업 순서

단계	작업 내용
1	HTML과 CSS
2	문제 객체 생성
3	문제 데이터 생성
4	퀴즈 객체 생성
5	문제 출력 처리
6	입력 및 정답 판정 처리
7	다음 문제 진행 및 결과 처리

13.2 사전 학습: 객체 지향 프로그래밍

이번 프로젝트에서는 객체 지향 프로그래밍을 활용할 것이므로 이에 대해 더 알아보고, 더불어 함수와 변수에 대한 자바스크립트의 특징을 조금 더 이해하기 위해 클로저라는 개념도 학습해 보도록 하겠습니다. 특히 객체 지향 프로그래밍은 작업할 대상의 구성 요소와 행동을 논리적으로 모델링(추상화)해 처리하는 프로그래밍 기법으로, 대부분의 고급 프로그래밍 언어에서 지원하고 있습니다. 이번 학습을 통해 자바스크립트에 한 걸음 더 깊이 다가갈 수 있을 것입니다.

13.2.1 객체 지향 프로그래밍이란?

자바스크립트는 객체 기반 언어이면서 객체 지향Object-oriented 언어이기도 합니다. 객체 지향은 대부분의 고급 언어에서 지향하는 프로그래밍 기법입니다. 어느 정도 규모가 있는 프로그램을 제작하려면 어떤 대상의 속성을 정의하거나 처리하는 변수나 함수를 더 구조적으로 표현해야 하며, 이는 차후 유지보수가 쉽다는 장점이 있습니다.

객체와 객체 지향의 개념을 정리하면 다음과 같습니다.

- 객체 : 작업의 대상(object)
- 객체 지향 : 객체를 새롭게 정의하는 것
- 객체 기반 : 기존에 만들어져 있는 객체를 사용하는 것

따라서 자바스크립트는 객체 지향이면서 기존 내장 객체를 사용하므로 객체 기반 언어이기도 합니다. 다음 예제를 따라 하면서 살펴봅시다.

그림 13-1 **캐릭터 속성**

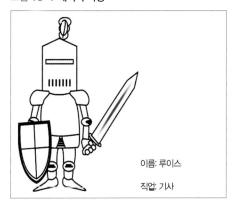

이름: 루이스

직업: 기사

코드 13-1 **캐릭터 소개**

```
document.write('내 이름은 루이스이며 직업은 기사입니다. <br>');
document.write('내 이름은 플레네이며 직업은 마법사입니다. <br>');
```

이 코드는 캐릭터를 소개하는 정보입니다. 나중에 이러한 정보를 반복해서 다양한 형태로 사용해야 한다면 반드시 재사용성을 고려해야 합니다. 이 코드의 문장에서는 이름과 직업이라는 정보로 대상object의 속성을 구분할 수 있습니다.

이 코드를 함수 형태로 정의해 봅시다.

코드 13-2 **함수 형태로 정의**

```
// 함수를 선언
function my_character(name, job){
    document.write('내 이름은 ' + name + '이며 직업은 ' + job + "입니다.<br>" );
}

// 함수를 호출
my_character('루이스', '기사');
my_character('플레네', '마법사');
```

애플리케이션을 개발할 때는 이렇게 함수로 정의해 언제든지 다시 활용할 수 있도록 코드를 제작합니다. 그런데 다음 코드를 보면 새로운 캐릭터 변수를 선언해 함수를 계속 호출하고 있습니다.

```javascript
// 함수를 선언
function my_character(name, job){
  document.write('내 이름은 ' + name + '이며 직업은 ' + job + "입니다.<br>" );
}

// 캐릭터 변수 선언 ──────────❶
var  character_name1 = '루이스';
var  character_job1 = '기사';

var  character_name2 = '플레네';
var  character_job2 = '마법사';

// 함수를 호출
my_character(character_name1, character_job1);
my_character(character_name2, character_job2);
```

문제는 캐릭터 변수 선언 부분(❶)입니다. 캐릭터 속성을 정의할 때마다 새로운 변수를 계속 정의합니다. 물론 이렇게 할 수도 있지만 나중에 추가되는 캐릭터(자료)가 많아지면 똑같은 형태의 변수들로 코드가 너무 장황해집니다. 같은 성격의 my_character_name과 my_character_job이라는 변수가 반복 사용되는 것입니다. 프로그래밍에서 이러한 반복적인 코드는 좋지 않습니다. 이것을 객체로 선언하면 자료의 구조가 훨씬 간단해집니다.

코드 13-4 객체로 선언

```javascript
// 함수를 선언
function my_character(name, job){
  document.write('내 이름은 ' + name + '이며 직업은 ' + job + "입니다.<br>" );
}

// 캐릭터 객체 선언
var character = [ ──────────❶
  {
    name: '루이스',
    job: '기사'
  },
  {
    name: '플레네',
    job: '마법사'
```

```
    }
];

// 함수를 호출
my_character(character[0].name, character[0].job); ─────┐
my_character(character[1].name, character[1].job); ─────┴ ❷
```

❶ 불필요하게 반복된 캐릭터 관련 변수들을 하나의 배열 객체로 구성해 간단한 자료 구조가 되었습니다. character 배열 변수 안에 있는 변수들은 모두 하나의 소속이 되므로 다른 외부 변수와 독립적이면서도 구분하기 쉬워집니다.

❷ character 배열 객체의 name 속성과 character 배열 객체의 job 값을 매개 변수로 전달해 함수를 호출합니다.

본격적인 객체 정의하기 – 객체에 특징 부여

앞서 다루었듯이 객체에는 대상의 속성property이 있을 뿐만 아니라 그것들을 어떻게 처리할지를 다루기 위해 함수를 정의할 수 있습니다. 객체에 포함되는 함수는 메서드method라고 하며 일반적인 함수와 구분합니다.

그림 13-2 **객체 속성과 메서드**

객체(object)	속성(property)	메서드(method)
character 	character.name: '루이스' character.job: '기사'	character.move() character.stop()

코드 13-5 **객체 속성 정의**

```
// 캐릭터 객체 선언
var character = {
    name: '루이스', ─────────❶
    job: '기사',
```

```
    move: function(){  ————————❷
      document.write('캐릭터 이동<br>');
    },
    stop: function(){
      document.write('캐릭터 정지<br>');
    }
  }

  // 메서드 실행
  character.move();    // 캐릭터 이동
  character.stop();    // 캐릭터 정지
```

❶ 객체의 속성property을 정의합니다

❷ 객체의 메서드를 정의합니다. 콜론(:)으로 구분된 앞부분이 메서드명이며 뒤에 익명 함수(이름이 없는 함수)를 정의합니다. 앞서 설명했듯이 객체 내의 함수는 메서드라고 합니다. 보는 바와 같이 이러한 형태의 프로그래밍 기법은 규모가 있거나 범용 API를 제작할 때 주로 활용합니다.

> ⚠ **절차적 프로그래밍과 객체 지향 프로그래밍**
>
> 고급 언어들의 아버지 격인 C언어에서는 원래 객체 개념이 없으며, 절차적인 문장과 함수의 형태로 처리합니다. 이를 절차적 프로그래밍procedural programming이라고 합니다. 지금의 객체 지향 프로그래밍object oriented programming보다 단순하고 직관적이라 오히려 좋은 부분도 있다고 봅니다. 이러다 OOP 개념을 접하면 다들 OOPs! 소리가 난다고들 합니다.
> 객체 지향 프로그래밍에서 유념할 것은 기존의 개별적인 변수와 함수의 관계(자료 처리 중심)에서 벗어나 이들을 객체라는 기본 단위로 설계(데이터의 구조화)해 서로 결합하고 상호 작용하는 점이 중요하다는 것입니다.

메서드에 생명 불어넣기 – 속성 활용

앞서 메서드에서 활용한 객체 내부에는 속성이 아무것도 없었습니다. 이제 속성을 활용해 볼 차례입니다.

코드 13–6 **객체 속성의 활용**

```
  // 캐릭터 객체 선언
  var character = {
```

```
    name: '루이스',
    job: '기사',
    move: function(){
      document.write(this.name + ' ' + this.job + ' 캐릭터 이동<br>');  ─────────❶
    },
    stop: function(){
      document.write(this.name + ' ' + this.job + ' 캐릭터 정지<br>');
    }
  }


  // 메서드 실행
  character.move();      // 루이스 기사 캐릭터 이동
  character.stop();      // 루이스 기사 캐릭터 정지
```

❶ 객체 내부의 속성들을 메서드 내의 정보와 함께 적용해 표시합니다. 속성명의 this는 객체를 의미합니다. 이제 제법 객체를 활용한 구성이 되었습니다.

그런데 이와 동일한 객체 구조로 캐릭터를 또 추가하려면 어떻게 해야 할까요? 물론 객체 변수를 또 추가하면 되지만 앞서 변수를 따로따로 선언한 예제(코드 13-3)의 경우와 같이 코드가 반복되는 상황이 되어 버립니다.

생성자 함수와 인스턴스 객체

객체는 자료의 속성과 행동을 명시하는 구조체라고 했습니다. 앞서의 예시에서 동일한 구조의 새로운 캐릭터 객체를 생성해야 한다면 필요할 때마다 이를 상속받기 위한 객체의 원형이 필요합니다. 여타 객체 지향 프로그래밍 언어에서는 이를 class라고 하지만 자바스크립트에서는 이를 '생성자 함수(constructor)'로 정의합니다.

코드 13-7 **생성자 함수로 정의**

```
  // 생성자 함수
  function Character(name, job){  ─────────❶
    this.name = name;  ─────────❷
    this.job = job;
    this.move = function(){  ─────────❸
      document.write(this.name + ' ' + this.job + ' 캐릭터 이동<br>');
    }
  }
```

```
// 새로운 인스턴스 객체 생성
var char1 = new Character('루이스', '기사');  ──────────❹
var char2 = new Character('플레네', '마법사');

// 메서드 실행
char1.move();      // 루이스 기사 캐릭터 이동
char2.move();      // 플레네 마법사 캐릭터 이동
```

❶ 생성자 함수를 정의합니다. 생성자 함수 객체명의 첫 글자는 반드시 대문자로 표기해 일반 함수들과 구분할 수 있도록 하는 것이 암묵적인 규칙입니다.

❷ 매개 변수 값을 this 객체로 받는 이유는 전달받는 속성 값이 고정된 값이 아니기 때문입니다. 생성자 함수를 통해 새로운 객체(인스턴스 객체라고 함)가 생성(❹)될 때마다 해당 객체의 매개 변수가 개별적으로 대입되므로 동적 변수로 받는다는 의미입니다.

❸ 메서드(객체에서 실행할 함수)를 정의합니다.

❹ 생성자 함수(Character)를 기반으로 새로운 객체 char1을 생성합니다. 이를 '인스턴스 객체'라고 하는데, 말하자면 객체 원본을 바탕으로 복사본을 찍어 내는 것과 같습니다. 각 인스턴스 객체의 속성을 매개 변수로 정의합니다.

그림 13-3 **생성자 함수를 통한 인스턴스 객체 생성**

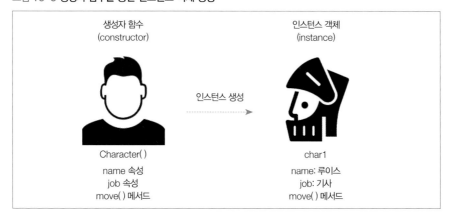

인스턴스 객체가 추가될 때 원형인 생성자 함수(constructor)를 바탕으로 만들어진다고 설명했습니다. 따라서 인스턴스 객체는 constructor 프로퍼티로 확인할 수 있습니다.

참고로, 생성자 함수와 인스턴스 객체의 관계를 확인해 보면 Character 객체와 char1. constructor는 같으며 서로 참조할 수 있는 관계인 것을 알 수 있습니다.

그림 13-4 생성자 함수와 인스턴스 객체의 참조

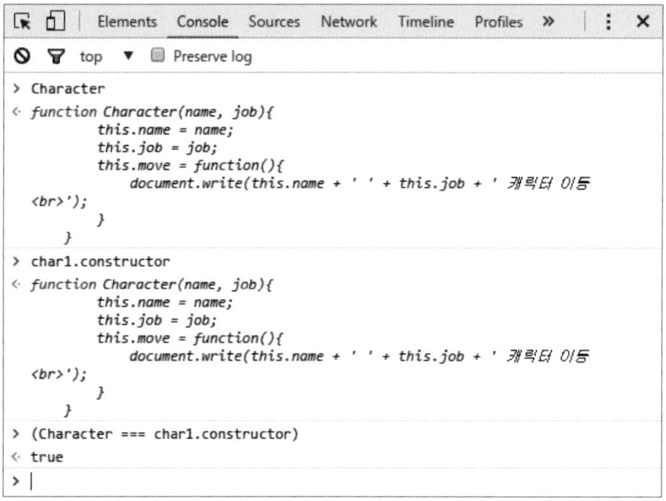

```
⊳ Character
◁ function Character(name, job){
        this.name = name;
        this.job = job;
        this.move = function(){
            document.write(this.name + ' ' + this.job + ' 캐릭터 이동
  <br>');
        }
    }
⊳ char1.constructor
◁ function Character(name, job){
        this.name = name;
        this.job = job;
        this.move = function(){
            document.write(this.name + ' ' + this.job + ' 캐릭터 이동
  <br>');
        }
    }
⊳ (Character === char1.constructor)
◁ true
⊳ |
```

이와 같은 방법을 이용하면 적은 코드로 필요한 객체를 간단하게 계속 만들어 낼 수 있습니다. 사실 객체 지향 프로그래밍은 방법론적이며 작은 규모의 애플리케이션에서는 별 차이가 없지만, 그 규모가 커지고 자료가 방대해질수록 그 진가가 드러납니다. 자바스크립트에서 객체 지향에 대한 개념은 다른 언어에 비해 유연한 구조라서 처음에는 다소 이해하기 어려울 수 있으므로 반복적으로 학습하면서 차근차근 정리하시기 바랍니다.

프로토타입으로 메서드 생성

속성은 생성되는 인스턴스마다 다른 값을 적용해야 하므로 개별 영역이 필요합니다. 하지만 메서드는 모든 인스턴스가 함께 쓰는 '공용체'이기 때문에 인스턴스의 속성으로 상속받기보다는 별도 공간인 프로토타입prototype에 정의하는 것이 좋습니다.

프로토타입 속성으로 정의하면 모든 인스턴스에서 하나의 프로토타입 속성만을 '참조'하므로 인스턴스별로 중복되는 공간을 낭비하지 않을 수 있습니다. 따라서 속성은 '생성자 함수'에, 메서드는 '프로토타입 속성'으로 정의하는 것이 바람직합니다.

그림 13-5 **prototype 속성**

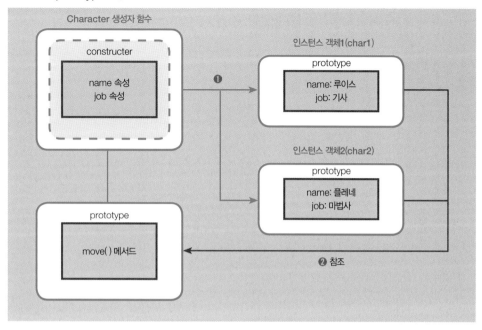

코드 13-8 **프로토타입으로 메서드 생성**

`JS`

```js
// 생성자 함수
function Character(name, job){
  this.name = name;
  this.job = job;
}

// 프로토타입으로 메서드 생성
Character.prototype.move = function(){
  document.write(this.name + ' ' + this.job + ' 캐릭터 이동<br>');
};

// 새로운 객체 인스턴스 생성
var char1 = new Character('루이스', '기사');
var char2 = new Character('플레네', '마법사');

// 메서드 실행
char1.move();
char2.move();
```

객체 리터럴 표현식으로 프로토타입 메서드 정의

추가해야 할 메서드가 다수일 경우 함수식으로 작성하면 장황해집니다.

코드 13-9 추가해야 할 메서드가 많을 때

```js
// 생성자 함수 객체 선언
function Character(name, job){...
}

// 프로토타입으로 메서드 생성  ──────❶
Character.prototype.move = function(){
  document.write(this.name + ' ' + this.job + ' 캐릭터 이동<br>');
};
Character.prototype.attack = function(){
  document.write(this.name + ' ' + this.job + '(이)가 공격<br>');
}
Character.prototype.escape = function(){
  document.write(this.name + ' ' + this.job + '(이)가 도망<br>');
}
Character.prototype.dead = function(){
  document.write(this.name + ' ' + this.job + '(이)가 죽었습니다.<br>');
}

// 새로운 객체 인스턴스 생성
var char1 = new Character('루이스', '기사');
var char2 = new Character('플레네', '마법사');

// 메서드 실행
char1.move();      // 루이스 기사 캐릭터 이동
char1.attack();    // 루이스 기사(이)가 공격
char2.escape();    // 플레네 마법사(이)가 도망
char1.dead();      // 루이스 기사(이)가 죽었습니다.
```

이 코드를 다음과 같이 객체 리터럴로 표현하면 코드가 간결해지고 가독성도 좋아집니다.

코드 13-10 객체 리터럴로 표현

```js
(중략)
// 프로토타입으로 메서드 생성
Character.prototype = {
  move: function(){
```

```
        document.write(this.name + ' ' + this.job + ' 캐릭터 이동<br>');
    },
    attack: function(){
        document.write(this.name + ' ' + this.job + '(이)가 공격<br>');
    },
    escape: function(){
        document.write(this.name + ' ' + this.job + '(이)가 도망<br>');
    },
    dead: function(){
        document.write(this.name + ' ' + this.job + '(이)가 죽었습니다.<br>');
    }
  }
}

(중략)
```

객체 지향 프로그래밍은 이렇게 코드를 체계적으로 구성하고 모듈화하기에 이상적이지만 장점만 있는 것은 아닙니다. 데이터(객체) 구조가 복잡해지면 프로그램 모듈 간에 복합적으로 참조하는 절차가 많아지므로 성능상 취약점이 발생할 수도 있습니다. 따라서 절차적 처리와 병행해 접근하는 것이 바람직합니다.

13.2.2 ECMAScript 6 Class

자바스크립트의 가장 최신 버전인 ECMAScript 6는 2015년 6월에 처음 공개되었는데 변수에 대한 규칙이 엄격해지고 클래스와 모듈 같은 복잡한 응용 프로그램을 작성하기 위한 새로운 문법이 추가되었습니다. 이번 판은 "ECMAScript Harmony" 혹은 "ES6 Harmony" 등으로 부르기도 합니다. 특히 명시적인 클래스의 추가로 군더더기 없이 다른 고급 언어들과 동등한 수준의 객체 지향 프로그래밍을 할 수 있게 되었습니다.

클래스 만들기

기존의 자바스크립트(ES5)에는 클래스가 없으므로 생성자 함수와 프로토타입으로 클래스 개념을 구현했지만 ES6에서는 클래스를 선언할 수 있으므로 코드가 간결해집니다. 다음 예제를 통해 비교해 보도록 하겠습니다.

코드 13-11 **프로토타입**

`JS`

```
// 생성자 함수(ES5)
function Character(name, job){
  this.name = name;
  this.job = job;
}

// 프로토타입으로 메서드 생성
Character.prototype.move = function(){
  document.write(this.name + ' ' + this.job + ' 캐릭터 이동<br>');
};

//인스턴스 객체 생성
var char1 = new Character('루이스', '기사');

// 메서드 실행
char1.move();
```

이 코드를 ES6의 클래스로 다시 작성해 보겠습니다.

코드 13-12 **ES6의 클래스**

`JS`

```
// 클래스 선언(ES6)
class Character{
  constructor(name, job){ ————————❶
    this.name = name;
    this.job = job;
  }
  move(){ ————————❷
    document.write(this.name + ' ' + this.job + ' 캐릭터 이동<br>');
  }
}

//인스턴스 객체 생성
let char1 = new Character('루이스', '기사');

// 메서드 실행
char1.move();
```

❶ 생성자 함수로 정의하던 형태로 constructor에 속성을 정의합니다.

❷ 메서드를 지정합니다. 클래스 안의 함수들은 function 키워드를 따로 선언하지 않아도 됩니다. 기존 방식에서는 prototype으로 함수들을 별도로 선언해서 연결하는 방식이어서 구성이 복잡였지만, ES6는 문법이 한결 간결해졌습니다.

클래스의 상속

클래스의 상속이란 클래스 원형을 토대로 새로운 클래스를 재창조하는 것입니다. ES6의 클래스를 사용하면 기존 자바스크립트로 클래스의 상속 개념을 구현하는 것보다 작업이 훨씬 간단해집니다. 구체적인 사례를 살펴봅시다.

그림 13-6 **클래스 가계도**

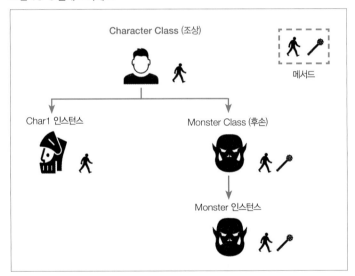

코드 13-13 **ES6의 클래스 상속**

```
"use strict";// 문법을 엄격하게 적용함을 선언하는 키워드

// 클래스 선언
class Character{
  constructor(name, job){
    this.name = name;
    this.job = job;
  }
  move(){
```

```
        document.write(this.name + ' ' + this.job + ' 캐릭터 이동<br>');
    }
}

// 자식 클래스 추가
class Monster extends Character{ ─────────❶
    constructor(name, job, skill){
        super(name, job); ─────────❷
        this.skill = skill; ─────────❸
    }
    useSkill(){ ─────────❹
        document.write(this.name + ' ' + this.job + ' '
                + this.skill + ' 스킬 사용<br>');
    }
}

//인스턴스 객체 생성
let char1 = new Character('루이스', '기사');
let monster = new Monster('오크', '대장', '몽둥이')

// 메서드 실행
char1.move();
monster.useSkill();
monster.move();
```

실행 결과

- 루이스 기사 캐릭터 이동
- 오크 대장 몽둥이 스킬 사용
- 오크 대장 캐릭터 이동

❶ Character의 자식 클래스(extends로 상위 클래스 지정)를 추가합니다. 여기서 짚고 넘어 갈 부분이 하나 있습니다. 인스턴스 객체는 클래스(또는 생성자 함수)의 원형에서 복사되어 그 틀대로 재사용하는 것이 목적이지만 클래스는 그 부모(super)에게서 원형을 상속받아 새 로운 형태로 변형된 클래스를 재창조한다는 점입니다. ECMAScript 6에서는 이러한 클래스의 개념을 다른 고급 언어들과 동등한 수준으로 정리했다고 볼 수 있습니다.

❷ super()는 상속받은 객체(부모)의 생성자(constructor)를 호출해 자식 클래스인 Monster에 적용합니다.

❸ 새로운 속성을 추가합니다. 부모 클래스를 바탕으로 Monster 클래스만의 새로운 특징을 부여한 것입니다.

❹ 몬스터가 스킬을 사용해야 하므로 스킬 사용 메서드(useSkill)를 추가합니다.

정리

- 자바스크립트에서 생성자 함수는 객체를 만들기 위한 원형입니다. 이를 토대로 생성자 함수와 동일한 형태로 만들어진 객체를 인스턴스 객체라고 하며, 이는 클래스의 개념과 유사합니다.
- 생성자 함수에 속성을 정의하고 해당 함수의 프로토타입 영역에 메서드를 정의합니다.
- 인스턴스 객체들은 개별적인 영역을 가지지만 생성자 함수의 프로토타입 공간은 생성자 함수로 만들어진 인스턴스 객체들이 공유합니다.
- 인스턴스 객체는 생성자 함수의 기능을 그대로 빌리는 것에 불과하지만 클래스는 기능의 변형이나 조합이 가능한데, 이를 상속이라고 합니다.

13.2.3 클로저

클로저Closure란 자바스크립트의 독특한 문법으로, 함수 내의 함수와 그 안에 있는 변수를 다루는 부분입니다. 초보자뿐만 아니라 다른 언어를 다루어 본 사람도 조금 혼란스러울 수 있는 개념이므로 다음에서 더 구체적으로 설명하겠습니다.

유효 범위

변수는 크게 지역 변수와 전역 변수가 있습니다. 지역 변수는 함수 내에서만 생명을 가집니다. 함수가 종료되면 함수 내의 변수는 사라집니다. 이렇게 함수 단위의 지역으로 변수의 유효 범위가 정해지는 것을 유효 범위scope라고 합니다.

코드 13-14 **전역 변수와 지역 변수**

```
var globalValue = 20;  // ❶ 전역 변수

function testFunc(){
  var localValue = 10;  // ❷ 지역 변수
  document.write('globalValue = ' + globalValue + '<br>'); // 20
  document.write('localValue  = ' + localValue + '<br>'); // 10
```

```
    }

    testFunc();
    document.write('globalValue = ' + globalValue + '<br>'); // 20
    document.write('localValue  = ' + localValue + '<br>');  // ❸ error
```

함수 밖의 전역 변수 globalValue(❶)는 코드 전체에서 값이 유효하지만 함수 내의 지역 변수인 localValue(❷)는 함수 밖에서 사용하면 에러(❸)가 출력됩니다. 함수가 종료되면 지역 변수가 소멸하기 때문입니다.

그러나 함수가 종료되어도 변수를 유지시킬 수도 있는데, 이러한 경우에 정적 변수^{static variable}를 사용합니다. 하지만 자바스크립트에는 정적 변수가 없습니다. 모든 것(심지어 상수조차도)이 var로 귀결됩니다. C언어의 경우 함수 내의 변수에 static이라고 선언하면 되지만 자바스크립트에서는 번거롭지만 클로저라는 기법을 활용해야 합니다.

정적 변수를 위한 클로저

클로저는 자바스크립트에서 함수 내에 정적 변수를 함수를 통해 전달하는 방식입니다. 먼저 다음의 예를 보겠습니다.

코드 13-15 **지역 변수**

```
function outFunc(){
  var localValue = 0;   // 지역 변수

  localValue++;      // ❶ 1씩 증가
  return localValue;   // 값을 리턴
}

document.write(outFunc() + '<br>');    // 1
document.write(outFunc() + '<br>');    // 1
document.write(outFunc() + '<br>');    // 1
```

이 코드는 함수를 호출할 때마다 함수 내의 변수 값을 1씩 증가(❶)시키려고 작성한 코드입니다. 하지만 원하는 대로 구현되지 않고 모두 1만 출력됩니다. 앞서 설명한 대로 함수 내의 변수는 함수 내에서만 실행되고 종료되면 모두 소멸하기 때문입니다.

```
function outFunc(){
  var staticValue = 0;        // 지역 변수지만 정적 변수로 사용

  // 내부 함수(클로저)
  function inFunc(val){
    var a = val || 1;         // 매개 변수 val을 a에 대입(값이 없으면 1)
    return staticValue += a; // 정적 변수 값 리턴
  }

  return inFunc;             // 함수를 리턴
}

var c = outFunc();           // ❶ 클로저 함수를 리턴받음
document.write(c() + '<br>'); // 1
document.write(c() + '<br>'); // 2
document.write(c() + '<br>'); // 3
```

클로저 함수를 리턴받아 새로운 변수에 대입(❶)하면 outFunc()가 종료된 후에도 해당 함수의 내부 변수 값을 계속 참조하고 변수 값이 생존하게 됩니다. 클로저 또는 정적 변수를 사용하면 자원적인resources 측면에서는 전역 변수와 다를 게 없습니다. 프로그램이 실행되는 동안 메모리에 상주하기 때문입니다.

하지만 전역 변수와 정적 변수의 사용 목적은 분명히 다릅니다. 전역 변수와 달리 정적 변수는 함수 내에서만 사용(외부에서 변경 불가)할 목적으로 만든 유틸리티 변수(예를 들면 객체나 클래스의 속성 값)이기 때문입니다.

for문과 클로저

다른 언어를 경험한 개발자라면 자바스크립트에서 가장 혼란스럽게 느껴지는 것이 변수의 유효 범위입니다. 다음은 for문으로 클로저를 생성할 경우 빈번하게 발생하는 문제입니다. arr 배열에 함수의 반환 값으로 변수 i를 순차적으로 반환시키고 있습니다. 코드를 보고 어떤 결과가 나올지 예상해 봅시다.

코드 13-17 for문과 클로저

```
var arr = [];

for(var i = 0; i < 3; i++){
  arr[i] = function(){
    return i;
  }
  console.log(arr[i]());  // 0 1 2
}

// ❶ for문 종료 후 배열 함수 실행
document.write(arr[0]() + '<br>'), // 3
document.write(arr[1]() + '<br>'); // 3
document.write(arr[2]() + '<br>'); // 3
```

일반적인 상식으로는 for문 종료 후 arr[ ]( ) 배열 함수의 값이 내부에서 확인한 것과 마찬가지로 0, 1, 2로 순차 출력(배열의 순서대로)될 것 같지만 의외의 결과가 출력됩니다.

아래의 결과(❶)를 보면 for문이 끝난 후의 값인 3만 전부 출력됩니다. 이는 클로저가 arr[ ]에 지정한 함수가 되었기 때문입니다. 클로저가 여러 개 만들어졌지만 각 클로저는 하나의 환경을 공유(클로저 함수 내의 변수 i가 for문의 변수 마지막 값을 참조)합니다. 이 경우는 배열 함수의 값을 순서대로 대입하려던 의도에서 벗어난 클로저의 사례이므로 주의해야 합니다.

코드 13-18 for문과 클로저 – 수정1

```
var arr = [];

for(var i = 0; i < 3; i++){
  (function(x){
    arr[x] = function(){
      return x;
    }
  })(i);  // ❶ 익명 함수
}

document.write(arr[0]() + '<br>'); // 0
document.write(arr[1]() + '<br>'); // 1
document.write(arr[2]() + '<br>'); // 2
```

이 예제를 실행시키면 원하는 결과가 출력됩니다. for문 안의 처리문을 즉시 실행 익명 함수 (❶)로 분리(함수 스코프)시키고 클로저가 for문의 i가 아닌 익명 함수의 변수를 참조하도록 한 것입니다.

코드 13-19 for문과 클로저 – 수정2(ES6의 let 변수 선언)

```
var arr = [];

for(let i = 0; i < 3; i++){
    let x = i;
    arr[x] = function(){
      return x;
    }
}

document.write(arr[0]() + '<br>'); // 0
document.write(arr[1]() + '<br>'); // 1
document.write(arr[2]() + '<br>'); // 2
```

참고로 ECMAScript 6의 새로운 변수 선언문인 let 키워드로 변수를 선언하면 변수의 스코프가 블록 단위(기존에는 함수 단위만 적용)로 엄격해지므로 이러한 문제가 발생하지 않습니다.

문서 객체의 인덱스 구하기

마지막으로 더 실용적인 사례로 현재 클릭한 버튼의 인덱스 값을 알아내는 예제를 작성해 보도록 하겠습니다.

코드 13-20 for문으로 버튼에 이벤트 리스너 추가

```
<body>
  <div class="buttons">
    <button class="btn">button1</button>
    <button class="btn">button2</button>
    <button class="btn">button3</button>
    <button class="btn">button4</button>
  </div>
</body>

<script>
```

```
    var btn = document.querySelectorAll('.btn');

    for(var i = 0; i < 4; i++){
        btn[i].addEventListener('click', function(){
          console.log(i);   // 4
        });
    }
</script>
```

앞의 예제와 같은 상황입니다. 버튼을 클릭하면 해당 버튼의 인덱스 값을 구해야 하는데, 어떤 버튼을 눌러도 for문이 끝난 시점의 변수 값 4만 출력됩니다. 클로저가 만들어져 이벤트 핸들러들이 for문이 끝난 변수의 값만 참조하고 있습니다. 이럴 때는 다음과 같이 익명 함수로 스코프를 만들어 주면 문제가 해결됩니다.

코드 13–21 **for문으로 버튼에 이벤트 리스너 추가 – 수정**

```
var btn = document.querySelectorAll('.btn');

for(var i = 0; i < 4; i++){

  (function(x){
    btn[x].addEventListener('click', function(){
      console.log(x);
    });
  })(i);
}
```

13.3 구현하기

이번 프로젝트에서는 사전 학습에서 다루어 본 내용과 더불어 객체 지향 기법을 주로 활용합니다. 유지보수 측면에서 향후 문제 데이터 업데이트를 더 쉽게 하기 위함입니다.

13.3.1 HTML과 CSS

문제 출력을 포함한 각 부분에 해당하는 퀴즈 진행 정보는 모두 자바스크립트에서 처리하므로
문서의 내용이 매우 간단하게 구성되었습니다.

코드 13-22 **퀴즈 진행 정보(index.html)**

```html
<div class="grid">
  <h1>퀴즈</h1>
  <div id="quiz">
    <p id="question"></p>  ──────────❶

    <div class="buttons">  ──────────❷
      <button class="btn"></button>
      <button class="btn"></button>
      <button class="btn"></button>
      <button class="btn"></button>
    </div>

    <footer>
      <p id="progress">진행 정보</p>  ──────────❸
    </footer>
  </div><!-- end quiz -->

</div><!-- end grid -->
```

❶ 문제를 출력하는 영역입니다.

❷ 버튼 영역 그룹이며 사지선다형이므로 내부에 4개의 버튼으로 구성됩니다.

❸ 진행 정보 표시 영역입니다.

코드 13-23 **스타일 작성(style.css)**

```css
body{
  font-family: sans-serif;
  font-size: 18px;
}

/* 레이아웃 */
.grid{
```

```
    width: 600px;
    margin: 50px auto;
    background-color: #fff;
    padding: 10px 50px 30px 50px;
    border: 2px solid #EED0DC;
    border-radius: 20px;
    box-shadow: 5px 5px 5px #cbcbcb;
}
.grid h1{
    color: #333;
    font-size: 2.4em;
    text-align: center;
}

/* 문제 영역 */
.grid #question{
    font-size: 24px;
    background-color: #C34C74;
    color: #fff;
    font-size: 1.2em;
    padding: 10px 2em;
    border-radius: 15px;
    text-align: left;
}
#quiz{ text-align: center; }

/* 진행 정보 */
#progress{
    color: #2b2b2b;
    font-size: 20px;
}

/* 버튼 영역 */
.buttons{
    padding: 30px 20px;
    border: 2px solid #EED0DC;
    border-radius: 20px;
}
.btn{
    background-color: #EED0DC;
    color: #333;
    width: 250px;
    font-size: 16px;
    border: 1px solid #ffe3ed;
```

```
        border-radius: 15px;
        margin: 10px 40px 20px 0px;
        padding: 10px;
        transition: 0.5s;
    }
    .btn:nth-child(2n){ margin-right: 0; }
    .btn:hover{
        cursor: pointer; ─────────❶
        background-color: #C34C74; color: white;
    }
    .btn:focus{ outline: 0; } ─────────❷
```

❶의 cursor 속성은 버튼 hover 시 마우스의 모양을 강제로 변경해 주기 위한 것으로 pointer로 변경했습니다. 보통 버튼이 아닌 일반 요소도 CSS나 자바스크립트에서 상호 작용 요소로 만드는 경우가 많습니다. 이는 사용자에게 UI 버튼임을 알려 주는 시각적 인지 요소이므로 UI 구현 시 참고하기 바랍니다.

그림 13-7 pointer 변경 전/후

변경 전   변경 후

❷ 버튼을 클릭할 경우 해당 요소에 focus(선택) 효과가 적용되어 테두리가 계속 남아 있는 현상이 발생합니다. 이는 원래 정상적인 것일지라도 시각적으로는 불필요한 부분입니다. 해당 테두리 효과를 제거하기 위해 outline 속성의 테두리 값을 0으로 합니다.

그림 13-8 focus 테두리 발생

주요 부분에 CSS3의 그림자 효과(box-shadow)와 곡선 효과(border-radius)를 활용했습니다. 각각의 빈 영역은 자바스크립트에서 정보로 추가될 주요 영역들입니다.

13.3.2 문제 객체 생성

문제를 출제하기 위해 필요한 데이터 변수는 크게 3가지로 구성됩니다. 질문하는 텍스트와 선택할 답(4가지) 그리고 마지막으로 답에 대한 정보가 필요합니다. 이럴 때는 각각의 파편화된 변수로 선언하기보다는 문제 정보를 담는 하나의 그릇인 객체object로 정의하는 것이 바람직합니다.

코드 13-24 **객체 정의(app.js)**

```js
// 문제 객체(생성자 함수)
function Question(text, choice, answer){
    this.text = text;          ①
    this.choice = choice;      ②
    this.answer = answer;      ③
}
```

문제 객체를 만들기 위한 생성자 함수를 정의합니다.

표 13-1 **문제 객체의 속성**

구분	속성명	설명
①	text	질문 텍스트
②	choice	선택할 답들이 정의되는 영역(배열)
③	answer	정답 정보

13.3.3 퀴즈 정보 객체 생성

퀴즈 점수, 문제 데이터, 문제 번호도 하나의 퀴즈 정보 객체로 구성하기 위해 생성자 함수로 정의합니다.

코드 13-25 **퀴즈 정보 객체 생성**

```javascript
// 문제 객체
function Question(text, choice, answer){...
}

// 퀴즈 정보 객체
function Quiz(questions){
  this.score = 0;            ──────❶
  this.questions = questions; ──────❷
  this.questionIndex = 0;    ──────❸
}
```

표 13-2 **Quiz(퀴즈 정보) 객체의 속성**

구분	속성명	설명
❶	score	점수
❷	questions	문제 데이터
❸	questionIndex	진행 중인 질문(문제 번호)

13.3.4 문제 데이터 생성

배열 변수 questions를 선언하고 문제를 추가합니다.

코드 13-26 **문제 데이터 생성**

```javascript
// 문제 데이터
var questions = [
  new Question('다음 중 최초의 상용 웹 브라우저는?', ['모자이크', '인터넷 익스플로러',
    '구글 크롬', '넷스케이프 네비게이터'], '넷스케이프 네비게이터'),
  new Question('웹 문서에서 스타일을 작성하는 언어는?', ['HTML', 'jQuery', 'CSS', 'XML'], 'CSS'),
  new Question('명령어 기반의 인터페이스를 의미하는 용어는?', ['GUI', 'CLI', 'HUD', 'SI'], 'CLI'),
```

```
    new Question('CSS 속성 중 글자의 굵기를 변경하는 속성은?', ['font-size', 'font-style',
  'font-weight', 'font-variant'], 'font-weight')
    ];
```

배열 안에 생성자 함수 Question의 객체 인스턴스를 new 연산자로 생성해 문제 정보를 추가
했습니다. 배열이므로 문제 객체를 지정한 형식으로 원하는 만큼 추가할 수 있습니다.

표 13-3 문제 데이터(Question 객체)

객체 인스턴스	속성(매개 변수)	값
new Question(a1, b1, c1)	text	'웹 문서에서 스타일을 작성하는 언어는?'
	choice	['HTML', 'jQuery', 'CSS', 'XML']
	answer	'CSS'
new Question(a2, b2, c2)	text	'명령어 기반의 인터페이스를 의미하는 용어는?'
	choice	'GUI', 'CLI', 'HUD', 'SI'
	answer	'CLI'
new Question(a3, b3, c3)	text	...
	choice	...
	answer	...

그림 13-9 questions 배열에 생성된 퀴즈 데이터

13.3.5 퀴즈 객체 생성

생성자 함수 Quiz를 바탕으로 새로운 퀴즈 객체(quiz)를 생성하는 코드를 살펴보겠습니다.

코드 13-27 **퀴즈 객체 생성**

```
// 퀴즈 객체 생성
var quiz = new Quiz(questions);  ————————❶
```

❶ 게임 진행을 위한 인스턴스 객체 'quiz'를 생성합니다. 객체 생성 시 매개 변수로 앞에서 정의한 'questions' 배열을 전달합니다.

표 13-4 **quiz 객체의 속성**

속성명	값
score	0(초기 값)
questions	new Question(text, choice, answer), …
questionIndex	0(초기 값으로 문제 진행 번호)

13.3.6 문제 출력 update_quiz( ) 함수

update_quiz() 함수는 quiz 객체의 문제와 4개의 선택 항목을 출력하고 다음 문제로 진행하도록 합니다.

코드 13-28 **문제 출력**

```
// 퀴즈 객체 생성
var quiz = new Quiz(questions);

// 문제 출력 함수
function update_quiz(){
    var question = document.getElementById('question');  ————————❶
    var idx = quiz.questionIndex + 1;  ————————❷
    var choice = document.querySelectorAll('.btn');  ————————❸

    // 문제 출력  ————————❹
    question.innerHTML = '문제'+ idx + ') ' + quiz.questions[quiz.questionIndex].text;

    // 선택 항목 출력  ————————❺
    for(var i = 0; i < 4; i++){
        choice[i].innerHTML = quiz.questions[quiz.questionIndex].choice[i];
```

```
        }
    }

    update_quiz();  ————————⑥
```

실행 결과

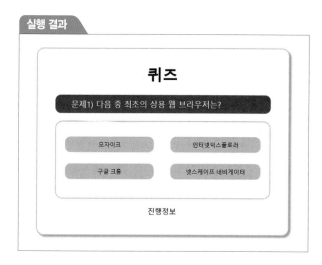

❶ 질문이 표시되는 영역의 문서 객체(#question)를 변수로 지정합니다.

❷ 변수 idx는 현재의 문제 번호를 표시하기 위한 변수로 quiz.questionIndex 배열 값에서 1을 더해 표시하도록 합니다.

❸ 선택할 문제가 표시되고 선택할 수 있는 4개의 버튼 객체(.btn)를 변수로 지정합니다.

❹ 문제 출력 영역에 지정된 문제를 출력합니다.

표 13-5 **문제 출력 정보**

변수명	설명
idx	문제 번호
quiz.questions[quiz.questionIndex].text	현재 출제되고 있는 문제 텍스트(배열)

❺ 4개의 정답 선택 버튼 영역에 표시될 텍스트를 출력합니다.

❻ update_quiz() 함수를 실행합니다.

13.3.7 정답 판정용 메서드 추가

문제가 출력되는 것을 확인했으므로 이제 정답을 판정하는 기능을 추가해 봅시다. Quiz 생성자 함수의 프로토타입에 메서드를 추가(❶)합니다.

코드 13-29 **정답 판정**

```
// 퀴즈 정보 객체(생성자 함수)
function Quiz(questions){...
}

// 정답 확인 메서드
Quiz.prototype.correctAnswer = function(answer){ ──────────❶
  return answer == this.questions[this.questionIndex].answer; ──────❷
};
```

correctAnswer 메서드(❶)는 Quiz 생성자 함수 내에 정의한 속성과는 별도로 Quiz 생성자의 프로토타입 속성으로 정의합니다. 이 부분은 객체 지향 프로그래밍에서 학습한 바와 같이 프로토타입 기반 상속을 하는 자바스크립트의 전형적인 방식입니다.

correctAnswer 프로토타입 속성의 값은 익명 함수가 되므로 실행할 수 있는 메서드가 됩니다. 매개 변수 answer는 사용자가 선택한 답이며 this.questions[this.questionIndex].answer가 가진 문제의 정답 정보와 비교해 값이 같으면 true, 아니면 false를 반환(❷)해 정답 여부를 판정합니다.

표 13-6 **정답 판정 변수**

return 값(정답 여부)	사용자의 답	문제 데이터 정답
true or false	answer	this.questions[this.questionIndex].answer

13.3.8 입력 및 정답 처리 checkAnswer( ) 함수

4개의 버튼으로 사용자가 선택한 답을 입력받고 정답을 처리하는 함수입니다.

```
var btn = document.querySelectorAll('.btn');      // .btn 객체

// 입력 및 정답 확인 함수
function checkAnswer(i){
  // 선택 버튼(.btn) 이벤트 리스너
  btn[i].addEventListener('click', function(){
    var answer = btn[i].innerText; ─────────❷

    if(quiz.correctAnswer(answer)){ ─────────❸
      alert('정답입니다!');
      quiz.score++; ─────────❹
    } else{ alert('틀렸습니다!'); }
  });
} // end checkAnswer

// 4개의 버튼 이벤트 리스너 지정 ─────────❶
for(var i = 0; i < btn.length; i++){
  checkAnswer(i);
}

update_quiz();
```

❶ 먼저 아래의 for 반복문으로 4개의 버튼에 각각 별도의 이벤트 리스너를 적용해 해당 버튼 입력 여부에 따라 게임 판정을 하기 위한 checkAnswer() 함수를 호출합니다.

❷ 콜백 함수 내의 변수 answer는 버튼 클릭 시 해당 버튼 내의 텍스트 값을 반영합니다. 여기서 참조한 값은 정답을 판정하는 메서드 quiz.correctAnswer()의 매개 변수에 전달합니다.

❸ 정답 여부를 if문으로 판정합니다.

❹ 선택한 버튼의 답이 정답이면 점수를 추가합니다.

13.3.9 다음 문제 진행 및 결과 처리

checkAnswer() 함수 안에 다음 문제 진행을 위한 처리문을 추가합니다. quiz 객체의 퀴즈 진행 순서 속성인 quiz.questionIndex를 통해 다음 문항으로 진행하도록 처리할 수 있습니다.

```javascript
// 입력 및 정답 확인 함수
function checkAnswer(i){
  // 선택 버튼(.btn) 이벤트 리스너
  btn[i].addEventListener('click', function(){
    var answer = btn[i].innerText;

    if(quiz.correctAnswer(answer)){
      alert('정답입니다!');
      quiz.score++;
    } else{ alert('틀렸습니다!'); }

    // 다음 문제로 진행 및 결과 처리
    if(quiz.questionIndex < quiz.questions.length-1){      ──────①
      quiz.questionIndex++;      ──────②
      update_quiz();      ──────③
    } else {
      // 결과 화면
      result();      ──────④
    }
  });
} // end checkAnswer
```

❶ quiz.questions.length는 총 문항수입니다. 현재 문제 번호(quiz.questionIndex)와 비교해 다음 문항으로의 진행 여부를 판단합니다.

❷ 문제가 아직 끝나지 않았으면 quiz.questionIndex를 증가시켜 다음 문제로 진행합니다.

❸ 다음 문제로 업데이트합니다.

❹ 문제 출제가 끝났으면 결과 화면을 호출합니다.

문제 진행 정보 표시

퀴즈 화면 하단에 문제 진행 정보를 표시하기 위한 함수를 작성합니다. 앞서도 활용했던 문제 진행 관련 속성을 활용하고 있으므로 참고하기 바랍니다.

코드 13-32 문제 진행 정보 표시

```javascript
// 문제 진행 정보 표시
function progress(){
  var progress = document.getElementById('progress');
  progress.innerHTML = '문제 ' + (quiz.questionIndex+1)
          + ' / ' + quiz.questions.length;
}

// 입력 및 정답 확인 함수
function checkAnswer(i){...
}
```

표 13-7 문제 진행 정보 표시 내용

구분	현재 문제 번호	총 문항수
속성명	quiz.questionIndex + 1	quiz.questions.length

update_quiz( )에 progress( ) 함수 추가

문제가 출제될 때마다 하단에 문제 진행 정보를 함께 표시하도록 코드를 추가합니다.

코드 13-33 문제 진행 정보 표시

```javascript
// 문제 출력 함수
function update_quiz(){
  var question = document.getElementById('question');
  var idx = quiz.questionIndex + 1;
  (중략)

  progress(); ────────────❶
}
```

❶ 문제 진행 정보를 표시할 함수를 호출합니다. 다음과 같이 하단에 문제 진행 정보가 표시됩니다.

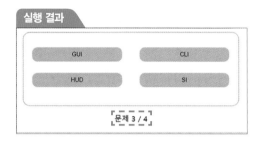

13.3.10 결과 처리 result( ) 함수

퀴즈를 다 풀고 난 후 결과 화면을 표시하는 함수를 작성합니다. 별도의 페이지를 호출하지 않고 자바스크립트로 #quiz 박스 컨테이너 내에 있는 원래의 내용을 지우고 결과 화면(❶)으로 바뀌도록 처리했습니다.

코드 13-34 **결과 처리**

```
<div class="grid">
  <h1>퀴즈</h1>
  <div id="quiz">
    <!— 여기에 결과 화면을 표시 —>  ─────────❶
  </div><!— end quiz —>

</div><!— end grid —>
```

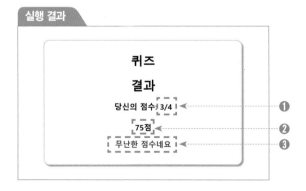

#quiz 영역에 점수에 따라 3가지의 결과 정보가 표시됩니다.

표 13-8 **결과 화면 정보**

정보 구분	변수 및 출력 내용
❶ '맞춘 문항수/총 문항수' 표시	quiz.score, quiz.questions.length
❷ 백분율 점수	per = (quiz.score x 100) / quiz.questions.length
❸ 결과 텍스트	60점 미만 – "더 분발하세요"
	60점 이상 ~ 80점 미만 – "무난한 점수네요"
	80점 이상 – "훌륭합니다"

결과 처리에 대한 코드를 살펴보겠습니다.

코드 13-35 **결과 처리**

```
// 결과 표시
function result(){
  var quiz_div = document.getElementById('quiz');  // 퀴즈 박스 컨테이너

  // 백분율 점수 계산
  var per = parseInt((quiz.score*100) / quiz.questions.length);          ─────❶

  // 표시할 텍스트 정보와 변수  ─────────❷
  var txt = '<h1>결과</h1>' +
        '<h2 id="score"> 당신의 점수: ' + quiz.score + '/' +
        quiz.questions.length + '<br><br>' + per + '점</h2>';

  quiz_div.innerHTML = txt;  // 결과 텍스트 출력        ─────────❸

  // 점수별 결과 텍스트 출력  ─────────❹
  if(per < 60){
    txt += '<h2 style="color:red">더 분발하세요</h2>';
    quiz_div.innerHTML = txt;
  } else if(per >= 60 && per < 80){
    txt += '<h2 style="color:red">무난한 점수네요</h2>';
    quiz_div.innerHTML = txt;
  } else if(per >= 80){
    txt += '<h2 style="color:red">훌륭합니다</h2>'
    quiz_div.innerHTML = txt;
  }
} // end result
```

❶ 백분율로 환산한 점수(맞춘 문항수 × 100을 총 문항수로 나눈 값)를 변수 per에 대입합니다.

❷ txt 변수에 표시할 텍스트 정보와 변수를 추가한 후 quiz_div 문서 객체에 표시(❸)합니다. 마지막으로 기준 점수별로 해당하는 텍스트를 추가(❹)하는 조건문을 추가하면 모든 정보 출력이 끝납니다.

13.3.11 자바스크립트 전체 코드 보기

[코드 13-36]은 지금까지 작성한 코드 전체입니다.

코드 13-36 **app.js**

```js
// 문제 객체
function Question(text, choice, answer){
  this.text = text;
  this.choice = choice;
  this.answer = answer;
}

// 퀴즈 정보 객체
function Quiz(questions){
  this.score = 0;              // 점수
  this.questions = questions;   // 질문
  this.questionIndex = 0;       // 질문 순서
}

// 정답 확인 메서드
Quiz.prototype.correctAnswer = function(answer){
  return answer == this.questions[this.questionIndex].answer;
};

// ──────────────────────────────────────────
// 문제 데이터
var questions = [
  new Question('다음 중 최초의 상용 웹 브라우저는?', ['모자이크', '인터넷 익스플로러',
    '구글 크롬', '넷스케이프 네비게이터'], '넥스케이프 네비게이터'),
  new Question('웹 문서에서 스타일을 작성하는 언어는?', ['HTML', 'jQuery', 'CSS',
    'XML'], 'CSS'),
  new Question('명령어 기반의 인터페이스를 의미하는 용어는?', ['GUI', 'CLI', 'HUD',
    'SI'], 'CLI'),
  new Question('CSS 속성 중 글자의 굵기를 변경하는 속성은?', ['font-size',
    'font-style', 'font-weight', 'font-variant'], 'font-weight')
```

```
];

// 퀴즈 객체 생성
var quiz = new Quiz(questions);


// ─────────────────────────────────────────────
// 문제 출력 함수
function update_quiz(){
  var question = document.getElementById('question');
  var idx = quiz.questionIndex + 1;
  var choice = document.querySelectorAll('.btn');

  // 문제 출력
  question.innerHTML = '문제'+ idx + ') ' + quiz.questions[quiz.questionIndex].text;

  // 선택 항목 출력
  for(var i = 0; i < 4; i++){
    choice[i].innerHTML = quiz.questions[quiz.questionIndex].choice[i];
  }

  progress();
}


// 문제 진행 정보 표시(현재 문제 번호/총 문항수)
function progress(){
  var progress = document.getElementById('progress');
  progress.innerHTML = '문제 ' + (quiz.questionIndex+1)
          + ' / ' + quiz.questions.length;
}


// ─────────────────────────────────────────────
// 결과 표시
function result(){
  var quiz_div = document.getElementById('quiz');  // 퀴즈 박스 컨테이너

  // 백분율 점수 계산
  var per = parseInt((quiz.score*100) / quiz.questions.length);

  // 표시할 텍스트 정보와 변수
  var txt =  '<h1>결과</h1>' +
        '<h2 id="score"> 당신의 점수: ' + quiz.score + '/' +
        quiz.questions.length + '<br><br>' + per + '점</h2>';
```

```
    quiz_div.innerHTML = txt;   // 결과 텍스트 출력

    // 점수별 결과 텍스트 출력
    if(per < 60){
      txt += '<h2 style="color:red">더 분발하세요</h2>';
      quiz_div.innerHTML = txt;
    } else if(per >= 60 && per < 80){
      txt += '<h2 style="color:red">무난한 점수네요</h2>';
      quiz_div.innerHTML = txt;
    } else if(per >= 80){
      txt += '<h2 style="color:red">훌륭합니다</h2>'
      quiz_div.innerHTML = txt;
    }
} // end result


// ─────────────────────────────────────────────
var btn = document.querySelectorAll('.btn');   // .btn 객체

// 입력 및 정답 확인 함수
function checkAnswer(i){
  // 선택 버튼(.btn) 이벤트 리스너
  btn[i].addEventListener('click', function(){
    var answer = btn[i].innerText;

    if(quiz.correctAnswer(answer)){
      alert('정답입니다!');
      quiz.score++;
    } else{ alert('틀렸습니다!'); }

    // 다음 문제로 진행 및 결과 처리
    if(quiz.questionIndex < quiz.questions.length-1){
      quiz.questionIndex++;
      update_quiz();
    } else {
      // 결과 화면
      result();
    }
  });
} // end checkAnswer

// 4개의 버튼 이벤트 리스너 지정
for(var i = 0; i < btn.length; i++){
```

```
        checkAnswer(i);
    }

    update_quiz();
```

13.4 jQuery 코드로 변환하기

전체적으로 크게 다른 부분은 없으며, 문서 객체 선택자와 이벤트 핸들러 부분이 간소화되었습니다. 이전에 실습했던 프로젝트에서 사용한 제이쿼리 메서드들을 활용하고 있으므로 자세한 설명은 생략합니다.

코드 13-37 **퀴즈 객체 및 문제 데이터 선언부(app_jq.js)**

`JS`

```js
$(function(){

    // 문제 객체
    function Question(text, choice, answer){...
    }

    // 퀴즈 정보 객체
    function Quiz(questions){...
    }

    // 정답 확인 메서드...
    };

    // 문제 데이터
    var questions = [...];

    // 퀴즈 객체 생성
    var quiz = new Quiz(questions);
```

주요 선언부의 구성은 기존 코드와 동일합니다.

```javascript
// 문제 출력 함수
function update_quiz(){
  var $question = $('#question');
  var idx = quiz.questionIndex + 1;
  $question.html('문제'+ idx + ') ' + quiz.questions[quiz.questionIndex].text);

  for(var i = 0; i < 4; i++){
    var $choice = $('.btn').eq(i);
    $choice.html(quiz.questions[quiz.questionIndex].choice[i]);
  }
  progress();
}

// 문제 진행 정보 표시(현재 문제 번호/총 문항수)
function progress(){
  var progress = $('#progress');
  progress.html("문제 " + (quiz.questionIndex + 1) + " / " + quiz.questions.length);
}
```

주요 선택자와 메서드 부분을 제이쿼리로 수정했으며 특별히 어려운 부분은 없습니다.

코드 13-39 결과 표시 함수

```javascript
// 결과 표시
function result(){
  var $quiz = $('#quiz');
  var per = parseInt((quiz.score * 100) / quiz.questions.length);
  var txt =   '<h1>결과</h1>' +
       '<h2 id="score"> 당신의 점수: ' + quiz.score + '/' +
       quiz.questions.length + '<br><br>' + per + '점</h2>';

  $quiz.html(txt);
  if(per < 60){
    txt += '<h2 style="color:red">더 분발하세요</h2>';
    $quiz.html(txt);
  } else if(per >= 60 && per <= 80){
    txt += '<h2 style="color:red">무난한 점수네요</h2>';
    $quiz.html(txt);
  } else if(per > 80){
    txt += '<h2 style="color:red">훌륭합니다</h2>'
```

```
        $quiz.html(txt);
    }
  }
```

$quiz 문서 객체를 제이쿼리 선택자로 변경하고 결과 메시지를 출력하는 부분도 모두 제이쿼리의 html() 메서드로 텍스트를 출력하도록 수정했습니다.

코드 13-40 **입력 및 정답 확인 함수**

```
$('.btn').click(function(){  ──────❶
  var $answer = $(this).text();  ──────❷

  if(quiz.correctAnswer($answer)){  ──────❸
    quiz.score++;
  } else{ alert('틀렸습니다!'); }

  if(quiz.questionIndex < quiz.questions.length-1){
    quiz.questionIndex++;
    update_quiz();
  } else { result(); }
}); // end onclick

update_quiz();

}); //end $()
```

자바스크립트에서는 각각의 버튼이 배열이기 때문에 반복문을 통해 일일이 이벤트 리스너를 지정했지만 제이쿼리의 click() 메서드(❶)로 각 버튼 클래스에 이벤트를 간단하게 지정할 수 있게 되었습니다.

이전에도 자주 보았던 $(this)은 현재 클릭한 버튼 객체를 의미합니다. 현재 클릭한 버튼의 텍스트 값을 변수 $answer로 가져와(❷) quiz.correctAnswer() 메서드로 정답 판정을 합니다.

13.5 연습 문제

문제 1. 다음 표를 참고해 영화 평점 정보에 대한 객체를 만들고 화면에 표시하세요. 또한 score는 10점 만점 기준으로 숫자와 별표를 함께 표시합니다.

표 13-9 **영화 정보 속성**

구분	속성명	값
영화 제목	title	앤트맨
년도	year	2015
장르	genres	액션
평점	score	7.8

※ 힌트

```
var movies = {...
}

for(var key in movies){...
}

실행 결과
title: 앤트맨
year: 2015
genres: 액션
score: 7.8 ****
```

문제 2. 다음 예제의 car 객체에 속성과 메서드를 추가하세요.

```
<script>
  var car = {
    name: 'Matiz',
    [  ❶  ]

    start: function() {
      document.write(this.name + ' 출발<br>');
    },
    [      ❷      ]
  };
```

```
    car.start();
```

```
</script>
```

추가할 내용

❶ color 속성을 추가하고 값은 'white'를 적용

❷ 자동차의 색상 정보를 출력하는 getColor 메서드 추가

❸ getColor 메서드 실행

실행 결과

```
Matiz 출발
Matiz의 색상은 white입니다.
```

문제 3. Car라는 이름의 생성자 함수(클래스)를 만들고 이를 바탕으로 인스턴스 객체 car1을 생성하세요. car1의 속성은 각각 'name=matiz', 'color=red', 'year=2016'으로 설정하고 start( )와 stop( ) 메서드를 추가합니다.

실행 결과

```
Matiz 출발
Matiz 정지
```

13.6 마치며

이 장에서는 객체 지향 기법을 활용해 문제 데이터 정의 및 게임을 생성하고 정답을 판정하는 주요 메서드를 구현했습니다. 나중에 문제를 수정하거나 추가하더라도 HTML과 자바스크립트 문서를 모두 수정할 필요 없이 정의된 문제 데이터만 업데이트하면 되므로 유지보수가 쉽습니다. 더 나아가 문제 데이터를 외부 파일로 분리한다면 코드를 모르는 문제 출제자가 직접 수정 작업을 할 수 있으므로 분업이 쉬워집니다.

CHAPTER 14

프로젝트 9: 스티키 메모장

이 장에서는 데스크톱 애플리케이션에서 자주 보는 스티키 메모장을 만듭니다. 브라우저의 로컬 저장소 기능을 활용해 오프라인상에서 작성한 메모를 저장하고 읽는 기능을 구현합니다. 특히 다중 윈도 구현과 그동안 학습했던 프로젝트를 전반적으로 활용하는 유용한 실습입니다.

14.1 개요

메모장의 구현에는 메모로 작성한 내용의 보존이 핵심입니다. 웹은 온라인을 기반으로 정보를 서비스하는 데 중점을 두지만 애플리케이션은 필요한 기능을 우선하며 온라인이 반드시 필요한 것은 아닙니다.

예를 들어 메모장을 만든다면 작성한 내용이 온라인 상태가 아니더라도 클라이언트(컴퓨터 또는 스마트 폰 등) 내에 저장되어야 합니다. 하지만 웹 서비스의 경우 모든 데이터는 서버의 데이터베이스에 저장되고 클라이언트(웹 브라우저)와 서버 간의 HTTP 통신으로 서비스됩니다. 단순하게 말하면 인터넷이 끊기면 작업할 수 없는 상태가 됩니다.

HTML5부터는 오프라인 애플리케이션을 제작하기 위한 기능이 다수 추가되었는데, 그중 데이터를 디바이스에 저장할 수 있는 로컬 스토리지^{local storage}라는 기능이 있으며, 기존의 쿠키에 비해 많은 부분이 개선되었습니다.

그림 14-1 스티키 메모장

표 14-1 쿠키와 로컬 스토리지의 차이점

구분	쿠키	로컬 스토리지
목적	웹 사이트 접속 시 사용자 정보를 기억해 두기 위한 용도(캐싱)	– 클라이언트 측 데이터 저장 목적 – 애플리케이션 데이터 캐싱
보안	웹 사이트 접속 시 서버에 쿠키 정보(사용자 정보)가 전달되므로 보안에 취약할 수 있음	서버에 전달되지 않음
유효 기간	있음	없음(영구적)
용량 한도	4KB로 제한	최소 5MB
형식	텍스트	객체 정보 저장 가능

로컬 스토리지를 반드시 로컬 저장 목적으로만 사용하는 것은 아닙니다. 앞서 설명한 바와 같이 글쓰기 애플리케이션의 경우 오프라인 상태에서 작업하다가 이후 온라인 상태일 때 서버에 저장할 수 있게 제작하면 안정성과 편리성을 더욱 높일 수 있기 때문입니다.

로컬 스토리지를 이용한 스티키 메모장을 위한 구성과 기능을 정의해 보겠습니다. 스티키 메모장은 데스크톱 위젯으로 많이 사용되며 포스트잇과 같이 필요한 만큼 메모장 윈도를 생성해 독립적으로 메모를 작성하거나 삭제할 수 있습니다. 이를 위한 필수 기능 아이콘뿐만 아니라 다중 윈도 처리 또한 중요한 구현 포인트입니다.

주요 구성

간단한 메모장으로 보이지만 실제로 작업해 보면 구현할 부분이 많습니다. 기능 버튼은 크게 창을 제어하는 부분과 입출력을 제어하는 부분으로 구성됩니다. 특히 제작할 때 기능을 테스트하면서 수정/보완해 나가는 것이 중요합니다.

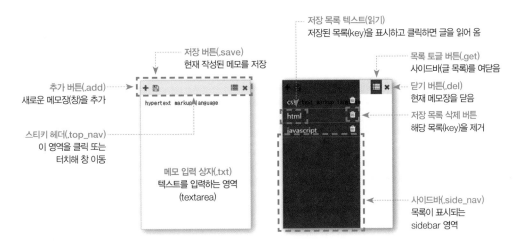

저장 목록 텍스트(읽기)
저장된 목록(key)을 표시하고 클릭하면 글을 읽어 옴

저장 버튼(.save)
현재 작성된 메모를 저장

추가 버튼(.add)
새로운 메모장(창)을 추가

스티키 헤더(.top_nav)
이 영역을 클릭 또는
터치해 창 이동

메모 입력 상자(.txt)
텍스트를 입력하는 영역
(textarea)

목록 토글 버튼(.get)
사이드바(글 목록)를 여닫음

닫기 버튼(.del)
현재 메모장을 닫음

저장 목록 삭제 버튼
해당 목록(key)을 제거

사이드바(.side_nav)
목록이 표시되는
sidebar 영역

https://csslick.github.io/memo/

작업 순서

단계	작업 내용
1	HTML
2	메모장 객체 정의 및 출력
3	메모장 디자인
4	메모장 추가하기
5	메모장 저장하기
6	메모장 읽기
7	메모 불러오기 및 삭제하기
8	메모장 마우스로 이동하기
9	메모장 터치로 이동하기

14.2 사전 학습: 스토리지

HTML5에서 추가된 로컬 스토리지는 window 객체의 하위 객체로, 영구 저장인 로컬 스토리지와 브라우저 실행 중에만 유효한 세션 스토리지라는 두 가지 저장 방식을 제공합니다. 유효 기간 외에는 사용하는 데 차이가 없으므로 여기서는 로컬 스토리지를 위주로 설명합니다.

표 14-2 **스토리지의 종류**

구분	유효 기간
localStorage	없음(영구적)
sessionStorage	브라우저 탭이 열려 있는 동안만 유효하며 종료 시 삭제됨

14.2.1 key와 value

로컬 스토리지의 저장은 키와 값의 형태로 이루어집니다. 키는 저장된 값을 식별하고 가져오는 데 사용합니다. 원하는 만큼 로컬 스토리지에 키를 저장할 수 있습니다. 반대로 키를 가져올 때는 조회하려는 키 값으로 요청합니다. 할당된 키에 저장되는 값은 숫자, 문자열 또는 객체(JSON)나 배열 같은 형태로 저장할 수 있습니다.

그림 14-2 **key와 value**

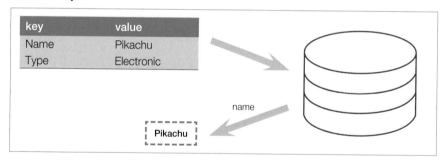

14.2.2 데이터 저장 및 조회하기

데이터를 저장하고 조회하기 위해 사용하는 메서드와 속성을 정리해 보고 구체적인 사용 방법은 다음에서 예제로 다루겠습니다.

표 14-3 로컬 스토리지 메서드 및 속성

이름	구분	쿠키
setItem(key, value)	메서드	해당 키 값의 이름으로 데이터를 저장합니다.
getItem(key)	메서드	해당 키 값의 이름을 가진 데이터를 가져옵니다
removeItem(key)	메서드	해당 키 값의 이름을 가진 데이터를 삭제합니다.
key(index)	메서드	해당 인덱스 값을 가진 키의 이름을 가져옵니다
clear( )	메서드	모든 데이터를 삭제합니다.
length	속성	저장된 데이터의 수를 가져옵니다.

> ⚠ **인터넷 익스플로러에서 테스트 시 주의할 점**
>
> 인터넷 익스플로러의 경우 로컬 실행 환경에서 스토리지 기능이 작동하지 않습니다. 반드시 서버 실행 환경
> 에서 URL로 지정해야만 확인할 수 있으므로 주의해야 합니다.

코드 14-1 데이터 저장 및 조회

```js
// 저장
localStorage.setItem('name', 'pikachu');

// 읽기
var getValue = localStorage.getItem('name');
console.log(getValue);    // pikachu
```

로컬 스토리지에 'name'이라는 키 값으로 'pickachu'라는 값을 저장한 다음 다시 저장한 키
값으로 데이터를 조회합니다.

그림 14-3 크롬 개발자 도구의 스토리지 확인

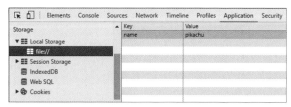

크롬 개발자 도구에서 'Application' 탭을 클릭하면 'Storage 〉 Local Storage'에 저장한 데이
터의 키와 값을 확인할 수 있습니다. 데이터 삭제도 다음과 같이 removeItem( ) 메서드로 간
단하게 처리할 수 있습니다.

코드 14-2 데이터 삭제

`JS`

```js
// 삭제
localStorage.removeItem('name');
```

14.2.3 사용자 환경 설정 구현하기

애플리케이션을 실행할 때 서버에 저장하지 않아도 되는 환경 설정을 로컬 스토리지에 저장하면 편리할 뿐만 아니라 서버와 통신할 필요가 없으므로 성능상으로도 이점이 있습니다.

다음은 글상자 속의 글자색과 배경색을 저장하고 다시 불러오는 예제입니다. 주요 선택자와 속성 변경 부분은 제이쿼리로 작성했습니다.

그림 14-4 글상자 속 글자색과 배경색

코드 14-3 색상 설정 저장 및 읽어 오기

`HTML`

```html
<body>
    <textarea name="txt" id="txt" cols="30" rows="10"></textarea><br />
    <label for="textcolor">change text color</label>    <!-- 색상 변경 -->
    <input type="color" id="textcolor"/><br />
    <label for="bgcolor">change bg color</label>
    <input type="color" id="bgcolor"/><br />

    <button id='set_color'>set color</button>  <!-- 색상 설정 저장 버튼 -->
    <button id='get_color'>get Color</button>  <!-- 색성 설정 읽기 버튼 -->
```

```
<script>
    // 글상자에 글자를 입력
    $('#txt').val('글상자 영역의 색상 값을 저장합니다.');

    // ❶ 글자색 변경 시 글상자의 글자색에 적용
    $('#textcolor').change(function(){
      var color = $(this).val();
      $('#txt').css('color', color);
    });

    // 배경색 변경 시 글상자의 배경색에 적용
    $('#bgcolor').change(function(){
      var color = $(this).val();
      $('#txt').css('backgroundColor', color);
    });

    // ❷ 글자색과 배경색을 로컬 스토리지에 저장
    $('#set_color').click(function(){
      var bgcolor = $('#bgcolor').val();
      var textcolor = $('#textcolor').val();
      localStorage.setItem('bgcolor', bgcolor);
      localStorage.setItem('textcolor', textcolor);
    });

    // ❸ 저장한 환경 설정을 읽어 옴
    $('#get_color').click(function(){
      var bgcolor = localStorage.getItem('bgcolor');
      var textcolor = localStorage.getItem('textcolor');
      $('#txt').css({
        'backgroundColor' : bgcolor,
        'color' : textcolor
      });
    });
  </script>
</body>
```

❶ color picker 입력 요소를 통해 색상이 변경(change 이벤트)되면 텍스트 영역의 색상이 변경되도록 합니다.

❷ 현재 컬러 입력 요소(글자색과 배경색)에 지정된 색상 값을 val() 메서드로 읽어서 각각의 키 값(bgcolor, textcolor)을 지정해 로컬 스토리지에 저장합니다.

❸ 환경 설정으로 저장한 로컬 스토리지의 키 값으로 글상자(#txt)의 색상 값을 읽어 와 다시 글상자에 스타일로 적용합니다.

14.2.4 객체(JSON)로 저장하고 불러오기

앞서 코드에서 글자색과 배경색의 키 값을 별도로 저장했는데, 다루는 속성 정보가 많아지면 다른 애플리케이션과 로컬 스토리지를 공유하는 경우 키 값의 구분이 어려워질 수 있습니다.

코드 14-4 **변경 전(14-3.html)**

```js
// ❷ 글자색과 배경색을 로컬 스토리지에 저장
$('#set_color').click(function(){
  var bgcolor = $('#bgcolor').val();
  var textcolor = $('#textcolor').val();
  localStorage.setItem('bgcolor', bgcolor);
  localStorage.setItem('textcolor', textcolor);
});
```

이 경우 하나의 키 값에 여러 설정 값을 객체 형태로 저장하면 편리합니다. 단, 객체로 저장할 경우에는 입출력을 위한 변환 과정이 필요합니다.

[코드 14-4]는 다음과 같이 수정할 수 있습니다.

코드 14-5 **변경 후**

```js
// ❷ 글자색과 배경색을 로컬 스토리지에 저장
$('#set_color').click(function(){
  var bgcolor = $('#bgcolor').val();
  var textcolor = $('#textcolor').val();
  var obj = {                              ──────ⓐ
    bgcolor : bgcolor,
    textcolor : textcolor
  }
  // 색상 설정 객체를 저장
  localStorage.setItem('color', JSON.stringify(obj));  ──────ⓑ
});
```

ⓐ 두 색상 설정 값을 객체로 정의해 하나의 키 값에 여러 값을 저장할 수 있도록 합니다.

ⓑ 자바스크립트에서는 데이터를 외부(웹 스토리지나 서버 등)와 주고받는 경우 JSON 표준 형식을 이용합니다. 데이터를 내보낼 경우에는 먼저 데이터를 문자열(string)로 변환해 주어야 합니다. 따라서 객체 형태의 데이터를 스트링으로 변환하기 위해 JSON.stringify() 메서드를 사용해 문자열로 변환시켜 저장합니다.

그림 14-5 **로컬 스토리지에 객체를 저장**

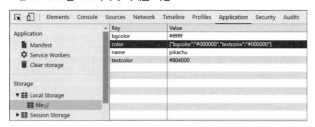

반대로 가져올 때는 JSON.parse()를 이용해 문자열을 객체로 변환(코드 14-7 ❶)합니다. 이러한 형식은 자바스크립트뿐만 아니라 독립적인 데이터 포맷(JSON)으로 다양한 프로그래밍 언어에서 표준(AJAX 통신)으로 사용됩니다.

코드 14-6 **변경 전**

```js
// ❸ 저장한 환경 설정을 읽어 옴
$('#get_color').click(function(){
  var bgcolor = localStorage.getItem('bgcolor');
  var textcolor = localStorage.getItem('textcolor');
  $('#txt').css({
    'backgroundColor' : bgcolor,
    'color' : textcolor
  });
});
```

[코드 14-6]은 다음과 같이 수정할 수 있습니다.

코드 14-7 **변경 후 – JSON 형식으로 읽어 오기**

```js
// ❸ 저장한 환경 설정을 읽어 옴
$('#get_color').click(function(){
```

```
        var color = JSON.parse(localStorage.getItem('color'));  ──────────❶
        $('#txt').css({
          'backgroundColor' : color.bgcolor,
          'color' : color.textcolor
        });
      });
```

14.3 구현하기

이 프로젝트에서는 구현할 기능이 많기 때문에 효율적인 작업을 위해 제이쿼리 라이브러리뿐만 아니라 유용한 여러 라이브러리를 추가로 활용할 것입니다.

14.3.1 HTML

스티키 메모장은 정적인 메모장이 아니기 때문에 자바스크립트에서 동적으로 추가 또는 삭제하도록 처리해야 합니다. 따라서 HTML 문서 본체에는 컨테이너 박스 이외에 아무 내용도 작성하지 않았습니다.

코드 14-8 문서 초기화(index.html)

HTML
```
<!DOCTYPE html>
<html lang="en">
<head>
  <meta charset="UTF-8">
  <meta name="viewport" content="width=device-width,user-scalable=no">
  <title>Sticky Memo</title>
  <link rel="stylesheet" href="css/font-awesome.min.css">  ──────────❶
  <link rel="stylesheet" href="css/style.css">
  <script src="https://ajax.googleapis.com/ajax/libs/jquery/1.12.4/jquery.min.js">
  </script>
  <script src="js/jquery-ui.min.js"></script>  ──────────❷
  <script src="js/app.js"></script>  ──────────❸
</head>
<body>
  <div id="sticky_wrap"></div>
```

```
</body>
</html>
```

❶ font-awesome 아이콘 라이브러리를 등록합니다.

❷ 제이쿼리 UI는 제이쿼리로 제작된 UI에 특화된 별도의 라이브러리입니다. 추가할 경우 반드시 제이쿼리(jquery.min.js) 다음에 추가합니다. 마우스 드래그 기능을 추가하기 위해 활용합니다.

❸ 사용자 자바스크립트는 외부 자바스크립트로 작성하며 가장 마지막에 추가합니다.

14.3.2 메모장 정의 및 출력

사용자가 새로운 메모장을 추가할 경우 자바스크립트에서 동적으로 출력할 수 있도록 변수로 문서 객체를 정의합니다.

코드 14-9 메모장 정의 및 출력(app.js)

```js
$(function(){
  // ❶ 메모장
  var sticky_html =
    '<div class="sticky">' +
      '<nav class="top_nav">' +
        '<a href="#" class="add"><i class="fa fa-plus"></i></a>' +
        '<a href="#" class="save"><i class="fa fa-floppy-o"></i></a>' +
        '<div class="right">' +
          '<a href="#" class="get"><i class="fa fa-list"></i></a>' +
          '<a href="#" class="del"><i class="fa fa-times"></i></a>' +
        '</div>' +
      '</nav>' +
      '<textarea name="txt" class="txt"></textarea>' +
      '<nav class="side_nav"><ol></ol></nav>' +
    '</div>';

  /* ─────────────────────────────────────── */
  // ❷ 메모장 초기화
  $('#sticky_wrap').append(sticky_html);

});
```

변수(html)에 메모장의 문서 구조를 정의(❶)하고 $append() 메서드를 이용해 html 문서의 컨테이너(#sticky_wrap) 안에 html을 동적으로 추가(❷)합니다.

14.3.3 메모장 디자인

CSS 코드를 추가해 메모장 디자인을 꾸며 봅니다.

코드 14-10 메모장 기본 스타일(style.css)

```css
*{ margin: 0; padding: 0; }
#sticky_wrap{ ————————❶
  position: fixed;
  width: 100%; height: 100%;
}
.sticky{ ————————❷
  position: absolute;
  left: 50px; top: 50px;
  width: 250px; height: 300px;
  font-size: 1em;
  background: #FEF098;
  border: 1px solid #ccc;
  box-shadow: 5px 5px 20px rgba(0, 0, 0, 0.3);
  margin: 0; padding: 0;
  padding-bottom: 32px;
  overflow: hidden;
  opacity: 0.8;
}
.sticky:hover{ opacity: 1; } ————————❸
```

❶ 메모장이 표시될 프레임 영역으로, 문서의 크기와 동일합니다.

❷ 메모장 본체는 absolute 좌표계로 지정해 메모장이 추가되면 프레임 영역 안에서 2D 좌표계로 표시되도록 합니다.

❸ 메모장 본체는 기본적으로 0.8(80%)의 불투명도를 opacity 값으로 가지고 있습니다. 메모장을 마우스로 선택하거나 터치할 경우 opacity 값을 1(100%)로 조정해 선택하지 않은 메모장보다 뚜렷하게 보이도록 처리합니다.

코드 14-11 **style.css – 메모장 상단 버튼 내비게이션 및 글상자 영역(style.css)**

```css
.sticky > .top_nav{
  height: 32px; line-height: 32px;
}
.sticky > .top_nav a{
  display: inline-block;
  padding: 0 5px;
  color: #666;
  text-decoration: none;
}
.sticky > .top_nav a:hover{
  color: #FFF4B6; background: #666;
}
.sticky > .top_nav > a.add{
  float: left;
}
.sticky > .top_nav > .right{
  float: right;
}

/* 글상자 영역 */
.sticky > textarea{
  margin: 0; padding: 10px;
  box-sizing: border-box;
  width: inherit; height: inherit;
  background: lightyellow;
  border: none;
  resize: none;
}
```

14.3.4 메모장 추가 기능

메모장 상단 버튼들의 기능을 하나의 객체(Sticky)로 묶어서 메서드로 정의합니다. 버튼은 총 4개인데, 우선 메모장을 추가하는 메서드와 이벤트를 정의합니다.

코드 14-12 메모장 추가(app.js)

```js
var sticky_html = ...(중략)

// 메모 객체
var Sticky ={
  // 메모 추가 메서드
  add : function(){
    // ❶ 창 크기를 구함
    var win_width = $('#sticky_wrap').width() - 250,
      win_height = $('#sticky_wrap').height() - 300,
      x = Math.random() * win_width,        // 랜덤으로 좌표를 지정
      y = Math.random() * win_height;

    $('#sticky_wrap').append(sticky_html);    // ❷ 메모장 추가
    var $new_sticky = $('.sticky').last();    // ❸ 새로 생성된 메모장 객체

    $new_sticky.css({
      left: parseInt(x) + 'px',
```

```
        top: y
    });
    $('.sticky').css('zIndex', '0');    // 메모장 레이어 초기화
    $new_sticky.css('zIndex', '99');    // ❹ 새 메모장을 상위 레이어로
  },
};  // end Sticky{}
```

❶ 새로 추가하는 메모장은 화면 범위 안에서 표시되어야 합니다. 부모인 #sticky_wrap의 창 범위(win_width와 win_height) 안에서 임의로 출력시킵니다. 이때 메모장이 출력되는 좌표 기준점은 박스의 좌측 상단입니다.

제이쿼리의 width()와 height() 메서드로 해당 객체의 크기를 구할 수 있습니다. 이를 이용하여 창 크기 win_width와 win_height를 구하고 메모장(.sticky)의 크기(250×300)만큼 가로, 세로로 각각 마이너스 값을 적용하여 메모장이 화면 범위 안에서 표시되도록 범위를 지정합니다.

그림 14-6 메모장 생성 범위

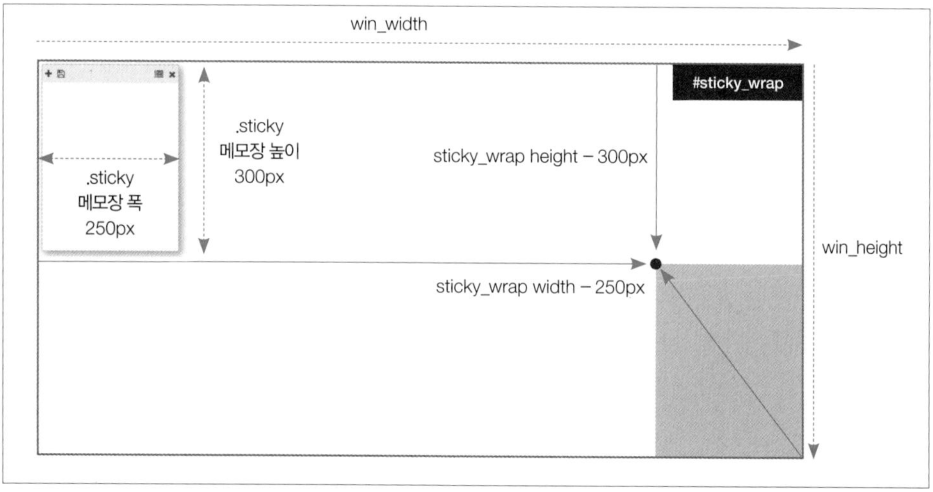

❷ 메모장을 추가로 생성합니다.

❸ 새로운 메모장은 append() 메서드에 의해 #sticky_wrap의 마지막에 추가되므로 last() 메서드로 메모장 객체를 선택한 후 다음에 표시될 좌표를 지정합니다.

❹ 새로운 메모장이 가장 위에 표시되도록 기존 메모장의 z-index 값을 초기화하고 새 메모장 레이어를 상위 값으로 조정합니다.

추가 버튼 이벤트 정의

메모장을 추가하기 위한 버튼 이벤트를 [코드 14-13]과 같이 추가합니다.

코드 14-13 **추가 버튼 이벤트(app.js)**

```
/* ———————————————————————————————— */
// 추가 버튼
$('#sticky_wrap').on('click', '.add', function(){  ————❶
    Sticky.add();  ————❷
});
```

실행 결과

❶ 동적으로 생성된 요소(문서 객체)의 경우 이벤트 핸들러가 동작하지 않습니다. 문서가 실행될 당시 해당하는 객체(메모장)가 문서 안에 존재하지 않았기 때문입니다. 제이쿼리에서 동적 생성 요소에 이벤트를 정의하려면 먼저 기존에 존재하는 부모 객체를 선택자로 지정(동적 요소를 참조하기 위함)하고 on() 메서드를 이용해 하위에 있는 버튼 요소에 이벤트를 정의해야 합니다. 이는 자바스크립트가 문서 내에 새로 생성된 문서 객체를 재탐색하는 방식으로 처리한다고 보면 됩니다.

코드로 작성하면 다음과 같습니다. 동적 DOM 참조에 대한 자세한 부분은 5.2절을 참고합니다.

```
$('참조할 요소명').on('이벤트', '요소명', function() {
    // 처리문
)};
```

❷ 메모장 추가 버튼(.add) 클릭 시 앞서 Sticky 객체에서 정의한 add() 메서드를 실행합니다.

그림 14-7 **추가된 메모장 객체**

14.3.5 메모장 저장 기능

Sticky 객체에 메모장 저장 기능을 하는 save() 메서드를 추가합니다.

코드 14-14 **메모장 저장(app.js)**

```js
// 메모 객체
var Sticky ={
  // 메모 추가 메서드
  add : function(){...
  },

  // 메모 저장 메서드
  save : function(current_memo){
      var idx = localStorage.length;   // ❶ 저장된 글 수
      var txt = current_memo.val();    // ❷ 작성 중인 글

      // 작성된 글이 있으면 저장 ❸
      if(txt !== ''){
        var key = prompt('저장할 파일명?', '');
        localStorage.setItem(key, txt);
        }
  },

};  // end Sticky{}
```

❶ 로컬 스토리지에 저장된 데이터의 수를 length 속성으로 참조합니다.

❷ current_memo 변수는 함수를 통해 매개 변수로 전달된 메모장 객체입니다. 현재 선택한 (작업 중인) 메모장 객체에서 작성된 글 영역textarea을 가리키고 있으며, 이를 txt 변수에 대입했습니다.

❸ 메모장에 작성된 글이 없으면 저장하지 않아도 되므로 빈 값이 아닐 경우에만 저장하도록 하고, prompt() 함수로 먼저 사용자가 저장할 파일명(키 값)을 입력한 후 스토리지에 저장하도록 처리합니다.

저장 버튼 이벤트 정의

저장 버튼 또한 동적으로 생성된 메모장 객체에 포함되어 있기 때문에 이벤트 전달은 #sticky_ wrap을 통해 참조해야 합니다.

코드 14-15 **추가 버튼 이벤트(app.js)**

```js
// 추가 버튼
(중략)


// 저장 버튼
$('#sticky_wrap ').on('click', '.save', function(){
  var current_memo = $(this).parent().siblings('.txt'); // ❶ 글 영역 선택
  Sticky.save(current_memo); —————————❷
});
```

❶ 현재 선택한 메모장 객체의 .save 버튼을 기준으로 작성 중인 글 영역(.txt)을 동적으로 참조해 메모장 저장 함수 Sticky.save()에 전달(❷)합니다. $(this)은 현재 클릭한 메모장의 저장 버튼이고 그 안에 작성 중인 글 영역을 메서드로 탐색해 지정한 것입니다.

> ⚠ 제이쿼리의 DOM 탐색 메서드를 사용해 요소를 탐색할 수 있습니다. [표 14-4]는 자주 사용하는 탐색 메서드입니다.

표 14-4 제이쿼리 탐색 메서드

메서드명	설명
parent( )	부모 노드를 선택합니다.
siblings( )	형제 노드를 선택합니다.
children( )	하위 자식 노드를 선택합니다.
prev( )	이전의 형제 노드를 선택합니다.
next( )	다음 형제 노드를 선택합니다.

그림 14-8 저장 버튼의 부모 노드를 찾은 후 형제를 탐색

저장 확인

메모장에 내용을 작성해 저장한 후 항목에서 개발자 도구의 로컬 스토리지를 확인합니다.

그림 14-9 메모 저장

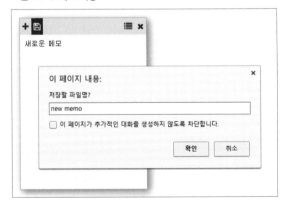

그림 14-10 **로컬 스토리지 확인**

	Elements	Console	Sources	Network	Timeline	Profiles	Application	Security	Audits

Key	Value
css	cascading style sheet
html	hypertext markup language
javascript	JavaScript is web programing language
new memo	새로운 메모

Storage
▼ ▦ Local Storage
   ▦ file://
▶ ▦ Session Storage

14.3.6 메모장 읽기 기능

저장한 글을 다시 불러오는 기능을 추가해 보겠습니다. 먼저 메뉴 디자인을 구현한 후에 메모
장 객체(Sticky)에 세부적인 기능을 추가합니다.

사이드바 목록 스타일 지정

목록 읽기 버튼을 누르면 왼쪽에서 메모장의 사이드바가 돌출되면서 그 안에서 글 제목이 목록
형태로 표시됩니다. 목록은 토글 기능으로 표시/비표시 처리됩니다.

코드 14-16 **사이드바 목록 스타일(style.css)**

`CSS`

```
(중략)

/* 사이드바 글 목록 */
.sticky > .side_nav{
  position: absolute;
  left: -100%; top: 0;              ──────❶
  width: 70%; height: 100%;
  background: rgba(0, 0, 0, 0.6); color: white;
  box-sizing: border-box;
  padding-top: 32px;
  list-style: none;
  overflow: auto;
  transition: 0.5s;              ──────❷
}
.sticky > .side_nav.active{ left: 0%; }    ──────❸
.sticky > .side_nav li{
  padding: 5px 10px;
  border-bottom: 1px solid rgba(255, 255, 255, 0.3);
```

```
  }
  .sticky > .side_nav li:hover{
    background: #333; color: white;
  }
  .sticky > .side_nav li i{ float: right; }
```

❶ 사이드바의 기본 상태는 메모장의 왼쪽 화면 밖으로 나간 상태로 표시되지 않게 처리하고 목록 읽기 기능을 호출할 때만 표시(❸)되도록 합니다.

❷ 사이드바가 부드럽게 움직이며 나타나도록 트랜지션 효과를 적용합니다.

그림 14-11 **사이드바 표시/비표시**

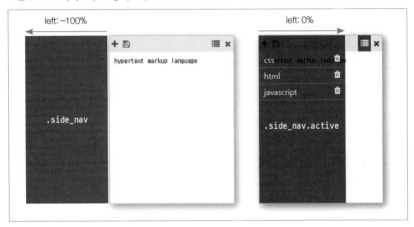

목록 읽기 기능 추가

저장된 목록을 읽어 오는 get() 메서드를 추가하고 해당 목록이 표시되는 영역인 사이드바의 토글을 구현합니다. 매개 변수 current_memo에는 메모장의 사이드바 객체(.side_nav)를 전달할 것입니다.

코드 14-17 **목록 읽기(app.js)**

JS

```
// 메모 객체
var Sticky ={
  // 메모 추가 메서드
  add : function(){...
```

```
      },

      // 메모 저장 메서드
      save : function(current_memo){...
      },

      // 메모 목록 및 읽기 메서드
      get : function list_storage(current_memo){
          var key;
          var l = localStorage.length;   // ❶ 총 스토리지 길이
          var del_icon = '<i class="fa fa-trash"></i>';  // 삭제 아이콘

          current_memo.find('ol').empty();   // ❷ 목록 초기화
          current_memo.toggleClass('active');      // ❸ 목록 토글

          // ❹ 현재 메모장(current_memo)의 사이드바에 파일 목록 표시
          for(var i = 0; i < l; i++){
            key = localStorage.key(i);
            current_memo.find('ol')
                  .append('<li>' + key + del_icon + '</li>');
          }
      } // end get()
    };  // end Sticky{}
```

❶ 로컬 스토리지에 저장된 데이터의 크기를 구합니다.

❷ 사이드바의 목록을 추가하기 전에 기존 목록을 비워 주어야 합니다. 그렇지 않으면 창을 열고 닫을 때마다 기존 목록과 함께 계속 쌓이기 때문입니다. 여기서는 제이쿼리의 empty() 메서드로 문서 객체 내부를 비웠습니다.

❸ 현재 선택한 메모장(current_memo)의 사이드바가 CSS에서 지정한 스타일대로 열리거나 닫히도록 클래스를 토글시킵니다.

❹ 스토리지에 있는 모든 데이터의 제목(키 값)과 삭제 아이콘을 목록(ol) 안에 추가합니다.

> ⚠ 어질러 놓는 것보다 치우는 것이 더 중요합니다. 창만 닫으면 그 안에 있는 목록은 지워지지 않기 때문에 나중에 다시 열 때 목록이 계속 증가하는 현상이 나타납니다. 우리는 어릴 적 부모님의 교훈을 잊지 말아야 합니다.

읽기 버튼 이벤트 정의

읽기 버튼을 클릭했을 때 메모장의 사이드바에 읽어 올 목록을 불러오기 위한 이벤트를 정의합니다.

코드 14-18 읽기 버튼(app.js)

```js
    // 저장 버튼
    (중략)

    // 읽기 버튼
    $('#sticky_wrap').on('click', '.get', function(){
      var current_memo = $(this).parents('.top_nav').siblings('.side_nav');  ──────❶
      Sticky.get(current_memo);
    });
```

❶ 클릭한 메모장의 저장 버튼을 기준으로 부모(.top_nav)와 그 형제인 사이드바 객체(.side
_nav) 순으로 노드를 탐색해 매개 변수(current_memo)로 전달할 문서 객체를 지정하고 앞서 작성한 Sticky 객체의 get() 메서드를 호출합니다.

창 닫기 버튼 이벤트 정의

메모장을 제거하는 버튼 이벤트를 구현합니다.

코드 14-19 창 닫기 버튼(app.js)

```js
    // 읽기 버튼
    (중략)

    // 창 닫기 버튼
    $('#sticky_wrap').on('click', '.del', function(){
      var current_memo = $(this).parents('.sticky').remove();  // ❶ 메모장 객체 제거
    });
```

❶ 메모장의 창 닫기 버튼(x) 클릭 시 문서 내에서 메모장 객체가 제거됩니다.

14.3.7 메모 불러오기 및 삭제

Sticky 객체의 get() 메서드에 필수 기능 두 가지를 더 추가해 봅니다. 목록의 제목을 클릭하면 메모장 본문으로 불러오는 기능과 저장된 목록 삭제 기능입니다.

그림 14–12 **불러오기 및 삭제 버튼**

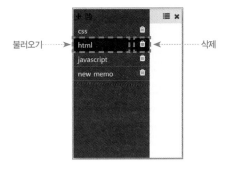

코드 14–20 **Sticky 객체(app.js)**

```js
// 메모 객체
var Sticky ={
  // 메모 추가 메서드
  add : function(){...
  },

  // 메모 저장 메서드
  save : function(current_memo){...
  },

  // 메모 목록 및 읽기 메서드
  get : function list_storage(current_memo){
      (중략)
      // 현재 메모장(current_memo)의 사이드바에 파일 목록 표시
      for(var i = 0; i < l; i++){...
      }

      // 목록을 클릭 시 메모 읽어오기
      current_memo.find('li').click(function(){
        var getData = $(this).text();  // ❶ 목록의 글 제목을 읽음
        var txt = localStorage.getItem(getData); // ❷
        current_memo.toggleClass('active');      // ❸ 목록창 닫기
        current_memo.prev('.txt').val(txt);      // ❹ 내용 표시
```

```
      });

      // 목록 삭제 버튼
      current_memo.find('li > i').click(function(){
        var key = $(this).parent().text();  // 목록의 제목(key)을 읽음 ❺
        var ok = confirm('해당 메모를 삭제할까요?');
        if(ok){
          localStorage.removeItem(key); ─────────────❻
        }
      });
    } // end get()
  };  // end Sticky{}
```

❶ 목록의 제목은 키 값에서 불러온 것이므로 키 값과 동일합니다. 따라서 해당 값을 키 값(❷)으로 해 로컬 스토리지의 데이터를 불러와 변수 txt로 가져옵니다.

❸ 목록이 불러와지면 자동으로 사이드바가 닫히도록 클래스를 토글시킵니다.

❹ 사이드바의 이전 형제 요소인 텍스트 영역(.txt)을 탐색해 지정한 후 불러온 글(데이터)을 표시합니다.

❺ 사이드바의 삭제 버튼(i)의 부모(li)를 탐색해 키 값인 텍스트 값을 읽어 와 사용자의 확인을 거친 후 삭제(❻)를 수행합니다.

14.3.8 메모장 이동 – 마우스

입력 디바이스는 마우스와 터치가 다르므로 따로 구현해야 합니다. 먼저 마우스를 누르고 움직이면 메모장이 화면에서 이동하는 드래그 기능은 제이쿼리 UI 라이브러리를 이용하면 간단하게 구현할 수 있습니다.

코드 14-21 index.html – 제이쿼리 UI 추가

```
<script src="https://ajax.googleapis.com/ajax/libs/jquery/1.12.4/jquery.min.js">
</script>
<script src="js/jquery-ui.min.js">
</script>
```

그림 14-13 메모장 드래그 영역

드래그 영역
(.top_nav)

그림과 같이 메모장 상단의 영역을 드래그 영역으로 지정하기 위해 [코드 14-22]를 추가합니다.

코드 14-22 제이쿼리 UI draggable( )

```
// ❶ 마우스가 메모장 상단에 위치하면 드래그 활성화
$('#sticky_wrap').on('mouseover', '.top_nav', function(){
  $(this).parent().draggable();
});
```

❶ 메모장 상단 내비게이션 영역을 드래그할 경우에만 메모장이 드래그(이동)되도록 처리합니다. 제이쿼리 UI의 draggable( ) 메서드를 부모인 메모장 객체에 지정하면 메모장 이동 처리가 구현됩니다.

문서 내용이 길어졌으므로 전체 구성을 요약해 정리해 보겠습니다.

코드 14-23 마우스 드래그 코드 추가(app.js)

JS

```
$(function(){

  // 메모장
  var sticky_html = ...

  // 메모 객체
  var Sticky ={...
  };  // end Sticky{}

  /* ────────────────────────────────── */
```

```
    // 추가 버튼
    $('#sticky_wrap').on('click', '.add', function(){...
    });

    // 저장 버튼
    $('#sticky_wrap').on('click', '.save', function(){...
    });

    // 읽기 버튼
    $('#sticky_wrap').on('click', '.get', function(){...
    });

    // 창 닫기 버튼
    $('#sticky_wrap').on('click', '.del', function(){...
    });

    /* ─────────────────────────────────────────── */
    // ❶ 마우스가 메모장 상단에 위치하면 드래그 활성화
    $('#sticky_wrap').on('mouseover', '.top_nav', function(){
      $(this).parent().draggable();
    });

    /* ─────────────────────────────────────────── */
    // 메모장 초기화
    $('#sticky_wrap').append(sticky_html);

  });
```

❶ 본문 하단의 '읽기 버튼' 이벤트 핸들러를 정의한 다음 부분에 코드 14-22를 추가합니다.

14.3.9 메모장 이동 – 터치 디바이스

제이쿼리 UI의 draggable() 메서드는 마우스에만 대응하기 때문에 이번에는 제3장에서 학습했던 터치 디바이스 이벤트를 활용해 터치 드래그를 구현해 봅니다.

코드 14-24 **터치 디바이스용 코드 추가(app.js)**

JS ───
```
    // 마우스가 메모장 상단에 위치하면 드래그 활성화
    $(document).on('mouseover', '.top_nav', function(){...
    });
```

```
/* ──────────────────────────────────────────── */
// 터치 입력
$('#sticky_wrap').on('touchstart mousedown', '.sticky', function(){ // ❶ 이벤트 지정
  $('.sticky').css('zIndex', '0');
  $(this).css('zIndex', '99');  // ❷ 드래그 시 메모장 표시 우선 순위 설정
});

$('#sticky_wrap').on('touchmove', '.top_nav', function(e){
  var $sticky = $(this).parent();   // 메모장 객체
  var event = e.originalEvent;    // ❸ 자바스크립트 이벤트로 접근
  var touchobj = event.changedTouches[0]; // ❹ 터치 이벤트 객체

  // ❺ 현재 손가락 위치
  var x = parseInt(touchobj.clientX),
    y = parseInt(touchobj.clientY),
    ex = x - 125;
    ey = y - 16;

  // ❻ 메모장 위치 지정
  $sticky.css('left', ex + 'px');
  $sticky.css('top', ey + 'px');
});
```

❶ on 메서드에 touchstart와 mousedown 속성 2개를 작성하면 두 가지 이벤트에 동시에 대응하며 현재 사용자가 선택한 메모장이 가장 위에 표시되도록 z-index 값을 조정(❷)합니다.

❸ 제이쿼리의 이벤트 객체를 네이티브 자바스크립트의 이벤트 객체로 전달합니다. 현재 제이쿼리를 통해 이벤트를 처리하기 때문에 이벤트 객체(e)는 원래 자바스크립트의 이벤트 객체(오리지널 이벤트)와 다른 제이쿼리 고유의 이벤트 객체입니다. 제이쿼리 3.0(※) 하위 버전은 HTML5의 터치 이벤트를 지원하지 않습니다.

설명을 덧붙이자면 지금 사용할 터치 관련 객체(❹)는 제이쿼리가 아닌 네이티브 자바스크립트에 있는 HTML5의 이벤트 객체라서 event.changedTouches 객체를 그대로 사용하려 하면 오류가 발생합니다. 따라서 제이쿼리 이벤트 객체를 원래 자바스크립트 이벤트 객체로 접근할 수 있는 제이쿼리 Event 객체의 originalEvent 속성을 이용한 것입니다.

❺ 터치 객체(touchobj)로 손가락의 위치를 감지하고 메모장의 위치 이동(❻)에 반영합니다. 터치 관련 부분은 제3장에서 다룬 부분이므로 설명은 여기까지 하도록 하겠습니다.

14.3.10 자바스크립트 전체 코드 보기

코드 14-25는 지금까지 작성한 전체 코드입니다.

코드 14-25 **app.js**

```js
$(function(){

  // 메모장
  var sticky_html =
    '<div class="sticky">' +
      '<nav class="top_nav">' +
        '<a href="#" class="add"><i class="fa fa-plus"></i></a>' +
        '<a href="#" class="save"><i class="fa fa-floppy-o"></i></a>' +
        '<div class="right">' +
          '<a href="#" class="get"><i class="fa fa-list"></i></a>' +
          '<a href="#" class="del"><i class="fa fa-times"></i></a>' +
        '</div>' +
      '</nav>' +
      '<textarea name="txt" class="txt"></textarea>' +
      '<nav class="side_nav"><ol></ol></nav>' +
    '</div>';

  // 메모 객체
  var Sticky ={
    // 메모 추가 메서드
    add : function(){
      // 창 크기를 구함
      var win_width = $('#sticky_wrap').width() - 250,
        win_height = $('#sticky_wrap').height() - 300,
        x = Math.random() * win_width,     // 랜덤으로 좌표를 지정
        y = Math.random() * win_height;

      $('#sticky_wrap').append(sticky_html);  // 메모장 추가
```

```javascript
    var $new_sticky = $('.sticky').last();  // 새로 생성된 메모장 객체

    $new_sticky.css({
      left: parseInt(x) + 'px',
      top: y
    });
    $('.sticky').css('zIndex', '0');    // 메모장 레이어 초기화
    $new_sticky.css('zIndex', '99');  // 새 메모장을 상위 레이어로
},

// 메모 저장 메서드
save : function(current_memo){
    var idx = localStorage.length;  // 저장된 글 수
    var txt = current_memo.val();     // 작성 중인 글

    // 작성된 글이 있으면 저장
    if(txt !== ''){
      var key = prompt('저장할 파일명?', '');
      localStorage.setItem(key, txt);
      }
},

// 메모 목록 및 읽기 메서드
get : function list_storage(current_memo){
    var key;
    var l = localStorage.length;  // 총 스토리지 길이
    var del_icon = '<i class="fa fa-trash"></i>';

    current_memo.find('ol').empty();  // 목록 초기화
    current_memo.toggleClass('active');  // 목록 토글

    // 현재 메모장(current_memo)의 사이드바에 파일 목록 표시
    for(var i = 0; i < l; i++){
      key = localStorage.key(i);
      current_memo.find('ol')
            .append('<li>' + key + del_icon + '</li>');
    }

    // 목록을 클릭 시 메모 읽어 오기
    current_memo.find('li').click(function(){
      var getData = $(this).text();  // 목록의 글 제목을 읽음
      var txt = localStorage.getItem(getData);
      current_memo.toggleClass('active');  // 목록창 닫기
      current_memo.prev('.txt').val(txt);    // 내용 표시
```

```
      });

      // 목록 삭제 버튼
      current_memo.find('li > i').click(function(){
        var key = $(this).parent().text();  // 목록의 제목(key)을 읽음
        var ok = confirm('해당 메모를 삭제할까요?');
        if(ok){
          localStorage.removeItem(key);
        }
      });
    } // end get()

};  // end Sticky{}

/* ─────────────────────────────────────────── */
// 추가 버튼
$('#sticky_wrap').on('click', '.add', function(){
  Sticky.add();
});

// 저장 버튼
$('#sticky_wrap').on('click', '.save', function(){
  // 동적으로 생성된 요소는 직접 참조되지 않으므로 this를 통해 탐색
  // 형제 filter() 메서드는 작동하지 않으므로 next() 사용
  var current_memo = $(this).parent().siblings('.txt');  // 글 영역 선택
  Sticky.save(current_memo);
});

// 읽기 버튼
$('#sticky_wrap').on('click', '.get', function(){
  // 현재 버튼의 부모를 경유해서 .side_nav 선택(동적 생성 요소 참조)
  var current_memo = $(this).parents('.top_nav').siblings('.side_nav');
  Sticky.get(current_memo);
});

// 창 닫기 버튼
$('#sticky_wrap').on('click', '.del', function(){
  var current_memo = $(this).parents('.sticky').remove();  // 메모장 객체 제거
});

/* ─────────────────────────────────────────── */
// 마우스 입력: 마우스가 메모장 상단에 위치하면 드래그 활성화
$('#sticky_wrap').on('mouseover', '.top_nav', function(){
  $(this).parent().draggable();
```

```
  });

  /* ─────────────────────────────────────────── */
  // 터치 입력
  $('#sticky_wrap').on('touchstart mousedown', '.sticky', function(){ // 복수 이벤트 지정
    $('.sticky').css('zIndex', '0');  // 드래그 시 메모장 표시 우선 순위 설정
    $(this).css('zIndex', '99');
  });

  $('#sticky_wrap').on('touchmove', '.top_nav', function(e){
    var $sticky = $(this).parent();  // 메모장 객체
    var event = e.originalEvent;    // 제이쿼리에서 기존 자바스크립트 이벤트 받을 때 필요
    var touchobj = event.changedTouches[0];  // 터치 이벤트 객체

    // 현재 손가락 위치
    var x = parseInt(touchobj.clientX),
      y = parseInt(touchobj.clientY),
      ex = x - 125;
      ey = y - 16;

    // 메모장 위치 지정
    $sticky.css('left', ex + 'px');
    $sticky.css('top', ey + 'px');
  });

  /* ─────────────────────────────────────────── */
  // 메모장 초기화
  $('#sticky_wrap').append(sticky_html);

});
```

14.4 연습 문제

문제 1. 로컬 스토리지에서 모든 데이터를 삭제하는 메서드는?

① removeItem( )

② getItem( )

③ deleteItem( )

④ clear( )

문제 2. 로컬 스토리지와 세션 스토리지의 차이점은?

① 로컬 스토리지가 세션 스토리지보다 저장 공간이 크다.

② 로컬 스토리지는 브라우저가 종료되면 데이터가 삭제되지만 세션 스토리지는 영구히 저장된다.

③ 세션 스토리지는 브라우저가 종료되면 데이터가 삭제되지만 로컬 스토리지는 영구히 저장된다.

④ 세션 스토리지는 서버에 정보를 전송하고 로컬 스토리지는 전달하지 않는다.

문제 3. 자바스크립트에서 웹 스토리지나 AJAX 통신 등으로 객체 데이터를 JSON 형식으로 보낼 때 문자열로 변환해 전달하는 메서드는?

① JSON.toString( )

② JSON.stringify( )

③ getJSON( )

④ ajax( )

문제 4. 다음은 객체를 로컬 스토리지에 저장 후 버튼 클릭 시 해당 정보를 다시 불러와 문서로 출력하는 예제입니다. 코드의 빈칸을 채워 완성하세요.

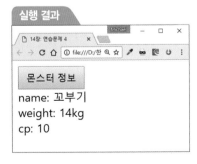

```
<body>
<button id="get_info">몬스터 정보</button><br>

<script>
  var pokemon = {
    'name' : '꼬부기',
    'weight' : '14kg',
    'cp': 10,
  }
  var val = JSON.stringify(            ❶
);

  localStorage.setItem( 'monster',        ❷
);

  get_info.addEventListener('click', function(){
    var monster = JSON.parse(localStorage.getItem(        ❸
));
    var get_info = document.querySelector('#get_info');

    document.body.innerHTML +=
      Object.getOwnPropertyNames(monster)[0] + ': ' + monster.name + '<br>';
    document.body.innerHTML +=
      Object.getOwnPropertyNames(monster)[1] + ': ' + monster.weight + '<br>';
    document.body.innerHTML +=
      Object.getOwnPropertyNames(monster)[2] + ': ' + monster.cp + '<br>';
  });
</script>
</body>
```

⚠ **Object.getOwnPropertyNames(객체명) 함수**

객체의 속성명을 가져오기 위해 사용합니다. 부모 객체는 Object(필수)이며 매개 변수에는 참조할 객체명을 작성합니다.

14.5 마치며

이 장에서는 그동안 학습했던 내용을 전체적으로 활용해 보았습니다. 다음과 같이 정리할 수 있습니다.

- 다중 윈도우창 구현
- 마우스와 터치 대응의 메모장 이동(드래그) 구현
- 작성한 메모장 데이터의 입출력(로컬 스토리지 활용) 기능

사실 로컬 스토리지는 저장 공간의 제약이 있기 때문에 오프라인 상황에서 임시로 저장하는 공간으로 사용하는 것이 좋으며, 영구적인 데이터 저장은 외부 파일이나 데이터베이스에 저장하여 기능을 개선할 수 있습니다.

참고로 구글은 HTML5의 Key-Value 형식의 DB 지원을 위해 LevelDB라는 것을 개발하였습니다. 대용량 서버용이라기보다는 단말기나 웹 애플리케이션을 위한 저장 공간의 성격입니다. C++로 만들어져 있으며, 자바스크립트(node.js)에서 사용할 수 있을 뿐만 아니라 다양한 프로그래밍 언어를 지원합니다. 아쉽게도 상세히 다루기에는 이 책의 범위를 벗어나므로 관심 있는 분은 홈페이지(http://leveldb.org/)를 방문하여 참고하기 바랍니다.

Part 3

더 알아보기

우리는 실습 프로젝트의 주요 부분에서
몇몇 자바스크립트 라이브러리를 활용했습니다.
현재 자바스크립트 라이브러리는 그 종류가 너무 많아
특히 초보자는 혼란스러울 수 있습니다.
따라서 자바스크립트를 중심으로 제이쿼리 같은
필수 라이브러리를 우선적으로 활용하는 방법을 추천합니다.
마지막으로 차세대 자바스크립트인
ECMAScript 6 문법도 더 자세히 소개합니다.

jQuery 라이브러리

제이쿼리jQuery는 자바스크립트를 사용하기 쉽게 간결화해 함수 형식의 문법으로 제공하는 클라이언트 측 라이브러리입니다. 특히 HTML DOM을 탐색할 때 CSS 선택자 방식을 사용하며, 이펙트와 애니메이션 및 AJAX를 다루기 쉬운 API 형태로 제공해 코딩을 두려워하는 디자이너에게도 길을 열어 주었습니다.

제이쿼리는 다양한 브라우저 환경에서 호환성을 구현해 실무에서 생산성을 향상시켜 주므로 지금까지도 가장 많이 사용하는 자바스크립트 라이브러리이며, 오픈 소스(2006년 존 레식이 발표)이기 때문에 누구나 제약 없이 사용할 수 있습니다. 또한, 문서화가 체계적이고 유지보수가 지속적으로 이루어지고 있는 검증된 라이브러리입니다.

여기서 제이쿼리의 모든 부분을 다루지는 않지만 가장 핵심적인 기능을 위주로 정리해 본문의 프로젝트를 실습하는 데 도움이 되도록 구성했습니다.

> **⚠ 브라우저 지원**
>
> 제이쿼리는 현재 3.x까지 발표되었습니다. 3.x 버전은 2014년 시험판을 시작으로 2016년 6월 정식 최종판이 발표되었습니다. 1.x 버전은 인터넷 익스플로러 6 이상의 버전을 지원하며 2.x 이상의 버전부터는 기존의 제이쿼리보다 가볍고 빠른 대신 IE 6~8의 지원은 중단했습니다. 따라서 호환성을 우선으로 작업할 경우는 1.x 버전을, 모바일 애플리케이션이나 최신 기능 위주의 브라우징 환경을 대상으로 하는 경우는 2.x 이상의 버전을 권장합니다.

15.1 jQuery 실행 환경

제이쿼리는 다운로드 방식과 CDN 방식으로 추가할 수 있습니다. 다운로드를 할 때는 제이쿼리 홈페이지(https://jquery.com/)에 접속해 라이브러리 파일을 받아 경로에 추가합니다.

그림 15-1 제이쿼리 다운로드

15.1.1 제이쿼리 추가하기

먼저 제이쿼리를 사용하기 위한 준비 작업을 합니다.

제이쿼리 확장자의 차이점

제이쿼리는 파일명 뒤의 확장자를 압축 버전(*.min.js)과 비압축 버전(*.js)으로 구분하고 있습니다. 비압축 버전은 개발이나 디버깅을 위한 파일이므로 용량이 상대적으로 큽니다. 보통은 배포용인 압축 버전을 사용합니다.

코드 15-1 제이쿼리 추가

```
<head>
  <title>jQuery</title>
  <script src="jquery.min.js"></script>    // 제이쿼리 라이브러리 파일
  <script src="app.js"></script>           // 사용자 자바스크립트 파일
</head>
```

제이쿼리 파일은 사용자가 작성한 자바스크립트 파일(또는 코드)보다 반드시 먼저 위치해야 합니다. 제이쿼리로 만든 플러그인의 경우도 마찬가지로 제이쿼리 라이브러리 다음에 추가해야 하며 사용자 작성 스크립트는 항상 마지막에 작성합니다.

> ⚠ 온라인 서비스가 아닌 오프라인 환경의 애플리케이션 개발일 경우에는 반드시 내려받는 방식으로 사용해야 합니다.

15.1.2 CDN 서비스로 추가하기

CDN 방식은 Content Delivery Network(콘텐츠 전송 네트워크)의 약자로 전 세계의 서버에서 라이브러리를 호스팅하는 클라우드 방식의 서비스입니다. 따라서 사용자와 가까운 서버에서 라이브러리 파일을 다운로드할 수 있습니다. 이 방식은 데이터 병목을 피하고 서비스를 빠르게 제공받을 수 있다는 장점이 있습니다.

그림 15-2 다양한 CDN 서비스

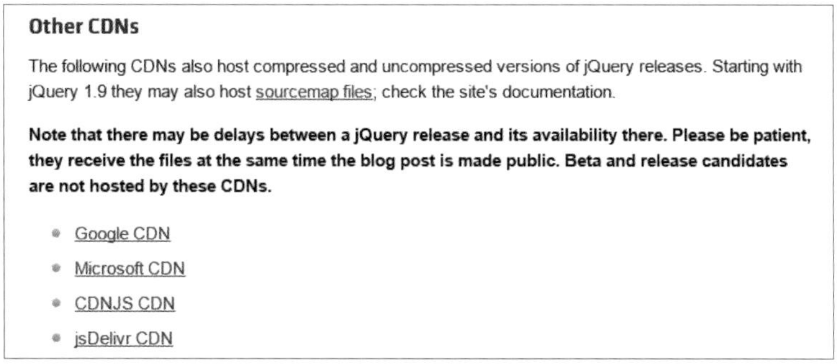

Other CDNs

The following CDNs also host compressed and uncompressed versions of jQuery releases. Starting with jQuery 1.9 they may also host sourcemap files; check the site's documentation.

Note that there may be delays between a jQuery release and its availability there. Please be patient, they receive the files at the same time the blog post is made public. Beta and release candidates are not hosted by these CDNs.

- Google CDN
- Microsoft CDN
- CDNJS CDN
- jsDelivr CDN

코드 15-2 구글 CDN으로 제이쿼리 추가

```
<head>
  <title>jQuery</title>
  <script src="https://ajax.googleapis.com/ajax/libs/jquery/1.12.4/jquery.min.js"></script>
  <script src="app.js"></script>
</head>
```

파일을 직접 다운로드받지 않고 서비스되는 URL을 스크립트 경로에 추가하면 되므로 매우 편리합니다. 제이쿼리가 아니더라도 대부분의 주요 라이브러리는 이렇게 CDN 서비스로 이용할 수 있으므로 참고합니다.

15.2 jQuery 객체와 메서드

$(document).ready( )

제이쿼리로 코드를 작성할 때 가장 먼저 작성하는 함수이며, 문서 로딩 완료 후 함수 안의 명령어를 실행하라는 의미입니다. 네이티브 자바스크립트의 window.onload 이벤트 핸들러와 같은 역할(엄밀하게는 이벤트 리스너)을 합니다. $ 기호는 제이쿼리 함수를 의미하며 원래 'jQuery'라는 키워드이지만 편하게 작성하기 위해 축약식으로 줄여서 사용하는 것입니다.

코드 15-3 제이쿼리 기본 서식

```
// ❶ 기본 서식
$(document).ready(function(){  // 문서
  alert('hello jQuery1');
});

// ❷ 축약식
$(function(){
    alert('hello jQuery2');
});
```

❶이 기본 함수 서식이지만 ❷와 같이 축약식으로 사용할 수 있습니다. 의미는 다음과 같습니다.

메서드 안에는 함수를 정의하고 그 안에 명령어를 작성합니다. 제이쿼리는 함수식으로 표현하는 문법이고 함수 단위의 객체(선택자)와 메서드로 구성됩니다. 제이쿼리를 처음 사용하는 경우에는 문법이 다소 생소하게 느껴질 수 있지만 적응되면 자바스크립트보다 편하게 사용할 수 있습니다.

[코드 15-3]을 실행해 보면 함수가 순차적으로 실행되는 것을 볼 수 있는데, 이는 하나의 문서 객체에 여러 메서드(이벤트)를 연결할 수 있다는 의미입니다. 이는 이벤트 리스너에서 처리하는 방식과 동일합니다.

15.3 jQuery 선택자

다음은 문서 객체 'h1'을 선택하고 CSS() 메서드로 CSS 속성을 변경하는 예시입니다. 앞서 소개한 바와 같이 선택자(객체)는 제이쿼리에서 가장 중요한 역할을 하는데, CSS와 같은 방식으로 문서 객체를 지정할 수 있을 뿐만 아니라 제이쿼리만의 확장된 선택자를 추가로 지원합니다. 따라서 CSS에 대한 선수 지식이 있어야 합니다.

```
$('h1').css('color', 'red');
```
　　선택자　　　　　　메서드

15.3.1 선택자 사용하기

다양한 제이쿼리 선택자를 활용해 스타일을 지정하는 예제를 살펴보겠습니다.

코드 15-4 **선택자 사용**

```
<h1>타입 선택자</h1>
<h2 id="myId">아이디 선택자</h2>
<h2 class="myClass">클래스 선택자</h2>

<script>
  $(document).ready(function(){
    // 전체 요소를 선택
    $('*').css('font-size', '32px');

    // h1 요소를 선택
    $('h1').css('color', 'red');

    // id='myId' 선택
    $('#myId').css('color', 'blue');
```

```
    // class='myClass' 선택
    $('.myClass').css('color', 'green');
  });
</script>
```

15.3.2 필터 메서드

제이쿼리에서는 선택자 방식 외에도 다양한 필터 메서드를 지원합니다. 메서드 지정 방식은 작성한 메서드 뒤에 다른 메서드를 계속 연결할 수 있다는 장점이 있으며, 이를 '메서드 체이닝'이라고 합니다.

표 15-1 제이쿼리 주요 필터 메서드

메서드명	설명
.eq( )	특정 순서의 요소를 선택합니다. 매개 변수에 배열 값으로 지정합니다.
.filter( )	매개 변수에 지정한 이름의 형제 요소를 선택합니다.
.first( )	첫 번째 요소를 선택합니다.
.last( )	마지막 요소를 선택합니다.
.has( )	매개 변수에 지정된 요소를 자식 요소로 포함한 요소를 선택합니다.

코드 15-5 필터 메서드

```
<ul>
  <li>first</li>
  <li>second</li>
  <li>third</li>
  <li class="fourth">fourth</li>
  <li><em>fifth</em></li>
  <li>sixth</li>
</ul>

<script>
  $(document).ready(function(){
    // 두 번째 li 요소를 선택
    $('li').eq(1).css('font-size', '2em');

    // 형제 li 중 .fourth 요소를 선택
    $('li').filter('.fourth').css('font-style', 'italic');
```

```
    // 첫 번째 li 요소를 선택
    $('li').first().css('background-color', 'orange');

    // 마지막 li 요소를 선택
    $('li').last().css('border', '3px solid');

    // em 요소를 포함한 li 요소를 선택
    $('li').has('em').css('border', '3px dotted');
  });
</script>
```

실행 결과

- first
- **second**
- third
- *fourth*
- *fifth*
- sixth

15.3.3 DOM 탐색 메서드

필터 메서드와 비슷한 카테고리지만 부모, 자식, 형제 관계의 족보를 상대적으로 탐색하는 유용한 메서드입니다.

표 15-2 제이쿼리 주요 탐색 메서드

메서드명	설명
.parent( )	직계 부모 요소를 선택합니다.
.parents( )	매개 변수에 지정한 이름의 조상을 탐색합니다.
.children( )	매개 변수에 지정한 후손을 선택합니다.
.find( )	하위의 후손 노드를 찾아 선택합니다.
.siblings( )	매개 변수에 지정한 형제 요소를 선택합니다.
.prev( )	이전 형제 요소를 선택합니다.
.next( )	다음 형제 요소를 선택합니다.

먼저 부모, 자식을 탐색하는 메서드를 살펴보겠습니다.

코드 15-6 부모, 자식 탐색 메서드

```html
<div class="parent">
  <div>
    <h1>heading 1</h1>
    <h2>heading 2</h2>
    <p>손자 p</p>
  </div>
  <p class="child">자식 p1</p>
  <p>자식 p2</p>
</div>

<script>
  $(document).ready(function(){
    // .parent의 후손들을 선택
    $('.parent').children().css('font-style', 'italic');

    // h1의 부모 요소 div를 선택
    $('h1').parent().css('border', '3px solid');

    // h1의 조상 .parent를 탐색
    $('h1').parents('.parent').css('border', '6px double');

    // .parent의 하위 후손 h2 요소를 탐색
    $('.parent').find('h2').css('background', 'gray');
  });
</script>
```

실행 결과

heading 1

heading 2

손자 p

자식 p1

자식 p2

다음은 형제 탐색 메서드를 사용하는 예제입니다. 특정 형제를 탐색하는 sibling() 메서드와 이전, 다음 형제를 상대적으로 탐색하는 prev()와 next()가 있습니다.

코드 15-7 **형제 탐색 메서드**

```html
<div class="parent">
  <div>
    <h1>heading 1</h1>
    <h2>heading 2</h2>
    <p>손자 p</p>
  </div>
  <p class="child">자식 p1</p>
  <p>자식 p2</p>
</div>

<script>
  $(document).ready(function(){
    // .parent의 자식 div의 모든 형제 요소를 선택
    $('.parent > div').siblings().css('border', '3px solid');

    // .parent의 후손 h2의 이전 형제 요소를 선택
    $('.parent h2').prev().css('border', '3px dotted');

    // .parent의 후손 h2의 다음 형제 요소를 선택
    $('.parent h2').next().css('border', '3px double');
  });
</script>
```

실행 결과

heading 1

heading 2

손자 p

자식 p1

자식 p2

15.4 문서 조작

제이쿼리에서 문서 객체의 DOM을 변경하는 메서드입니다. 요소의 속성(CSS도 포함)이나 내용을 읽고 쓰는 것뿐만 아니라 추가 및 변경까지 가능합니다. 메서드가 속성 값을 변경하는 역할을 하는 경우에는 'setter'라고 하며, 반대로 값을 읽어 오는 역할을 할 때는 'getter'라고 합니다.

15.4.1 클래스 조작

다음은 클래스의 추가, 삭제 및 변경이 가능한 메서드입니다.

표 15-3 **클래스 조작 메서드**

메서드명	설명
.addClass( )	요소 내에 클래스를 추가합니다.
.removeClass( )	요소 내의 클래스를 제거합니다.
.toggleClass( )	요소 내의 클래스를 번갈아 가며 추가 또는 삭제(토글)합니다.

코드 15-8 **클래스 조작**

```
<style>
  .select{ background: red; }
</style>

<body>
  <ul>
    <li>Home</li>
    <li>Portfolio</li>
    <li>About</li>
    <li class="select">Contact</li>
  </ul>

  <script>
    $(function(){
      // 첫 번째 li에 클래스 속성 추가
      $('li').first().addClass('select');
```

```
        // 두 번째 li의 클래스 제거
        $('li').last().removeClass('select');
    });
  </script>
</body>
```

- Home
- Portfolio
- About
- Contact

15.4.2 속성 조작

attr() 메서드는 문서 객체 내의 모든 속성에 널리 사용할 수 있으며, getter와 setter의 역할을 동시에 합니다.

표 15-4 속성 조작 메서드

메서드명	구분	설명
.attr(속성)	getter	요소 내의 속성을 읽어 옵니다.
.attr(속성, 값)	setter	요소 내에 속성을 추가합니다.
.removeAttr(속성)	setter	요소 내의 속성을 제거합니다.

특정 목록의 속성을 읽거나 스타일을 변경하는 속성을 추가하는 방법을 살펴보겠습니다.

코드 15-9 속성 조작

```
<body>
  <ul>
    <li>Home</li>
    <li>Portfolio</li>
    <li>About</li>
    <li class="select">Contact</li>
  </ul>

  <script>
    $(function(){
```

```
        // 마지막 li의 class 속성 값을 읽음
        var attr = $('li').last().attr('class');
        console.log(attr);  // select

        // 첫 번째 li에 style 속성과 값을 추가
        $('li').first().attr('style', 'border: 3px solid');
    });
    </script>
</body>
```

실행 결과

- Home
- Portfolio
- About
- Contact

15.4.3 스타일 조작

css() 메서드는 문서 내의 스타일을 읽거나 변경합니다. 네이티브 자바스크립트에서는 스타일 문서에 있는 CSS의 속성 값을 직접 읽어올 수 없습니다. 자바스크립트는 HTML 문서의 DOM 을 조작하는 것이라서 요소 내의 인라인 스타일로 지정된 속성(style)만 참조할 수 있기 때문 입니다.

문서에 렌더링된 후의 스타일은 별도의 getComputedStyle()이라는 메서드를 사용해 읽을 수 있는데, IE 9 이전 브라우저는 구현 방법이 다르므로 다중 브라우저를 지원하는 제이쿼리를 사용하는 것이 편리합니다.

표 15-5 css() 메서드

메서드명	구분	설명
.css(속성)	getter	css 속성을 읽어 옵니다.
.css(속성, 값)	setter	css 속성을 변경합니다.

css() 메서드로 CSS를 변경하는 코드를 작성해 봅시다.

```
(중략)

<script>
  $(function(){
      // ❶ 기본 서식
      $('li').first()
              .css('border', '3px dashed')
              .css('background', 'pink');

      // ❷ 객체 리터럴 서식
      $('li').last().css({
              'border': '3px dashed',
              'background': 'azure'
      });

      // ❸ css 값 읽기
      var bgcolor = $('li').last().css('backgroundColor');
      console.log(bgcolor);  // "rgb(240, 255, 255)"
  });
</script>
```

실행 결과

❶, ❷ css() 메서드를 복수로 지정할 경우에는 메서드 체이닝으로 연결하는 방법과 객체 리터럴 방식으로 작성하는 방법 모두 가능합니다. 리터럴 서식은 다음 절에서 다룰 제이쿼리 애니메이션에서도 자주 활용합니다.

❸ css() 메서드에서 배경색을 읽어 오면 반환되는 값은 rgb() 함수로 작성된 문자열 값인 것을 확인할 수 있습니다. 스타일 시트에서 작성한 속성과 다를 수 있는데, 이는 문서에 랜더링된 스타일 값(computed style)을 참조하는 것이기 때문이며, 모든 속성은 내부적으로 정규화되어 반환됩니다.

⚠️ 자바스크립트에서 직접 스타일을 변경하는 방법은 제한적으로 사용해야 합니다. 일반적으로 스타일을 적용할 요소에 클래스를 작성하고 CSS에서 스타일을 작성하는 것이 유지보수와 성능 면에서도 좋을 뿐만 아니라 문서의 분리 원칙에도 부합합니다.

15.4.4 문서 정보 조작

문서 정보 조작 메서드는 네이티브 자바스크립트에서 innerHTML과 innerText 속성에 해당하는 제이쿼리 메서드입니다. 두 메서드는 HTML 정보를 다루느냐 텍스트 정보만 다루느냐의 차이가 있습니다.

표 15-6 문서 정보 조작 메서드

메서드명	구분	설명
.html( )	getter	요소 내의 HTML을 읽어 옵니다.
.html(값)	setter	요소 내에 HTML을 추가합니다.
.text( )	getter	요소 내의 텍스트 정보를 읽어 옵니다.
.text(값)	setter	요소 내에 텍스트 정보를 추가합니다.

[코드 15-11]에서 html( ) 메서드와 text( ) 메서드의 차이점을 살펴봅시다.

코드 15-11 html( )과 text( ) 메서드

```
(중략)
$(function(){
    // 요소에 정보를 추가
    $('li').first().html('<h1>HTML 추가</h1>');
    $('li').last().text('<h1>HTML 추가</h1>')

    // 요소 내 값을 읽기
    var html = $('li').first().html();
    var text = $('li').first().text();
    console.log(html);  // "<h1>HTML 추가</h1>"
    console.log(text);  // "HTML 추가"
});
```

· HTML 추가

- Portfolio
- About
- <h1>HTML 추가</h1>

15.4.5 문서 객체 추가

매개 변수에 지정된 문서 객체를 추가합니다. append()와 prepend()는 문서 객체를 요소 내부에 추가하고 after()와 before()는 앞 또는 뒤 형제에 추가하는 점이 다릅니다.

표 15-7 문서 객체 조작 메서드

메서드명	설명
.append(content)	지정한 선택자(요소) 안의 뒤에 추가합니다.
.prepend(content)	지정한 선택자(요소) 안의 앞에 추가합니다.
.after(content)	지정한 선택자(요소) 뒤(형제)에 추가합니다.
.before(content)	지정한 선택자(요소) 앞(형제)에 추가합니다.

다음 [코드 15-12]를 보고 append() 메서드와 prepend() 메서드로 문서 객체를 추가하는 예제를 작성해 봅시다.

코드 15-12 문서 객체 추가

```
(중략)
$(function(){
    // ul 요소 안의 뒤에 추가
    $('ul')
        .append('<li>append</li>')
        .children('li').last().css('border', '3px solid');

    // ul 요소 안의 앞에 추가
    $('ul')
        .prepend('<li>prepend</li>')
        .children('li').first().css('border', '3px solid');
});
```

- prepend
- Home
- Portfolio
- About
- Contact
- append

15.4.6 문서 객체 이동

문서 객체를 생성하지 않고 기존 문서 객체를 선택해 매개 변수에 지정한 위치로 이동시킬 수 있습니다.

표 15-8 **문서 객체 조작 메서드**

메서드명	설명
.appendTo(요소명)	지정한 선택자(요소) 안의 뒤에 추가합니다.
.prependTo(요소명)	지정한 선택자(요소) 안의 앞에 추가합니다.

다음 [코드 15-13]을 작성해 첫 번째 img 요소를 마지막으로 이동시켜 봅시다.

코드 15-13 **문서 객체 이동**

```
<body>
  <figure>
    <img src="http://placehold.it/200x150/f90?text=1">
    <img src="http://placehold.it/200x150/ff0?text=2">
    <img src="http://placehold.it/200x150/f0f?text=3">
    <img src="http://placehold.it/200x150/09f?text=4">
  </figure>

  <button onclick="img_move()">appendTo</button>

  <script>
    function img_move(){
      // 첫 번째 이미지를 마지막으로 이동
      $('img').first().appendTo('figure');
```

```
    }
  </script>
</body>
```

15.5 jQuery 애니메이션

animate() 메서드는 CSS 속성 조작을 통해 애니메이션을 구현합니다. 사용 방법이 간결하고 CSS3를 지원하지 않는 구형 브라우저에서도 효과 구현이 용이합니다.

다음과 같이 작성할 수 있습니다. [ ] 부분은 옵션을 의미합니다.

.animate(❶ 속성, [❷ 재생 시간], [❸ easing], [❹ 콜백 함수])

animate() 메서드는 매개 변수를 4개 가지며 속성 정의 부분만 필수입니다.

❶ 애니메이션을 적용하려는 속성을 작성합니다.
❷ 애니메이션 재생 시간을 ms 단위로 지정합니다.
❸ 속도 변화 옵션을 적용합니다.
❹ 애니메이션 재생이 끝난 후 처리할 콜백 함수를 지정합니다.

코드 15-14 애니메이션

```
<!DOCTYPE html>
<html lang="en">
<head>
  <title>ex15-14</title>
```

```
<script src="https://ajax.googleapis.com/ajax/libs/jquery/3.1.1/jquery.min.js"></script>
<style>
  .circle{
    position: absolute;
    left: 100px; top: 100px;
    width: 100px; height: 100px;
    background: #99c; color: white;
    border-radius: 50%;
    text-align: center;
    line-height: 100px;
  }
</style>
</head>
<body>
  <div class="circle" onclick="anim()">animate</div>
  <script>
    function anim(){
      $('.circle').animate({
        // 애니메이션시킬 CSS 속성을 객체로 정의
        width: '300px',
        height: '300px',
        lineHeight: '300px',
        fontSize: '3em'
      }, 1000);  // 재생 시간 1초(1000ms)
    }
  </script>
</body>
</html>
```

실행 결과

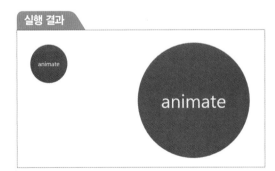

15.6 jQuery 이벤트

제이쿼리 이벤트는 네이티브 자바스크립트의 이벤트 리스너 방식과 거의 같으면서 더 편리하게 사용할 수 있습니다. 자바스크립트에서는 addEventListener() 메서드를 표준으로 사용하지만, IE 8까지는 독자 규격인 attachEvent()를 사용하기 때문에 브라우저 간의 차이를 제이쿼리가 보완해 줍니다.

이벤트를 정의하는 방식에는 이벤트 타입에 대응하는 메서드명으로 지정하는 방식과 on 메서드로 지정하는 방식이 있습니다.

15.6.1 이벤트 타입 메서드

click, hover 등 이벤트 타입명을 가진 메서드로 문서 객체에 연결합니다. 다음과 같이 클릭이벤트를 지정할 수 있습니다.

```
$('문서 객체명').click(function(){
  // ...
});
```

[코드 15-15]에서 제이쿼리 이벤트로 두 버튼에 클릭과 호버링을 각각 등록해 보겠습니다.

코드 15-15 이벤트 타입 메서드

```
<button id="btn1">click</button>
<button id="btn2">hover</button>

// click 이벤트
$('#btn1').click(function(){
  $(this).css('border-radius', '10px');
});

// hover 이벤트 ──────────❶
$('#btn2').hover(
  // mouseenter
  function(){
    $(this).css('box-shadow', '3px 3px 3px #666');
```

```
    },
    // mouseleave
    function(){
      $(this).css('box-shadow', '0px 0px 0px #666');
    }
  );
```

❶ 호버 이벤트의 경우는 2개의 콜백 함수가 연결되며 마우스가 들어올 때와 나갈 때 각각 대응합니다. mouseenter와 mouseleave 이벤트를 따로 작성해도 되지만 hover() 메서드로 작성하면 코드가 간결해집니다.

15.6.2 on( ) 메서드

on() 메서드의 매개 변수에 이벤트명과 콜백 함수를 작성하는 방식입니다. on() 메서드를 이용하면 하나의 객체에 복수의 이벤트를 동시에 연결할 수도 있습니다. 다음과 같이 작성할 수 있습니다.

```
$('문서 객체명').on('이벤트명', function(){
  // ...
});
```

코드 15-16 on( ) 메서드

```
<body>
  <h3>그래프를 클릭</h3>
  <progress min=0 max=100 value=0></progress>
  <span id="info"></span>
<script>
  $(function(){
    var val = 0;
```

```
      // 클릭 시 그래프가 증가
      $('progress').on('click', function(){
        $(this).val(val);
        $('#info').html(val);
        if(val < 100){ val += 10; }
      });
    });
  </script>
</body>
```

그래프를 클릭

70

이번에는 on() 메서드에 복수의 이벤트를 연결해 hover 이벤트를 구현해 봅시다. 이렇게 하려면 mouseleave와 mouseenter 이벤트를 동시에 적용해야 합니다.

코드 15-17 on() 메서드

```
<body>
  <button id="btn" style="padding: 10px;">click</button>

  <script>
    $(function(){
      // 두 이벤트를 동시에 연결 ──────────❶
      $('#btn').on('mouseenter mouseleave', function(e){
        // 이벤트 타입을 검사 ──────────❷
        if(e.type == 'mouseenter'){
          $(this).css('border-radius', '10px');
        }
        if(e.type == 'mouseleave'){
          $(this).css('border-radius', '0px');
        }
      });
    });
  </script>
</body>
```

❶ 매개 변수에 mouseenter와 mouseleave 이벤트명을 같이 작성하면 버튼 객체에 두 이벤트가 동시에 연결됩니다.

❷ 이벤트가 발생했을 때 어떤 이벤트가 발생했는지 검사하는 속성은 e.type입니다. 이벤트 타입을 확인해 각각의 속성을 적용할 수 있습니다.

CHAPTER 16

ECMAScript 6

ECMAScript 6(이하 ES6)는 2015년 6월에 발표되었는데, 변수나 자료형의 표현을 개선하고 클래스와 모듈처럼 전문적인 애플리케이션을 개발하기 위한 여러 문법을 추가했습니다. 아직 모든 브라우저에서 지원하는 것은 아니라 이른 감이 있을 수 있지만 구글 크롬과 node.js 등에서 이미 사용하고 있기 때문에 머지 않아 빠르게 보급될 것입니다.

이 장에서는 자바스크립트에 관심이 있는 분을 위해 ES6를 미리 경험하고 언어의 동향을 참고하는 데 도움이 되도록 주요 부분을 다루었습니다.

16.1 ECMAScript 6 소개

자바스크립트는 넷스케이프 네비게이터에서 웹 페이지 동작을 향상시키는 역할을 하는 언어로 출시된 이후 지속적인 표준화와 유지보수를 위해 W3C와는 별개로 유럽 컴퓨터 제조 업체 표준 기구인 ECMA^{European Computer Manufacturers Association}에서 관리하고 있습니다. 그래서 공식 명칭은 ECMAScript이지만 자바스크립트로 더 많이 부르고 있습니다. 사실 기존의 자바스크립트를 살펴보면 다른 언어에 비해 허술한 부분이 많은데도 지금까지 살아남은 데에는 표현의 유연함과 웹 표준 언어라는 태생적 이유가 있습니다. 거기다가 모바일 시대가 되면서 구글에서 V8이라는 자바스크립트 엔진을 발표하며 자바스크립트의 성능을 비약적으로 끌어올렸고 플래시나 자바와 같이 웹 브라우저만이 아닌 멀티 플랫폼 환경으로 거듭나고 있습니다.

현재 전 세계적으로 뛰어난 성능과 접근성으로 각광받고 있는 Node.js는 웹 브라우저가 아닌 서버 사이드에서 동작하는 자바스크립트 엔진으로, V8 엔진 기반이며 ES6를 사용합니다. 그리고 게임 개발이나 가전 디바이스 등에서도 미들웨어나 OS 환경을 구축하는 데 활용하기 때문에 산업 전반에서 자바스크립트와 같은 표준 기술이 저변을 확대해 나가는 데 큰 역할을 할 것입니다.

16.2 ES6 실행 환경

이제 직접 ES6를 사용해 봅시다. 먼저 ES6를 실행할 수 있는 환경부터 만들어야 합니다.

16.2.1 ES6 지원 여부 확인

현재 집필하는 시점에서 크롬과 파이어폭스 그리고 사파리 브라우저 등 주요 브라우저 제조사는 대부분 ES6를 지원하고 있으며, 모바일의 경우도 iOS가 10으로 업그레이드되면서 ES6를 완벽히 지원하고 있습니다. 다음 사이트에서 각 브라우저 및 런타임 환경에서의 지원 여부를 확인할 수 있습니다.

그림 16-1 **ES6 호환성 테이블(https://kangax.github.io/compat-table/es6)**

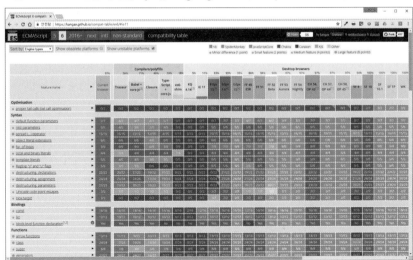

확인해 보면 IE 11과 같은 구형 브라우저에서는 거의 지원되지 않는 것을 볼 수 있습니다. 하지만 이미 해외에서는 ES6로 코드를 작성하고 코드 변환기^{Transpiler}를 활용해 기존의 자바스크립트 문법(ES5)으로 변환시켜 실무에 적용하는 사례도 많습니다. ES6가 더 편리한 코딩 경험을 제공하기 때문입니다.

16.2.2 준비하기

이 책의 실습에서 당장 코드 변환기가 필요하지는 않습니다. 크롬 브라우저 같이 이미 ES6을 지원하는 브라우저나 런타임 환경에서 실습할 수 있으므로 학습하는 데 아무 문제가 없기 때문입니다. 그러나 만일 실행 환경이 의심스럽거나 배포용 코드를 고려한다면 호환성을 위해 코드 변환기를 사용할 수 있습니다.

Babel 자바스크립트 컴파일러

Babel은 ES6를 ES5로 변환시켜 주는 코드 변환기(http://babeljs.io) 중 하나입니다. 스탠드 얼론 방식으로 사용한다면 Bebel 코드 변환기를 웹 문서에 추가해 코드를 작성하고 평상시대로 웹 브라우저를 실행하면 됩니다. 코드를 내려받아 HTML 문서 파일이 있는 경로에 추가하거나 CDN으로 지정합니다.

코드 16–1 **Babel 자바스크립트 컴파일러(babel.html)**

```html
<!DOCTYPE html>
<html>
<head>
  <meta charset="UTF-8">
  <title>Babel ES6 to ES5</title>
</head>
<body>
<div id="output"></div>

<!-- Babel 코드 변환기 ① -->
<script src="https://unpkg.com/babel-standalone@6/babel.min.js"></script>

<!-- 여기서부터 ES6 코드를 작성 ② -->
<script type="text/babel">
```

```
    const getMessage = () => "Hello World";
    document.getElementById('output').innerHTML = getMessage();
  </script>
</body>
</html>
```

브라우저에 스크립트가 로딩되면 자동으로 text/babel 타입의 스크립트(ES6)를 컴파일하고
실행합니다.

Babel REPL

Babel REPL은 ES6 코드를 입력하면 바로 ES5 코드로 번역해 줍니다. REPL이란 Read Eval
Print Loop의 약자로 최근의 대세인 대화형 코딩 환경을 말합니다. 앞서 스탠드 얼론 방식으로 프로토타입 코드를 작성하고 배포용으로 변환하는 경우에 유용합니다.

그림 16-2 Babel REPL(http://babeljs.io/repl/)

16.3 변수와 상수

ES6가 ES5와 어떻게 다른지, 주요 변수와 상수를 살펴봅시다.

16.3.1 let

let 변수는 기존 var의 문제점을 개선했는데, 그중 하나가 변수의 유효 범위(스코프)입니다.

일반적으로 다른 언어에서 변수는 모두 블록 단위(중괄호로 구분되는 코드의 구획)별로 유효 범위가 정해지는데 자바스크립트는 함수 블록에만 유효하기 때문입니다.

코드 16-2 **ES5 var**

```
if(true){
  var me = 'alive';
}
console.log(me);  // "alive"
```

var 키워드로 선언한 경우 코드 블록이라도 if문이나 for문의 경우에는 변수의 유효 범위로 보지 않기 때문에 전역 변수가 되어 블록 밖을 나와도 변수가 살아 있습니다. 하지만 이것은 다분히 설계상의 오류이고, 흔히 변수의 누수 현상이라고 표현합니다.

코드 16-3 **ES6 let**

```
if(true){
  let me = 'alive';
}
console.log(me);  // ReferenceError: me is not defined(나는 사라진 존재...)
```

let 키워드를 적용하면 if문의 코드 블록 내에서 정의한 변수는 엄격하게는 블록 밖을 벗어나면 유효하지 않아지므로 변수 미정의 에러가 발생합니다. 이제 let 키워드로 의도하지 않게 전역으로 변수가 선언되는 경우는 없어집니다.

16.3.2 const

ES5에서는 별도로 상수를 선언하는 키워드가 없어서 보호해야 할 타입을 선언할 경우 주의해야 합니다. ES6의 const 키워드는 보호되어야 불변의 상수 값을 정의할 수 있습니다. 상수 값은 불변의 값을 정의하는 것이므로 이 값을 변경하려고 하면 타입 에러가 발생합니다.

코드 16-4 **ES6 const**

`JS`

```js
const language = 'javascript';  // 상수 값을 선언
language = 'html';
console.log(language);     // TypeError
```

배열 상수 값 참조

배열을 상수 값으로 정의하는 경우를 보겠습니다.

코드 16-5 **배열 상수 값 참조**

`JS`

```js
const num = [10, 20, 30];  // 배열을 상수로 정의
console.log(num);        // [10, 20, 30]

num.push(40);      // ❶ 배열 값을 추가
console.log(num);  // [10, 20, 30, 40]

num = [40];      // ❷ 배열을 재정의 - TypeError
```

이러한 경우 배열 변수 안의 값을 변경하는 것은 허용(❶)되지만 배열 자체를 변경(❷)하려고
하면 오류가 발생합니다.

객체 참조

앞서 배열 선언과 마찬가지의 경우이지만 객체의 속성 값을 수정하는 것은 허용되는 반면
const로 선언된 객체 자체를 변경할 수는 없습니다.

코드 16-6 **객체 참조**

`JS`

```js
// 객체를 정의
const obj = {
  name: 'lee'
};
console.log(obj.name);

obj.name = 'kwon';  // 객체의 속성 값을 변경
console.log(obj.name);
```

```
obj = {};  // 객체를 재정의 - TypeError
```

16.3.3 호이스팅

상식적으로 보면 해당 변수를 참조하는 처리문 아래에 변수를 선언하면 안 됩니다. 하지만 자바스크립트에서는 var로 선언한 변수가 처리문 아래에 있어도 에러를 출력하지 않고 내부적으로 위로 끌어올립니다. 이를 자바스크립트에서는 '호이스팅'이라고 합니다.

코드 16-7 **변수의 호이스팅**

```js
console.log(num);  // undefined <— 호이스팅
var num = 3;    // var 변수 선언
console.log(num);  // 3
```

하지만 변수 선언 이전의 처리문에서 참조하는 값은 'undefined'가 되므로 이러한 식의 변수 선언 방식은 좋지 않습니다. 함수나 변수 선언은 항상 처리문 앞에서 하는 것이 원칙입니다.

코드 16-8 **ES6 let과 const**

```js
console.log(num);  // ReferenceError num is not defined
let num = 3;
```

ES6의 let이나 const로 정의한 변수는 항상 처리문 위에 선언해야 합니다. 그렇지 않으면 에러로 판정합니다. 사실 이것이 정상입니다.

함수 호이스팅

함수 선언식인 경우 호이스팅을 적용받습니다. 하지만 ES6의 let이나 const로 변수 형태로 선언하면 마찬가지로 오류로 봅니다.

코드 16-9 **함수 호이스팅 – 함수 선언식**

```js
let name;
getName();
```

```
console.log(name);  // "Michael"

// 함수 선언식으로 정의
function getName(){
  name = 'Michael';
}
```

코드 16-10 함수 호이스팅 – 함수를 변수로 선언

```
let name;
getName();
console.log(name);  // SyntaxError: Unexpected token function

// 변수 선언식으로 함수 정의
let function getName(){
  name = 'Michael';
}
```

let 키워드로 선언한 함수는 변수 형태이기 때문에 호이스팅 적용을 받지 않습니다. 예를 들기 위해 함수를 아래에 선언했지만 변수와 마찬가지로 항상 처리문 위에 선언해야 합니다.

16.4 화살표 함수

화살표 함수^{arrow functions}는 => 연산자를 사용하는데 function 표현 방식에 비해 간결하게 표현할 수 있는 문법입니다. 하지만 익명 함수만 대응하기 때문에 메서드 형식으로 정의할 수 없습니다.

코드 16-11 ES5 익명 함수 표현식

`JS`
```
var getName = function() {
  console.log('Micheal');
};

getName();
```

[코드 16-11]은 다음과 같이 같이 수정할 수 있습니다.

코드 16-12 **ES6 화살표 함수 표현식1**

```js
var getName = () => {
  console.log('Micheal');
};

getName();  // "Micheal"
```

처음 보면 당연히 생소한 문법으로 느껴지겠지만 자세히 보면 많이 간결해졌습니다. 함수 내의 처리문이 하나인 경우 중괄호를 생략할 수 있습니다. 다음 예제를 참고합니다.

코드 16-13 **ES6 화살표 함수 표현식2**

```js
var getName = () => console.log('Micheal');
getName();  // "Micheal"
```

16.4.1 매개 변수

함수는 매개 변수를 전달받아 작업한 후 값을 리턴하는 상호 작용을 합니다. 이러한 과정도 더 간단하게 표현됩니다.

코드 16-14 **ES5 함수에 매개 변수 전달 및 반환**

```js
var addNum = function(a, b){
  return a + b;
}

console.log(addNum(3, 7));    // 10
```

[코드 16-14]는 다음과 같이 수정할 수 있습니다.

코드 16-15 **ES6 화살표 함수 매개 변수 전달 및 반환1**

```js
var addNum = (a, b) => {
  return a + b;
}

console.log(addNum(3, 7));    // 10
```

일단 이번에는 단지 화살표 함수만 적용했을 뿐 기존과 큰 차이는 없지만 처리문이 하나인 경우에는 [코드 16-16]과 같이 더욱 간결하게 표현할 수 있습니다.

코드 16-16 **ES6 화살표 함수 매개 변수 전달 및 반환2**

```js
var addNum = (a, b) => a + b;

console.log(addNum(3, 7));    // 10
```

중괄호 없이 변수에 화살표 키워드를 직접 연결하면 해당 변수 값이 바로 리턴됩니다.

콜백 함수

자바스크립트에서는 함수의 매개 변수를 함수 형태로 전달하는 콜백 함수를 매우 자주 사용합니다. 이벤트 리스너나 제이쿼리와 같은 함수형 라이브러리도 마찬가지입니다. 한 줄 코드라면 중괄호까지도 생략할 수 있습니다.

코드 16-17 **ES5 콜백 함수**

```js
// 문서에 이벤트 리스너 연결
document.addEventListener('click', function(){
  document.body.style.backgroundColor = 'pink';
});
```

[코드 16-17]은 다음과 같이 수정할 수 있습니다.

코드 16-18 **ES6**

```js
document.addEventListener('click', () => {
  document.body.style.backgroundColor = 'pink';
});
```

16.4.2 화살표 함수와 this

객체를 정의해 메서드 형태로 사용할 경우는 화살표 함수의 this는 해당 객체의 위치(컨텍스트)를 참조하지 않습니다. 여기서 컨텍스트란 현재 실행 중인 코드를 소유한 객체의 참조 값을 의미합니다.

코드 16-19 this 값 참조

```js
let obj = {
  num: 5,
  add1: function(a){
    console.log(this.num + a, this);
  },
  add2: (a) => {
    console.log(this.num + a, this);
  }
}

obj.add1(3);  // 8, Object ──────────❶
obj.add2(3);  // NaN, Window ────────❷
```

❷의 경우 ❶과 마찬가지로 객체 내의 변수(속성 값)를 참조하려 한 것이지만 컨텍스트 객체를 참조하지 않고 그 바깥쪽인 window 전역 객체를 가리키므로 리턴 값으로 올바른 값을 반환하지 못했습니다. 이번 예제와 같이 메서드로 정의할 때는 화살표 함수가 적절하지 못했지만 다른 이유가 있습니다.

클로저 함수의 this 값 참조

우리가 앞서 객체 지향 프로그래밍 단원에서 생성자 함수를 통해 인스턴스 객체를 만들 때 this는 부모 객체를 바라본다고 배웠습니다. 문제는 내부에 다시 함수가 생성(클로저)되면 이 this가 바라보는 대상(컨텍스트)이 전역으로 변경되는 문제가 발생합니다. [코드 16-20]을 봅시다.

코드 16-20 클로저 함수의 this 값 참조

```html
let obj = {
  num: 5,
  add1: function(a){
```

```
            this.num += a;
            console.log(this.num, this);   // 6, Object ──────────❶

        // 클로저 함수
        function inner(a){
            this.num += a;
            console.log(this.num, this);   // NaN, window ──────❷ this는 집을 나갑니다...
        }

        inner();
    }  // end add1()
} // end obj()

obj.add1(1);
```

add1( ) 메서드 안에 클로저 함수 inner( )가 정의되었습니다. ❶은 컨텍스트 객체 obj를 참조해 결과 값 6이 출력되었고, 클로저 함수 ❷는 컨텍스트 객체를 참조하지 못하고 엉뚱하게 window 객체를 참조합니다. 이러한 일관성 없는 레퍼런스 때문에 혼란을 겪는 개발자가 많습니다.

코드 16-21 화살표 함수의 this 값 참조

HTML
```
let obj = {
  num: 5,
  add1: function(a){
    this.num += a;
    console.log(this.num);     // 6 ──────────────❶

    var inner = (a) => {
        this.num += a;
        console.log(this.num);    // 7 ──────────❷
    }

    inner(1);
  } // end add1()
} // end obj()

obj.add1(1);
```

화살표 함수를 사용하면 클로저에서 틀어졌던 컨텍스트를 일정하게 함수 범위에서 바라볼 수 있습니다. 다소 까다로운 이야기가 되었지만, 자바스크립트에 더 가까이 다가가 보는 기회였습니다.

16.5 파라미터 핸들링

여기서는 함수 표현을 더 풍부하게 만들어 주는 문법을 알아봅니다.

16.5.1 기본 파라미터

함수에 전달하는 매개 변수(파라미터)가 모두 필요하지 않는 경우에 전달되지 않는 값은 어떻게 될까요? ES5에서 전달받을 변수가 두 개일 때를 먼저 살펴봅시다.

코드 16-22 **ES5 함수 파라미터 전달**

```
function addNum(a, b){      // 전달받을 변수는 두 개
  console.log(a + b);  // NaN ──────────❶ ??
  console.log(a);      // 5
  console.log(b);      // undefined
}

addNum(5);  // 전달한 함수는 하나
```

함수 호출 시 두 번째 매개 변수 b가 누락되었습니다. 함수 내부에서 누락된 변수에 대해 별도 처리를 하지 않으면 올바른 연산을 할 수 없습니다. 예를 들어 API를 제작할 때는 사용자가 선택적으로 필요한 파라미터만 전달하도록 설계하는 경우가 많으므로 ❶과 같이 나오는 것이 아니라 전달받는 값이 없을 경우 b의 기본 값을 0으로 해 연산이 가능하도록 처리해야 합니다.

이것이 기본 파라미터^{dafault parameter} 설정이라는 것인데, ES6에서는 내부에 코드를 추가하지 않고 간단히 구현할 수 있습니다. [코드 16-22]는 다음과 같이 수정할 수 있습니다.

코드 16-23 **ES6 기본 파라미터**

```
var addNum = (a = 0, b = 0) => {   // ❶ 파라미터 기본 값을 설정
  console.log(a + b); // 5
  console.log(a);     // 5 ──────────❷
  console.log(b);     // ❸ 0 기본 값으로...
}

addNum(5);
```

함수의 파라미터 기본 값을 설정(❶)해 주면 전달받은 값이 없을 때 대입된 기본 값으로 대체합니다. ❷는 파라미터가 전달되었기 때문에 5가 되지만 ❸은 파라미터가 없으므로 디폴트 파라미터인 0이 된 것입니다. 참고로 예제와 같은 화살표 함수가 아니라 기본 함수 선언문으로 해도 동일하게 적용됩니다.

16.5.2 나머지 파라미터

나머지 파라미터rest parameter는 매개 변수의 수가 정해지지 않은 동적인 파라미터를 가진 함수를 처리할 때 사용합니다. ES5에서는 arguments 객체로 매개 변수를 동적으로 전달받을 수 있습니다.

코드 16-24 **ES5 동적인 매개 변수 전달**

```
function addNum() {
  var result = 0;
  for(var i = 0; i < arguments.length; i++) {
    result += arguments[i];
  }
  return result;
}

console.log(addNum());       // 0
console.log(addNum(1));      // 1
console.log(addNum(1, 2, 3));   // 6
```

arguments 객체를 통해 매개 변수의 수(length)를 알아내어 배열로 처리했습니다.

[코드 16-24]는 다음과 같이 수정할 수 있습니다.

코드 16-25 **ES6 동적인 매개 변수 전달**

```
function addNum(...numbers){  // ❶
  let result = 0;
  for(let i = 0; i < numbers.length; i++){
    result += numbers[i];
  }
  return result;
}

console.log(addNum());      // 0
console.log(addNum(1));      // 1
console.log(addNum(1, 2, 3));    // 6
```

나머지 연산자는 변수명 앞에 삼점(...)을 추가(❶)해 동적인 배열 형태로 파라미터를 전달할 수 있습니다.

16.5.3 펼침 연산자

펼침 연산자spread operator는 나머지 연산자와 똑같은 모양인데, 사용 용도가 다릅니다. 나머지 연산자는 함수의 매개 변수에서 사용하는 것이고 펼침 연산자는 배열 변수에서 사용합니다.

코드 16-26 **ES6 펼침 연산자로 배열 표시**

```
let numbers = [1, 2, 3, 4, 5];

console.log(numbers);    // [1, 2, 3, 4, 5] ————————❶
console.log(...numbers);  // 1 2 3 4 5 ————————❷
```

변수 numbers를 펼침 연산자(...)로 출력(❷)해 보면 배열을 모두 해체해 따로따로 보여 줍니다. 더 체감할 수 있도록 최댓값 구하기 사례를 들어보겠습니다.

코드 16-27 **최댓값 구하기**

```
let numbers = [1, 2, 3, 4, 5];
let max;

for(let i = 0; i < numbers.length; i++){
    if(numbers[i] > numbers[0]){
      max = numbers[i];
    }
}
console.log(max);    // 5
```

물론 이러한 식으로 구현하는 것이 정상이지만 펼침 연산자를 사용하면 한 줄이면 끝납니다.

[코드 16-27]은 다음과 같이 수정할 수 있습니다.

코드 16-28 **ES6 펼침 연산자와 Math( )로 최댓값 구하기**

```
let numbers = [1, 2, 3, 4, 5];
let max = Math.max(...numbers);  // 최댓값 구하기

console.log(max);    // 5
```

Math.max( ) 메서드는 파라미터를 받아 최댓값을 구해 주는 수학 함수입니다. 배열 값을 각각의 파라미터로 풀어서 전달하므로 일일이 배열을 해체하거나 비교하지 않아도 됩니다.

16.6 객체 표현식

16.6.1 속성 정의

객체의 속성 값을 변수로 정의하는 경우에 속성과 이름이 같아질 경우가 있습니다. 예를 들어 [코드 16-29]와 같이 객체의 속성과 값에서 이름이 서로 중복됩니다.

코드 16-29 **ES5 객체 속성 정의**

```
let name = 'iphone',
```

```
    price = '80';

let phone = {
  name: name,
  price: price
}

console.log(phone);
```

[코드 16-29]는 다음과 같이 수정할 수 있습니다.

코드 16-30 **ES6 객체 속성 정의**

```
let name = 'iphone',
    price = '80';

let phone = {
  name,
  price
}

console.log(phone);
```

이러한 경우 ES6에서는 중복되는 부분을 제외하고 간결하게 표현할 수 있습니다.

16.6.2 메서드 정의

객체 내에 메서드를 정의하는 경우에도 function 키워드와 콜론(:)을 생략하고 함수 내용만 작성하는 축약식으로 표현할 수 있습니다.

코드 16-31 **ES5 객체 메서드 정의**

```
let name = 'iphone',
    price = '80';

let phone = {
  name,
  price,
```

```
    info: function(){
      console.log(this.name + ', ' + this.price);
    }
  }

  phone.info();     // "iphone, 80"
```

[코드 16-31]은 다음과 같이 수정할 수 있습니다.

코드 16-32 **ES6 객체 메서드 정의**

```
let name = 'iphone',
    price = '80';

let phone = {
  name,
  price,
  info(){
    console.log(this.name + ', ' + this.price);
  }
}

phone.info();     // "iphone, 80"
```

16.7 for~of문

자바스크립트에는 반복문을 쉽게 하기 위한 for~in문이 있지만 개인적으로 기본 for(;;)문을 아직도 즐겨 사용합니다. 그 이유는 모든 언어에서 for(;;)문이 표준인데다 for~in문의 경우 문제점이 있기 때문입니다.

코드 16-33 **for~in문**

```
let numbers = [1, 2, 3, 4, 5];     // ❶ 숫자 배열

for(let i in numbers){
  console.log(i);     // ❷ "0" "1" "2" "3" "4" (왜 문자가 되지?)
```

```
  }
```

이렇게 for~in문으로 값을 꺼내다가는 숫자가 문자로 탈바꿈(❷)하는 매직을 보게 되므로 값을 연산할 때 낭패를 볼 수 있습니다. for~in문은 객체를 순회하며 값을 조회하는 경우에는 편리하지만 배열에는 적합하지 않아 보입니다.

[코드 16-33]은 다음과 같이 수정할 수 있습니다.

코드 16-34 **ES6 for~of문**

```
let numbers = [1, 2, 3, 4, 5];

for(let i of numbers){
  console.log(i);;  //  1 2 3 4 5
}
```

문법상으로 for~in문과 차이는 없지만 for~of문이 배열을 다룰 때 더 적합하다고 하겠습니다.

16.8 템플릿 표현식

그동안 자바스크립트에서 가장 불편한 표현 중 하나는 문자열(HTML 포함)과 코드를 함께 작성하는 경우 표현이 지저분해지는 점이었습니다. ES6에서는 역 따옴표(`)로 문자열과 변수를 간단히 표현할 수 있습니다.

코드 16-35 **ES6 템플릿 표현식**

```
let num1 = 1, num2 = 2;
let text = `${num1}과 ${num2}를 더하면 ${num1 + num2}입니다.`;

console.log(text);  // "1과 2를 더하면 3입니다."
```

템플릿 함수 ${ } 안에 작성된 문자열은 변수로 인식하며 내부에서 연산도 가능합니다.

여러 줄 문자열

줄내림이 있는 문자열을 생성하기 위해서는 개행 특수 문자(Wn)가 필요하며, 인용구 내에서의 줄내림이 불가능하지만 ES6 문법으로 하면 역따옴표(`) 안에서 자유롭게 줄내림이 가능합니다.

코드 16-36 **ES5에서의 여러 줄 문자열 생성**

```
let text = "첫 번째 문자열\n두 번째 문자열";

console.log(text);
// 첫 번째 문자열
// 두 번째 문자열
```

[코드 16-36]은 다음과 같이 수정할 수 있습니다.

코드 16-37 **ES6의 여러 줄 문자열**

```
let text = `첫 번째 문자열\n두 번째 문자열`;

console.log(text);
// 첫 번째 문자열
// 두 번째 문자열
```

16.9 배열과 객체의 비구조화

비구조화 할당destructuring assignment 구문은 배열이나 객체에 있는 각 데이터의 값을 자동으로 추출하기 위한 편리한 방법입니다. 활용하는 방법은 꽤 다양한데, 주요 부분만 몇 가지 예제를 통해 정리해 보겠습니다.

16.9.1 배열 비구조화

배열을 별개의 변수로 추출할 수 있습니다. 여러 개의 변수를 대입할 경우 배열 형태로 개별적인 전달을 할 수 있습니다.

코드 16-38 배열의 개별적 할당 및 교환

```
let [a, b] = [3, 4];  // ❶ a = 3, b = 4를 대입
console.log(`${a}, ${b}`);    // "3, 4"

[a, b] = [b, a];  // ❷ a = b, b = a를 대입(교환)
console.log(`${a}, ${b}`);    // "4, 3"
```

❶ [a, b]에 우측 배열 [3, 4]의 값을 추출해 각각 순서대로 전달받습니다.

❷ 이름이 같은 변수끼리 순서를 바꾸어 대입하면 값을 서로 교환하는 처리가 가능해집니다.

대입할 변수의 개수와 배열의 크기가 일치하지 않더라도 무시하고 일부분만 적용할 수 있습니다.

코드 16-39 배열의 일부만 할당

```
let numbers= [1, 2, 3];
let [a, b] = numbers;     // ❶ numbers 배열을 변수 a, b에 대입
let [c, , d] = numbers;   // ❷ numbers의 첫 번째와 세 번째만 대입

console.log(`${a}, ${b}`);  // "1, 2"
console.log(`${c}, ${d}`);  // "1, 3"
```

❶ 배열 변수 [a, b]와 numbers의 길이가 일치하지 않습니다. numbers 배열의 나머지 부분은 무시됩니다.

❷ c와 d 사이의 빈 값은 가져올 배열(numbers)에서 해당 위치 값을 제외한다는 의미입니다. 따라서 배열의 첫 번째와 세 번째만 가져옵니다.

ES6에서 펼침 연산자를 이용하면 매우 편리합니다. 배열의 값을 분할해 각각의 변수에 대입할 수 있습니다.

코드 16-40 배열을 분할해 할당(펼침 연산자)

```
let numbers= [1, 2, 3];
let [a, ...b] = numbers; // ❶ numbers 배열을 변수 a와 ...b에 대입

console.log(a);  // 1
console.log(b);  // [2, 3]
```

❶ 변수 b는 펼침 연산자가 적용되었습니다. numbers의 나머지 부분을 배열로 가지는 것을 확인할 수 있습니다.

16.9.2 객체 비구조화

객체에서도 배열과 같은 방식으로 객체의 값을 해체해 변수로 가져올 수 있습니다.

코드 16-41 개별적으로 변수로 가져오기

```
let book = {
  title: 'JavaScript',
  price: 25000
};

let { title, price } = book;  // book 객체의 속성을 개별적으로 좌측의 변수에 전달

console.log(`${title}, ${price}`);  // "JavaScript, 25000"
```

여기서 주의할 점은 변수명과 객체 속성의 이름이 같아야 한다는 것입니다. 만일 가져갈 변수명을 객체 속성명과 다르게 하려면 다음과 같이 해야 합니다.

[코드 16-41]은 다음과 같이 수정할 수 있습니다.

코드 16-42 전달받을 변수의 이름을 다르게 할 경우

```
let book = {...
};

let { title: newTitle, price: newPrice } = book;
console.log(`${newTitle}, ${newPrice}`);
```

16.10 클래스

기존 자바스크립트에서는 명시적인 클래스가 없어서 prototype 기반의 다소 변칙적인 방식으로 클래스와 유사한 모델과 상속을 구현했는데, 이렇게 하면 이해하기가 까다롭고 불필요하게 복잡해집니다. 상당수의 자바스크립트 개발자는 이에 순응하는 듯했지만 이제 ES6에서 정식으로 명확한 문법을 제공하므로 훨씬 간단명료하게 클래스의 구사가 가능해졌습니다.

코드 16-43 **클래스 정의**

```javascript
// 클래스 선언
class Book{
  // 속성
  constructor(title, author, price){
    this.title = title;
    this.author = author;
    this.price = price;
  }

  // 메서드
  book_info(){
    console.log(`${this.title}, ${this.author}`);
  }
}// end class{}

let book = new Book('너의 이름은', '신카이 마코토', '9900');

book.book_info();   // "너의 이름은, 신카이 마코토"
```

함수를 표현하듯이 class명을 선언하고 그 뒤에 클래스명을 지정합니다. 이를 '클래스 표현식'이라고 합니다. 클래스 안의 constructor{} 영역(class body라고 함)에서 속성을, 그다음 부분에 메서드를 정의합니다. 생성자 함수와 유사하지만 클래스 내부에 더 간결하게 합쳐져서 간단하게 정의할 수 있습니다.

함수 선언과 클래스 선언의 중요한 차이점은 호이스팅이 적용되지 않는다는 것입니다. 따라서 반드시 클래스를 먼저 선언해야 합니다.

※ ES6 클래스와 상속에 관한 더 구체적인 부분은 제13장 사전학습의 객체 지향 프로그래밍에서 다루었으니 참고합니다.